本书得到2022年西南政法大学经济学院招标课题《产业安全视角下对外反倾销的法经济学分析》（立项编号：XYZB202209）资助，特此表示感谢！

史振华　著

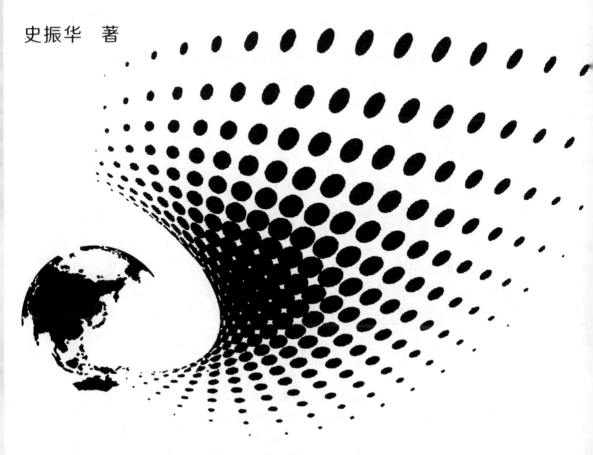

我国对外反倾销的法经济学分析
——基于产业安全的视角

Law and Economics Analysis on China's Import Anti-dumping
From the perspective of industrial security

中国财经出版传媒集团
经济科学出版社
Economic Science Press
·北京·

图书在版编目（CIP）数据

我国对外反倾销的法经济学分析：基于产业安全的
视角／史振华著. -- 北京：经济科学出版社，2023.7
ISBN 978 - 7 - 5218 - 4965 - 3

Ⅰ.①我… Ⅱ.①史… Ⅲ.①反倾销法 - 研究 - 中国
Ⅳ.①D922.294.4

中国国家版本馆 CIP 数据核字（2023）第 142555 号

责任编辑：杨　洋　赵　岩
责任校对：王京宁
责任印制：范　艳

我国对外反倾销的法经济学分析
——基于产业安全的视角
史振华　著
经济科学出版社出版、发行　新华书店经销
社址：北京市海淀区阜成路甲 28 号　邮编：100142
总编部电话：010 - 88191217　发行部电话：010 - 88191522
网址：www. esp. com. cn
电子邮箱：esp@ esp. com. cn
天猫网店：经济科学出版社旗舰店
网址：http：//jjkxcbs. tmall. com
北京季蜂印刷有限公司印装
710 × 1000　16 开　20.75 印张　300000 字
2023 年 7 月第 1 版　2023 年 7 月第 1 次印刷
ISBN 978 - 7 - 5218 - 4965 - 3　定价：80.00 元
（图书出现印装问题，本社负责调换。电话：010 - 88191545）
（版权所有　侵权必究　打击盗版　举报热线：010 - 88191661
QQ：2242791300　营销中心电话：010 - 88191537
电子邮箱：dbts@ esp. com. cn）

目录 *Contents*

第一章

绪　论

中国共产党第十八届四中全会指出，社会主义市场经济本质上是"法治经济"。① 我国的市场化进程，发展到了利用法律这种正式制度进行确认和推动的阶段。构建和完善具有中国特色的社会主义市场法律体系，需要对社会主义市场法律体系背后的经济因素及其逻辑进行深刻的理解与分析，以发现经济现象背后的经济规律，促进科学立法与执法。

法经济学（也称为法律的经济分析、经济分析法学，economic analysis of law）正是这样一门研究法律制度的创设、运行及其调整关系的经济逻辑的法学与经济学交叉的前沿学科、边缘学科。法经济学"是一门运用经济理论来分析法律的形成、法律的框架和法律的运作以及法律与法律制度所产生的经济影响的学科"②，其研究对象是法律制度的创设及运行效果，成为当代法学的一个流派；同时，法经济学以经济理论为指导思想、以经济学的方法为研究工具，实证研究可以显示法律运行的效果，评估法律最终达到预期目标的成功度③，成为当代西方经济学的一个学术流派。

---

① 《中共中央关于全面推进依法治国若干重大问题的决定》（2014 年 10 月 23 日中国共产党第十八届中央委员会第四次全体会议通过）。

② Nicholas Mercuro, Steven G Medema, "Economics and Law：From Posner to Post-modernism". Princeton University Press. 1997：3.

③ 需要注意的是，实证研究分析模型只能适用于部门法律分析、法律效果分析；实证模型建立在一系列的抽象、假定、假设之上，法律效果的定量分析不完全，可能存在一定偏差，在一定程度上会降低分析结论的可信度。

　　反倾销①是一个国家（地区）对进口产品存在的倾销行为实施的规制措施。我国②的对外反倾销即通过国内反倾销法律制度的创设及实施，对进口产品的某些倾销行为进行反倾销规制，来维护正常的对外贸易秩序，保证国内外厂商的公平竞争。对外反倾销首先是一个利用反倾销措施来对国内相关产业进行保护的问题，但反倾销措施涉及双边或诸边③的贸易利益分配，可能导致贸易报复甚至引起外交④纠纷；对外反倾销可以成为一国（地区）保护公平贸易的手段，也可能异化为对公平贸易起反作用的贸易壁垒；世界贸易组织（WTO）成员的对外反倾销法律的创设及实施还必须遵循 WTO《反倾销协议》的相关规定。反倾销问题可以从不同角度来进行分析，本书从法经济学角度，研究我国国际货物贸易领域的对外反倾销问题⑤，属于法经济学研究中应用层次上的研究，侧重于对具体法律问题的分析。

第一节　问题的提出

　　目前理论界与实务界之间、经济学与法学之间，以及法学、经济学内部，对倾销、反倾销、反倾销法律、反倾销法律的价值目标等问题，存在诸多不同的看法。归纳起来，主要表现在以下四个方面。

---

　　①　从一个国家（地区）参与国际货物贸易的角度看，反倾销包括两个方面：处于被动地位的应对反倾销（出口产品被反倾销）和处于主动地位的对进口产品开展的反倾销（对外反倾销，对进口产品反倾销）。在我国经贸活动中，反倾销长期以来一般指的是应对出口产品被反倾销的问题。为避免引起歧义，本书题目特别加上"对外"两字。其实这也是我国长期强调应对反倾销，相对忽视对外反倾销在现实中的一个反映。本书行文中，如无说明，反倾销指的是进口国处于主动地位的对外反倾销，即对进口产品开展的反倾销。

　　②　本书中的"我国"是一个关境概念，不包括中国香港、中国澳门这两个法定单独关税区和中国台澎金马单独关税区。

　　③　相对于少于 WTO 多边但多于两个国家（地区）的双边情况，反倾销的对象往往不只一个。

　　④　外交关系好坏可能会对国家、地区之间的反倾销决策产生一定的影响，但从实践来看，这种影响存在但并不明显，如美日、美英之间也互相进行反倾销，所以，本书不对外交关系对反倾销决策的影响进行分析。

　　⑤　在国际经济与贸易领域，还存在外汇、服务等倾销问题。

一、反倾销的公平与效率之悖

一个国家或地区的政府，在反倾销法律的创设及实施中，一般都会宣称其目的是保障"公平竞争"，维护正常贸易秩序，优化资源配置，增进社会经济福利。然而，事实是，反倾销不但在公平与效率之间存在冲突，而且反倾销的公平目标、效率目标本身也存在冲突性。

反倾销的公平目标本身存在冲突性。反倾销法律的创设及实施与所希望达到的"公平"目的是矛盾的，反倾销措施在使一些人的利益增加的同时，总是存在另外一些人利益受损的情况，以"公平"的名义采取反倾销措施，却造成了新的不公平。反倾销注重了境内竞争产业正常市场秩序的恢复，却又打破了进口产品的上、下游产业的市场秩序，可能造成新的秩序混乱。

反倾销的效率目标也存在冲突性。反倾销措施的利益损益总是同时存在的，反倾销措施产生的利益损益不但影响国家或地区之间的贸易利益分配，而且影响国家或地区内部的上游产业与下游产业之间、生产者与消费者之间、政府与企业之间的利益分配。

同时，和众多的法律制度一样，反倾销法所追求的公平目标与效率（增加社会经济福利）目标之间往往更多地表现为冲突、对立而非一致性。片面强调反倾销的贸易公平目标，可能损害社会整体利益，损害经济效率。如果只强调经济效率目标的实现，要求反倾销的结果是境内受益者的所得大于境内受损者的所失，忽视对公平的保护，则势必影响反倾销的公平性。

二、倾销的经济学与法学之别

国际货物贸易中的倾销[1]，是指境外出口厂商的产品在进口方内部市场以低价方式销售的现象。经济学一般认为[2]，倾销是境外出口厂商在国

---

[1] 如无特别说明，下文的倾销一词均为国际货物贸易中的倾销。

[2] 见本书第一章中的"倾销的经济学理论"。

际竞争中，为了利润最大化而采取的策略性定价营销行为，是境外出口厂商基于不同国家（地区）消费者需求价格弹性差异而采取的"国际价格歧视"。[①] 同时，国际货物贸易中的倾销也是国际反倾销规则（GATT 与 WTO 反倾销规则）和各国（地区）反倾销法律制度规制的对象，法学意义的"倾销"指"出口厂商以低于正常价值的价格向进口国销售产品，并因此给进口国国内产业造成损害的行为"。[②]

倾销的经济学内涵与法学内涵的根本区别在于，经济学认为倾销的国际价格歧视是出口厂商的正常竞争价格策略，主流的观点是不应该进行反对（详见下文对倾销与反倾销的经济学理论分析）；而法学认为倾销是境外出口厂商基于竞争的需要，对相同的产品，在不同市场人为确定的差异性定价（价格歧视），其目的是打入其以前不曾占有的市场或扩大已有的市场占有率，是对他国生产者的侵权，因此是不公平竞争行为，应该提出反对（纠正或矫正）。

三、反倾销正当性与合理性之争

反倾销是一个国家（地区）的政府通过国内反倾销法律制度的创设及实施，对境外出口厂商的某些倾销行为进行反倾销规制，以维护正常的贸易秩序，保证国内外厂商的公平竞争。反倾销法律制度得以创设的立论基础是"倾销有害论"。"倾销有害论"认为反倾销法律制度的创设及实施的理由包括：境外出口厂商长期、异常的低价倾销行为，往往受到其所在国政府的补贴或保护，是对市场经济公平竞争原则的破坏；境外出口厂商低价的动机险恶，意在打压和挤垮对手，最后获得垄断利润；对进口国（地区）来说，倾销产生的短期内的低价好处远远低于其带来的长期产业损害的坏处。如学者戴尔（Dale）认为，出口厂商的倾销行为是"人为"优势，是对市场自由竞争规则的破坏，应建立反倾销法来消除其影响。[③] 唐

---

① 国际价格歧视通常是指一国或地区的生产商或出口商在国际贸易中，以低于其国内市场价格，甚至以低于成本的价格，向另一国或地区推销商品。

② 参阅 GATT 第 6 条的规定。

③ Dale, Richard, "Anti-dumping Law in a Liberal Trade Order". New York：St. Martin's Press. 1980.

震则认为，国际反倾销规则起到了规范国际竞争环境的作用。[①]

然而，有更多学者认为反倾销缺乏法律上的正当性与经济上的合理性。鲍德温和摩尔（Baldwin & Moore，1991）、塔拉坎（Tharakan，1991）等分析认为，现行国际反倾销具有不合理性；汉森、普鲁萨等（Hansen & Thomas J. Prusa et al.，1996）认为反倾销保护会带来额外的社会福利成本；[②] 沈瑶（1999）认为，反倾销规则往往被滥用，反而对竞争造成了损害，反倾销实施的有效性无法得到保证；徐为人和黄勇（2000）认为，反倾销破坏了市场竞争、损害了一国（地区）的社会福利、影响了国际竞争力；[③] 王晓非（2004）质疑 WTO 反倾销协议倾销标准的经济合理性，认为反倾销有可能带来负和博弈的结果；[④] 于永达（2001）认为，倾销的实质是以自由贸易之名，行垄断经营之实，是一种贸易保护主义的工具。[⑤] 联合国经合组织 1996 年的研究表明，只有 5% 关乎公平竞争问题，95% 的反倾销案件的目的都是保护本国工业。[⑥] 一般来说，经济学偏重反倾销的利益（效率、合理）分析而法学分析侧重反倾销的正义（公平、正当）分析。

四、反倾销法"改替废"之议

针对现行反倾销法[⑦]的缺陷，国际经济学界和法学界提出了各种改造

---

① 唐震：《反倾销和 WTO 内在关系的研究》，载《河海大学学报（哲学社会科学版）》2001年第 1 期，第 30 – 33 页。

② Hansen，Wendy L，Thomas J Prusa，"Cumulation and ITC Decision Making：The Sum of the Parts is Greater than the Whole"．Economic Inquiry．1996，34（4）：746 – 769．

③ 徐为人、黄勇：《谁是反倾销的真正赢家》，载《国际商务研究》2000 年第 3 期，第 8 – 11 页。

④ 王晓非：《对世贸反倾销协议有关倾销概念及判定标准的质疑》，载《国际贸易问题》2004 年第 2 期，第 75 – 79 页。

⑤ 袁欣：《论国际反倾销规则的法理不适当性》，载《法学家》2009 年第 3 期，第 98 – 106 页。

⑥ 程卫东：《国与国之间的利益协调——国际反倾销法的晚近发展》，载《国际贸易》2001 年第 2 期，第 43 页。

⑦ 反倾销法：1904 年加拿大海关法首次设立反倾销法则，随着倾销行为加剧，各经济体以及相关国际组织对倾销、反倾销作出了规定。1948 年的 GATT 将反倾销内容包括在第六条，GATT 肯尼迪回合缔结《反倾销协定》，东京回合修改《反倾销协定》，称为《反倾销守则》，乌拉圭回合修改《反倾销守则》形成了《关于实施 1994 年关贸总协定第六条的协议》即《世贸组织反倾销协议》。

或改进方案，大致有废除反倾销法（以竞争法取代反倾销法）、替代反倾销法（以竞争法或保障措施来代替反倾销法）和改良反倾销法（优化反倾销规则，减少反倾销保护带来的经济扭曲和福利损失）三种主张。[①] 如雷廷格（Roitinger，2002）认为，可以在改进保障措施的条件下，用来替代反倾销措施；[②] 马赛林（Messerlin，2000）则主张进行渐进式改革，改进现有反倾销规则；埃萨（M. Essary，1995）则认为，目前在区域性经济组织内（如欧盟）可以先用竞争法替代反倾销规则。

其实，"倾销有害论"固然不正确，"反倾销有益论"亦有失偏颇。问题不在于对倾销行为"是"与"非"的评判，不在于反倾销的价值目标之间是否相容，也不在于对反倾销法"改替废"的争议。问题在于，倾销无论是动机、原因和效应都是复杂的，反倾销所带来的影响、结果和效应也是多样的，从而影响各种不同经济主体的利益，而且利益具有多样性、冲突性，甚至是互相矛盾的。不同利益方站在不同的角度看待倾销与反倾销，自然就得出不同的，甚至是截然相反的结论。

现实中，倾销是客观存在的。在目前的政治、经济和法律条件下（WTO 国际反倾销规则、各国国内立法等），在世界各主权国家都坚持本国利益第一的原则下，贸易利益分配不可能完全公平的客观状态下，一个国家（地区）完全开放其内部市场是不可能的。

我们的正确方式与态度是需要站在国家与社会的整体角度，通过辩证而全面的分析，研究哪些倾销行为有碍于公平竞争，哪些倾销行为应纳入反倾销规制调整，全面分析反倾销的效应，权衡反倾销法律以及反倾销实施中的利弊得失，兼顾效率和公平，改进和完善反倾销法律制度，防止其成为贸易保护主义的工具，使反倾销成为趋利避害的有力措施。

本书的研究就是基于以上认识，站在我国社会整体利益最大化的立场，从法经济学角度研究我国国际货物贸易领域的对外反倾销问题的一个尝试。

[①] 廖秀健：《美国对华反倾销的法经济学分析——以农产品反倾销为例》，华中农业大学2006 年博士学位论文，第 3–12 页。

[②] 唐宇：《保障措施条款替代反倾销规则的可行性分析》，载《财贸经济》2007 年第 7 期，第 88 页。

第二节 研究的意义

经过关税及贸易总协定（GATT）多轮谈判以及后来 WTO 的推动，传统的关税与配额保护手段被逐渐禁止或削弱了保护作用；而大多数的国家（地区）都希望扩大贸易出口来拉动经济增长，增加本国（地区）就业，同时对大多数产品采取限制措施来减少进口，在这种背景下，国际贸易保护的手段逐渐发生了转移，由关税措施转向其他 WTO 所允许的贸易保护手段。

正是在这种背景下，WTO 成员把保护的手段转向了具有形式合法（WTO 允许采用）、容易实施（相对于反补贴和保障措施）、能有效保护国内产业且不易招致报复的特点的反倾销措施。这样，在 WTO 贸易规则下，反倾销越来越被频繁使用就不足为奇了。

反倾销是一个国家或地区的政府，通过反倾销法律的创设及实施，使一种经济状态（倾销）向另一种经济状态（消除或减弱倾销影响）转变的措施，以优化资源配置，增加社会经济福利。尽管几乎所有的反倾销法律（包括国际反倾销规则）都宣称其立法目的是维护"公平竞争"，但不可否认的事实是，目前反倾销措施已成为世界贸易体制最大的障碍和使用最频繁的贸易救济措施；另一个无法回避的问题是，通过反倾销措施改变经济状态，一些人利益增加（受益）总是以另外一些人利益减少（受损）为代价的，并且，利益冲突不仅发生在国家或地区之间，也发生在国家或地区的内部。

所以，反倾销法律的创设及实施所希望达到的"公平"目的是矛盾的，以"公平"的名义采取反倾销措施，却造成了新的不公平；进口国（地区）的政府希望通过反倾销措施来促进资源优化配置，从而增加社会整体经济福利的目的也是冲突的，因为反倾销的利益损益是同时存在的。同时，和众多法律制度一样，反倾销法所追求的公平目标与效率（增加社会经济福利）目标之间往往更多地表现为冲突、对立而非一致性。

那么，有没有一种尺度或标准，能够衡量或权衡反倾销法律以及反倾销实施中的利弊得失，能够兼顾效率和公平，能够防止其成为贸易保护主义的工具，能够使反倾销成为我们趋利避害的有力措施呢？这正是本书需要致力解决的问题。法经济学的分析方法，尤其是其基于标准化与补偿原则的卡尔多—希克斯效率标准，为我们提供了一个独特而有效的视角。

一、理论意义

1. 现行 WTO 反倾销规则存在不公平的规定

在一定意义上，现行国际反倾销规则就是美国的反倾销规则，美国的反倾销规则是贸易保护主义的产物。WTO 成员制定或修订反倾销法律往往以《WTO 反倾销协议》为蓝本；《WTO 反倾销协议》的前身是 GATT 第 6 条；而 GATT 第 6 条则是基于美国的反倾销规则而产生的。美国的反倾销规则的贸易保护性质源自其《1921 年紧急关税法》，《1921 年紧急关税法》又是以具有贸易保护作用的加拿大 1904 年反倾销法为蓝本修订而来的。

现行国际反倾销规则存在不公平的规定，易被滥用为贸易保护手段。现行国际反倾销规则在规定可以采取反倾销措施的条件时，并不要求对倾销的经济原因加以区别，并不要求区别倾销是否具有掠夺性意图，也不要求判断倾销是否是企业的正当竞争行为或正常定价策略均可实施反倾销措施。然而，诸多研究表明，在许多情况下的低价竞争更多的是企业的一种对同一产品在不同国家（地区）市场以不同价格销售的经营策略或定价策略，具有正当性与合理性。现行国际反倾销规则这种不问青红皂白地对倾销"一刀切"的做法，很容易伤害企业的正常经营策略和正当竞争行为，导致反倾销措施在国际贸易中被滥用，从保护贸易公平的措施异化为贸易保护主义的手段，从而损害贸易公平，造成效率损失，同时也损害了反倾销（法）的正当性与合理性。

反倾销已成为公正贸易体制的最大障碍。现行国际反倾销规则易被滥用为贸易救济措施，往往沦为贸易保护手段。二战以后，经过 GATT 多轮谈判以及后来 WTO 的推动，传统的关税与配额保护手段被逐渐禁止或削弱了保护作用；形式合法、容易实施、保护有效的反倾销的作用日渐凸显，反倾销已成为关贸总协定和世贸组织框架内贸易体制的最大障碍。①

我国深受贸易保护主义之害，尤以被反倾销为甚。1995~2022 年，我国发起对外反倾销调查 297 起，而同期被反倾销调查 1576 起，全球有近 1/3 的贸易救济措施针对中国。这些措施中，反倾销案在总案件数中的占比远远高出反补贴和保障措施的案件。从 1995 年起，连续 20 多年，我国是世界上出口产品被反倾销最多的国家。②

1997~2022 年，全球对中国发起的贸易救济案件中，反倾销 1505 起，占比 69.42%。③ 分析被反倾销对我国正当贸易利益造成巨大损害的原因，除了歧视性的"非市场经济国家"允许"替代国价格"的做法④外，现行国际反倾销规则存在不公平也是重要原因。深受反倾销贸易保护主义措施之害的中国，应尝试寻找时机改变不公平的国际反倾销规则。

2. 我国对外反倾销立法相对忽视经济效率

我国反倾销立法，总体上以现行国际反倾销规则为蓝本，而现行国际反倾销规则是贸易保护主义的产物，主要是为了保护产业利益，我国反倾销的立法价值目标难免同样存在一定的偏差。立法价值目标如果出现偏差，处理方式和效果也就会产生负面效果。

我国的反倾销立法相对忽视了经济效率价值目标。我国反倾销立法把维护公平贸易环境作为立法宗旨，从法律维护公平与正义的原则来说，这无疑是正确的。但是，无法回避的问题是，通过反倾销措施改变经济状态，一方获利建立在另外几方受损的基础之上，或者说，一些人利益增加（受益）总是以另外一些人利益减少（受损）为代价的。经济活动必然是以追求经济效率为目的，国家调节实际经济活动的相关法律制度也应该体现效率原则，在开展对外反倾销问题上也理应如此。

我国反倾销立法维护公平的目标存在一定缺陷，造成了新的不公平。公平是一个抽象的、比较模糊的、难以界定、没有统一标准的价值目标。

---

① ［美］托马斯丁·普鲁萨：《国际贸易中愈演愈烈的反倾销问题》，载《国际贸易译丛》，桑秀国译，对外经济贸易大学出版社 2006 年版，第 11 - 21 页。

② 2016 年 7 月 5 日商务部例行新闻发布会。

③ 资料来源：中国贸易救济信息网统计数据。

④ 即在裁定出口产品是否存在倾销时，不以出口方本国的成本，而是使用第三国的生产成本作为比对价格。

而且，反倾销的负面效果是多方面的，反倾销以维护贸易公平为名，保护了国内竞争产业利益，却又损害了国内进口商、产品的下游产业、最终产品的消费者利益，造成了新的不公平。根据中华人民共和国商务部产业损害调查局的反倾销措施效果跟踪情况显示，虽然我国对外反倾销在维护国内市场公平竞争、保障国内产业正当权利、对受损产业进行救济方面取得了一定成绩，但对外反倾销存在的负面影响、反倾销法律制度的不完善也必须引起足够的重视。特别是我国对进口的中间投入品、原料型产品实施的反倾销措施，影响了我国相关产业的正常发展。① 用保护公平竞争为理由进行反倾销，或者通过反倾销保护来促进贸易公平，有可能造成更加不公平的后果，尤其是我国进口产品的消费者则将为此付出高昂的代价，我国对外反倾销与反倾销实践中要注意对利益关系方的公平权利进行合法保护。

3. 评价标准不完善损害了我国对外反倾销的公平与效率

我国反倾销立法更多地倾向于保护国内竞争产业的生产者利益。由于我国反倾销立法价值目标存在一定偏差，自然导致利益保护存在一定偏颇、反倾销利益评价标准不完善的问题。同样由于我国反倾销立法总体上以现行国际反倾销规则为蓝本，而现行国际反倾销规则主要是为了保护产业利益，导致我国反倾销立法更多地倾向于保护国内竞争产业的生产者利益。

我国反倾销立法利益评价标准不完善。反倾销关系直接关系到利益的再分配问题，一方的获利一定是建立在另一方甚至几方利益受损的基础之上的。我国反倾销立法倾向更多地保护国内竞争产业的生产者利益，却损害了其他利害关系方尤其是消费者的利益。反倾销立法利益评价标准不是从国家与社会的整体利益出发，而是偏向了产业局部利益。研究表

---

① 2003 年 6 月 6 日，商务部终裁认定，原产于日本、比利时、德国等国家的进口己内酰胺存在倾销，并对国内产业造成实质性损害，决定对涉案产品征收 5%~28% 的反倾销税。征收反倾销税大幅度提高了锦纶企业生产成本，使行业陷入全面亏损境地，同时使高速纺切片生产企业采购高品质己内酰胺遇到困难，降低了产品质量和市场竞争力。实施反倾销措施后，己内酰胺产业发展良好，但是由于技术等方面的原因，在品质方面无法全面满足下游的要求。2005 年终止调查后，锦纶行业已经陷入全面亏损局面，原 14 家锦纶案申请企业已有 6 家破产或停产。商务部产业损害调查局：《反倾销措施效果跟踪情况汇总》。

明，目前反倾销调查机关多偏向上游产业，给下游产业及消费者带来了不公平（崔毅，2003）。

反倾销立法利益评价标准的不完善，损害了我国反倾销法律的效率与公平价值目标的实现。反倾销立法利益评价标准的不完善，会直接影响反倾销法律的效率与公正问题，实践中法律效力会大打折扣，法律的权威性也会受到质疑。

二、实践意义

1. 我国相对忽视对外反倾销的作用

我国的出口产品成为了国际贸易中被反倾销的首要目标。自2001年加入WTO以来，我国迈入全面经济全球化时代。经济全球化促使国际大市场逐步形成，我国同世界各国经济的依赖性不断增强，对外贸易方面获得了长足发展，出口规模排名升至全球第一位，进口规模排名上升至第二位，已经连续多年居对外贸易第一大国地位。同时，我国面临的贸易摩擦日益增多，出口产品成为国外反倾销的首要目标，连续20多年成为全球被反倾销调查最多的国家。[①]

我国相对忽视对外反倾销，对外反倾销没有很好地发挥作用。统计数据显示，1995～2022年，我国发起对外反倾销调查297起，而同期被反倾销调查1576起，被反倾销调查数为发起反倾销调查数的5.3倍。[②]

我国对外反倾销也过于谨慎。2001～2012年，我国对外反倾销的败诉率为22%，而同期，作为发达国家（地区）的美国、欧盟，其对外反倾销的败诉率为46%，就是同为"金砖"的巴西，对外反倾销的败诉率也达到了36%。过于谨慎使我国的对外反倾销没有发挥其应有的作用[③]，也加剧了我国出口产品被反倾销愈演愈烈的形势。

---

① 我国是贸易救济调查的最大目标国。1995年世界贸易组织成立至2016年7月，有48个成员对我国发起各类贸易救济调查案件1149起。我国连续21年成为全球遭遇反倾销调查最多的国家，连续10年成为全球遭遇反补贴调查最多的国家。

② 根据中国贸易救济信息网统计查询数据计算得出。

③ 安礼伟、高松婷：《中国对外反倾销现状、效应及对策分析》，载《国际商务（对外经济贸易大学学报）》2016年第2期，第49－57页。

2. 对外反倾销救济效果不尽如人意

根据中华人民共和国商务部产业损害调查局的反倾销措施效果跟踪情况显示，虽然我国对外反倾销在维护国内市场公平竞争、保障国内产业正当权利、对受损产业进行救济方面取得了一定成绩，但对外反倾销存在的负面影响、反倾销法律制度的不完善也是必须引起足够的重视。特别是我国对进口的中间投入品、原料型产品实施的反倾销措施，在一定程度上影响了我国相关产业的正常发展。

例如，在一些行业内，对外反倾销措施实施后，使国内相关产品价格上升，市场好转，利润增加；反倾销增加境内进口竞争产业[1]利润的短期效应，刺激了进口竞争产业竞相扩大产能，吸引了境内新投资的加入，境外投资者也纷至沓来。反倾销措施最后不仅没有起到保护进口竞争产业的作用，甚至还更加恶化了竞争环境，使国内的进口竞争产业的企业面临更残酷的竞争困境。[2] 研究还表明，有一些行业（苏振东和邵莹，2014）的对外反倾销措施，实际上显著降低了我国受保护企业的总体生存率[3]。

又如，我国"反倾销规避"条款不完善，使反倾销的救济效果大打折扣。我国对进口甲苯二异氰酸酯产品的反倾销的实施效果，以及对外反倾销国家（地区）贸易效果分析中可以看到[4]，反倾销保护引发的贸易转移效应、直接投资效应、继发性保护效应，不仅削弱了我国反倾销对国内产业的保护作用，加大了我国反倾销保护国内产业的成本，还有可能在我国国内市场上引发更加激烈的竞争，进一步恶化竞争环境，背离我国采取反倾销措施的最初目的。[5] 重复反倾销往往是为了防止倾销持续或者再次损害国内企业利益，或者为了抵制贸易转移效应的发生。这表明，对外反倾销应有的产业保护作用并不显著，产业救济效果有待进一步提高。

---

[1]　进口国的与进口产品相竞争的产业称为进口竞争产业。

[2]　2003 年对聚酯切片产业采取贸易救济措施之后，国内聚酯产能增长过快，下游需求低迷，聚酯行业效益大幅下滑，开工率普遍不高。聚酯切片的市场价格 2005 年全年呈下降趋势，从年初的 11600 元/吨，一路下降至年底的 10100 元/吨，下降了 12.03 个百分点。部分企业生产经营环境处于十分困难的境地。商务部产业损害调查局：《反倾销措施效果跟踪情况汇总》。

[3]　苏振东、邵莹：《对外反倾销能否提升中国企业生存率——以化工产品"双酚 A"案件为例》，载《财贸经济》2014 年第 9 期，第 82－91 页。

[4]　见本书第五章的分析。

[5]　我国的二氯甲烷反倾销案件、丙烯酸酯反倾销案件也都存在规避反倾销措施的问题。

对外反倾销救济效果不尽如人意，反倾销引致效应明显，反倾销措施实施的最后结果甚至与政府及国内进口竞争企业最初预期的反倾销所要达到的目的相差甚远，其中的原因值得我们去研究与探讨。

3. 对外反倾销效率较低

对外反倾销的效率较低是我国反倾销救济体系的一个缺陷。反倾销案件调查时间规定偏长，反倾销执法和司法的缺陷降低了反倾销措施立案、调查和裁决的效率，影响了我国运用反倾销措施合法保护国内产业正当权益的效力，也增加了企业反倾销成本。

以反倾销案件调查时间为例，申请到立案、立案到初裁、立案到终裁我国耗时普遍偏长。我国反倾销程序时间规定过长，不但不利于反倾销机构提高效率，耗费了时间和成本，而且不利于保障我国产业的利益。

正确的行动需要正确的思想指引和科学、合理、便利的制度来保障。我们有必要进一步研究倾销与反倾销问题，改进反倾销法律制度以保障对外反倾销的实施效果，保障本国的公平、有序和稳定的内外部经济环境。应采取反倾销措施来矫正或减轻境外倾销对本国经济的侵害，消除倾销行为对本国经济主权独立可能带来的危害，保障我国的经济安全和产业利益，保护境内企业的合法权益。

兼顾反倾销的效率和公平目标需要一种尺度或标准。改进我国反倾销法律制度及其实施效果，目的就是要通过我国反倾销法律制度的创设与实施，实现对外反倾销的"公平"与"效率"价值目标，达到保障公平贸易与提高效率的目的。然而，正如上文的分析，反倾销产生的后果是一个"效率"与"公平"的两难问题，往往是顾此失彼，两者难以兼得。解决我国对外反倾销"效率"与"公平"平衡问题的关键，是确立一种尺度或标准，能够兼顾反倾销的效率和公平目标，能够用来综合衡量反倾销法律以及反倾销实施中的利弊得失，能够防止其成为贸易保护主义的工具。

法经济学基于标准化与补偿原则的卡尔多—希克斯效率标准，可以衡量或权衡反倾销法律以及反倾销实施中的利弊得失，能够兼顾效率和公平，使反倾销成为趋利避害的措施。法经济学最核心的思想体现在基于边际成本—收益分析的经济效率（卡尔多—希克斯效率）标准中。法经济学的经济效率是对帕累托效率的改进，是允许一种经济状态向另一种经济状态转变的措施（政府政策、法律制度）。在实施中，允许受益者与受损者都可以存在，只要这种实施带来的受益者的收益，能够大于受损者的损失（补偿原则），即使受益者没有补偿受损者，这种改变仍然是符合效率要求的，社会整体福利仍然被改进。法经济学认为法律的创设及实施的效果可以被量化、对经济的影响可以被预计，并能按一定的标准或模型计算出来（标准化原则）。而且，法经济学认为"效率"与"公平"这两种价值目标在法经济学理论的卡尔多—希克斯效率中实现了更高层次的统一。

因此，法经济学尤其是其经济效率（卡尔多—希克斯效率）思想，是分析反倾销法律的创设及实施效果的理想方法与标准。虽然还存在传统法学对经济效率价值目标是否过于单一化、简单化的质疑，但鉴于目前其他传统法律价值目标（自由、安全、公平等）的抽象性、模糊性，难以量化，缺乏统一标准，笔者认为，法经济学的卡尔多—希克斯效率标准，可以衡量或权衡反倾销法律以及反倾销实施中的利弊得失，能够兼顾反倾销效率和公平价值目标，是目前可以用来分析反倾销法律的创设及实施效果的最适合的价值目标与标准。

本书的研究主题是从法经济学视角来研究我国国际货物贸易领域的对外反倾销法律制度与实践问题。重点是研究我国对外反倾销法律制度及实施的经济效率问题，核心观点是反倾销产生的后果是一个"效率"与"公平"的两难问题，法经济学的卡尔多—希克斯效率标准能够兼顾效率和公平，经济效率（卡尔多—希克斯效率标准）是目前分析我国对外反倾销的最适合的价值目标与标准。研究的目的是希望通过本书的工作，能对我国的反倾销理论研究、反倾销制度与实践改进等方面有所裨益。

我国对外反倾销的法律制度安排应注重体现正面激励，特别是提高经济效率，反倾销的目的应该是使社会利益最大化。

第三节　范式与方法

本书借鉴倾销与反倾销经济学理论、反倾销的国际贸易学理论、反倾销的法学理论、反倾销的法经济学理论，基于法经济学的研究范式，采用规范分析、实证分析、案例分析、比较分析等方法对反倾销相关问题进行了研究。

一、基于法经济学的研究范式

法经济学是研究法律制度的制定、运行及其调整关系的经济逻辑的法学与经济学交叉学科，本书之所以基于法经济学的研究范式来研究我国的对外反倾销问题，是因为以下原因。

第一，法经济学的"理性经济人"及相应的方法论的个人主义研究方法，可以更好地帮助我们分析与理解反倾销各经济主体（政府、企业、个人）的行为。法经济学认为反倾销各经济主体都是理性的"经济人"，在反倾销法律设立及运行的各个环节，都在自觉或不自觉地进行着成本与收益的核算，趋利避害。反倾销不过是进口国与出口国之间、进口国企业与出口国企业进行的以自身利益最大化为目标的博弈。反倾销经济主体的理性"经济人"并非总是以财富最大化为目的，而是福利最大化。

第二，法经济学的分析方法在反倾销分析中可以广泛运用，能够很好地解释反倾销制度的产生、变迁与运行中的问题。如需求供给分析与变迁分析能够很好地解释一国（地区）反倾销法律制度的供给、需求与变迁过程；公共选择与政府选择理论使我们可以更深刻地认识进口国（地区）政府的反倾销手段选择问题。机会成本—收益与边际分析方法，可把反倾销过程中的政府、企业、个人的最大化行为纳入边际成本—收益分析的框架之中。效用最大化与边际理论可以帮助我们理解与分析反倾销过程中的政府、企业、个人在倾销与反倾销决策、反倾销方法与措施选择、反倾销措施的利用程度与企业倾销的原因等方面的问题。

第三，法经济学为分析反倾销措施的运行效果提供了判断标准，为反倾销制度设计提供了有益思路。反倾销对进口国而言是一把"双刃剑"，反倾销法的实施在保护了国内产业的同时，存在负的外部性，可能损害整体利益，故需要对反倾销的社会成本进行分析，权衡对外反倾销措施利弊得失。法经济学利用汉德公式和帕累托最优的概念来理解进口国是否建立反倾销制度，是否采取反倾销措施，以及反倾销的程度、反倾销的效率判断标准问题。在改进帕累托效率的基础上法经济学提出了卡尔多—希克斯效率。卡尔多—希克斯效率标准是实现社会福利最大化目标的有效工具，有助于解释和预测一国（地区）建立、完善反倾销法律制度以及实施反倾销措施对社会整体福利变化的具体影响。反倾销法律的效率和正义这两种价值目标在法经济学理论的卡尔多—希克斯效率中实现了更高层次的统一。卡尔多—希克斯效率下，一国（地区）反倾销法律以社会整体福利最大化为价值目标，就是实现反倾销法律的正义性的过程。法经济学反倾销激励分析与预期功利最大化理论认为，一国（地区）的反倾销法律设计以及以往运行的效果就应该传递明确的激励信号，才能达到反倾销法律制度设计的目的、初衷与效率目的。

二、基于规范研究与实证研究相结合的方法

在反倾销法律制度设计及其运行效果的研究方法上，既要回答反倾销究竟产生了什么效应这样的"是什么"的问题，又要思考反倾销制度设计应符合效率目标这样的"应该是什么"的问题。前者是实证经济学的最基本分析方法——实证分析（不涉及主观观点与价值判断），后者是规范经济学的最基本分析方法——规范分析（涉及主观观点与价值判断）。在研究对外反倾销问题中，本书综合运用了实证分析方法与规范分析方法。

第一，实证方法在本书中运用于分析反倾销的实然状态。包括分析反倾销对进口国产生的效应、我国对外反倾销的现状、我国对外反倾销法律规则的救济效果等方面。在分析我国对外反倾销的救济效果时，选用具有代表性的产品（产业）与国家（地区）来进行了研究。为了说明反倾销存在贸易转移效应的需要，本书采用了比较简单的计量分析方法。

需要说明的是，实证分析的结论具有客观性，但是本书进口国反倾销的效应分析、反倾销贸易转移效应的计量模型分析建立在一定的抽象与假设之上，在一定程度上会影响分析结论的可信度。我国对外反倾销的救济效果的计量模型分析是不完全的。

第二，规范方法在本书中运用于分析对外反倾销的正当性与合理性，反倾销合理性的判断标准，我国对外反倾销应坚持和实现的理念、原则与

价值目标，对外反倾销的改进与完善等方面。本书将"效率"① 核心价值判断标准（"应该是什么"），运用于反倾销的正当性与合理性、我国的对外反倾销的改进与完善（反倾销法律制度设计、反倾销实施效果改进）。

需要说明的是，由于规范分析具有主观性的价值判断，本书规范分析的一些结论无法直接进行检验。

三、基于比较分析的方法

基于比较分析的方法，把本书一些研究对象与相类似的规定或措施加以比较，尽量发现反倾销法律制度与措施的本质和规律，力求做出正确的评价。如比较分析的方法使我们能够进行对比研究，发现我国的对外反倾销法律制度设计及其运行中存在的不足，理解一国（地区）选择反倾销措施保护进口竞争性产业的原因等。

反倾销属于国际贸易领域的共性问题，本书中运用比较分析法对我国《反倾销条例》的部分规定与现行国际反倾销规则、西方主要国家（地区）、部分"金砖"国家的反倾销法律的规定，进行比较研究，发现我国反倾销法律制度与措施的不足之处，讨论我国对外反倾销立法与实践对WTO反倾销规则，美国、欧盟、部分金砖国家的反倾销做法的借鉴问题。

一国（地区）为了保护国内产业的目的，除了反倾销这样的贸易保护政策，还有各种产业政策可供选择。本书对进口竞争性产业进行支持的产业补贴政策和反倾销贸易保护政策的福利效果进行了分析，可以更清楚地理解政府一国（地区）选择反倾销措施保护进口竞争性产业的原因。

四、案例分析方法

以反倾销典型案例（国家、产业），运用反倾销产生的历史数据，通过具体分析，可以发现我国对外反倾销的实施效果；也可以通过案例分析，对反倾销效应法经济学理论研究结论的可靠性进行检验。

---

① 法经济学中，法律制度设计标准被假设为唯一的效率标准。

本书在我国反倾销法律制度及其实施效果研究中，既选取国家（我国对韩国的反倾销案件）为研究对象进行了案例分析，也选择具体涉案产品（进口甲苯二异氰酸酯）进行了案例研究。韩国是我国发起进口反倾销较多的贸易对象之一，具有很好的代表性；选择产品甲苯二异氰酸酯的原因是，其所属的石化行业是我国对外反倾销的重点领域和集中行业（也是单一产品多次对外反倾销最为集中的行业），具有行业代表性，也是在裁决后仍存在倾销行为，我国商务部期中复审并调整反倾销税率的石化类产品，同时还是在日落复审后继续实施反倾销措施的产品。

第四节　创新与不足

本书的研究是从法经济学角度研究我国国际货物贸易领域的对外反倾销问题的一个尝试，希望能进一步全面认识现行国际反倾销规则的本质，并希望对我国对外反倾销的改进与完善有所裨益。本书认为，我国对外反倾销应该力求经济效率与贸易公平的统一，把"效率"作为我国对外反倾销的核心价值目标体现在法律的制订与修改、制度的形成及开展对外反倾销的实践之中。体现法经济学最核心思想的经济效率（卡尔多—希克斯效率）标准，兼顾了经济效率与贸易公平，应该作为我国对外反倾销的核心价值目标和判断对外反倾销效果的标准，我国对外反倾销的正当性与合理性及判断标准是符合卡尔多—希克斯效率。本书提出，我国对外反倾销的理念包括国家经济主权至上理念和贸易公平理念，基本原则包括损害性倾销应予规制的原则、不构成对国际贸易的不合理障碍原则、竞争原则、对等原则，价值目标是以经济安全为前提，维护贸易公平与实现经济效率，统一于本国社会福利最大化目的。提出改进与完善我国对外反倾销的建议，力求实现我国对外反倾销经济效率与贸易公平的统一。归纳起来，本书的创新之处体现为以下几点。

1. 研究方法方面

从法经济学视角分析国际货物贸易领域的反倾销问题，研究角度比较新颖。

2. 研究观点的创新

（1）国家经济主权至上是我国对外反倾销的最根本理念；兼顾了效率与公平的卡尔多—希克斯效率（社会整体福利最大化）是我国对外反倾销的核心价值目标。

（2）我国对外反倾销的正当性与合理性的判断标准是符合卡尔多—希克斯效率，即反倾销收益现值应大于反倾销成本现值。

（3）判断是否构成倾销的"低于正常价值"的条件应该修改为"低于正常成本"的条件，"正常成本"的判断标准是阿里达—特纳规则（平均可变成本），并要结合经济原因、正当性及造成的后果综合判断是否构成倾销。

本书研究的不足之处：本书在能否建立反倾销造成损害的国内补偿机制、反倾销与企业异质性关系等方面的研究欠缺。另外，本书从总体上来看，主要是国家、产业等宏观层面上的研究，微观层面上的研究尚存在不足。

第五节 文章的结构

第一章绪论介绍本书的选题背景，探讨我国对外反倾销的法经济学研究的理论和实践意义、本书研究范式与分析方法、研究的创新与不足之处。除绪论外，全书分为八章，主要内容如下。

第二章文献综述与理论借鉴。本章梳理倾销与反倾销问题研究的国内外文献，从经济学理论、国际贸易学理论、法学理论、法经济学理论分析反倾销的理论借鉴问题，作为本书分析的理论基础。文献综述部分从反倾销发起原因分析、反倾销效应研究（反倾销的产业保护、继发性保护、贸易转移、投资跨越、反倾销报复等主要效应）、反倾销绩效优化研究、我国对外反倾销的相关研究四个角度进行整理，并进行简要评述。理论借鉴部分包含倾销与反倾销经济学理论、反倾销的国际贸易学理论、反倾销的法学理论、反倾销的法经济学理论。

第三章对外反倾销效应的法经济学分析。其包括对外反倾销的利益效应、对外反倾销的引致效应、反倾销效应与产业支持效应的比较、对外反倾销的正当性与合理性四个部分。第一部分是对外反倾销的利益效应，即对外反倾销所产生的利益影响，包括对进口国（地区）短期利益产生、长期利益、生产要素收益、战略性产业利益的影响；第二部分是对外反倾销的引致效应，即由对外反倾销所引发、导致的效应，包括继发性保护、贸易转移、投资跨越、反倾销报复等削弱反倾销保护作用的主要引致效应；第三部分是反倾销效应与产业支持效应的比较，对比分析反倾销贸易政策与产业经济政策的经济效率（社会福利）；第四部分是基于以上分析，结合出口厂商倾销的经济原因，探讨进口国（地区）反倾销的正当性与合理性及判断标准。

第四章我国对外反倾销的发展历程及现状。其包括我国对外反倾销的规制对象、我国对外反倾销法律制度的变迁与现行规定、我国对外反倾销的现状三个部分。第一部分是根据上文分析的反倾销的正当性与合理性结论，明确我国对外反倾销的规制对象；第二部分简单介绍我国对外反倾销法律制度的变迁与现行规定；第三部分探讨我国对外反倾销的现状。

第五章我国对外反倾销的实施效果分析。其包括对外反倾销产品（产业）实施效果、对外反倾销国家（地区）实施效果、对外反倾销法律制度及实践中的不足三个部分的分析。选用具有代表性的产品（产业）与国家（地区）来展开研究我国实施对外反倾销的救济效果，并分析我国对外反倾销法律制度及反倾销实践中的不足。

第六章我国对外反倾销的国际借鉴。本章讨论我国对外反倾销立法与实践对 WTO 反倾销规则，美国、欧盟以及部分金砖国家的反倾销做法的借鉴问题。包括"替代国"做法的借鉴、公共利益条款的借鉴、反规避措施的借鉴三个部分。

第七章我国对外反倾销的理念、原则与价值目标。研究我国对外反倾销应秉持的理念、坚持的原则和应实现的价值目标问题，包括对外反倾销的理念、对外反倾销的原则、对外反倾销的价值目标三个部分。我国对外反倾销应秉持国家经济主权至上与贸易公平两个理念；应坚持的基本原则包括损害性倾销应予规制、不滥用反倾销措施、符合公共利益、反倾销程序正义等原则；对外反倾销应实现的价值目标包括经济安全、贸易公平、经济效率。经济安全是优先性价值目标；贸易公平是保障性价值目标；经济效率是目的性价值目标。经济效率是我国对外反倾销的核心价值目标。

第八章我国对外反倾销的改进。本章是本书研究的规范性分析，也是文章研究的结论部分。包括我国对外反倾销改进的目标、改变国际反倾销中的不公平规则、我国对外反倾销实体规则改进、我国对外反倾销程序规则改进、我国对外反倾销运行效率改进五个部分。我国对外反倾销必须兼顾公平和效率，应力求达到公平与效率有机协调的目标，对外反倾销的改进应符合卡尔多—希克斯效率标准；应寻求改变不公平的国际反倾销规则，建立国际反倾销新规则；改进现行反倾销实体规则，提高反倾销的经济效率；改进现行反倾销程序规则，落实公共利益条款，采取反规避措施，保障反倾销措施实施效果；提高反倾销救济体制运行效率。

第二章
Chapter 2

文献综述与理论借鉴

本章梳理国内外相关研究的文献，并从经济学理论、国际贸易学理论、法学理论、法经济学理论及政治经济学理论几个方面分析反倾销的理论借鉴问题。本章是本书研究的理论基础。

第一节　文献综述

反倾销问题是国际贸易领域一项重要的研究课题，国内外关于倾销、反倾销问题的相关文献非常丰富。

亚当·斯密（1776）在《国富论》中，将当时各国官方奖励出口贸易的习惯做法称为"倾销"；亚历山大·汉密尔顿（1791）指出外国政府的出口奖励"倾销"是美国新生产业发展"最大障碍"的根源。亚当·斯密与亚历山大·汉密尔顿的"倾销"与现在的倾销在内涵上存在很大差异，指的是政府的"奖励出口做法"（从而导致了出口产品的低价），而现在的"倾销"针对的是企业低价出口竞争行为。当然，现在因为政府的"奖励出口"（如出口补贴、出口产品研发补贴）做法，降低了出口成本从而企业进行低价出口倾销，在一定条件下（"不可诉补贴"），也可以是反倾销法的规制对象，但主要是反补贴法的规制对象（见本书第三章第一节的分析）。

雅各布·瓦伊纳（1923）对"倾销"进行了定义[①]，并按动机和持续

---

　　①　瓦伊纳对"倾销"的定义是"同一产品在不同国家市场上的国际价格歧视"，国际价格歧视通常是指一国或地区的生产商或出口商在正常贸易过程中，以低于其国内市场价格，甚至以低于成本的价格，向另一国或地区推销商品。

时间研究了倾销的分类（分类见本书第三章表3－10）。瓦伊纳的"倾销"定义揭示了"同一产品在不同国家市场上"价格差异的人为因素，从而使一些倾销行为具有了"不正当竞争"的性质。自瓦伊纳的研究之后，对倾销与反倾销问题的研究逐步增加（主要集中在对倾销的研究），但大幅度的增加，则出现在芬格、霍尔和纳尔逊（Finger，Hall & Nelson，1982）关于反倾销的开拓性研究之后。[①] 究其原因在于，经过 GATT 的东京回合、乌拉圭回合谈判之后，关税、配额减低或取消，传统贸易政策措施的保护功能下降，并且传统措施受到多边贸易机制（GATT/WTO）的管控；而反倾销成为 GATT/WTO 所认可的合法保护措施，而且课征反倾销税不一定会被指责为贸易保护主义，甚至以受害者的地位居于道德高地，于是各国（地区）纷纷采取反倾销措施来保护本国（地区）的利益。

一、对外反倾销发起原因研究

对外反倾销发起原因研究一般着眼于一国（地区）利用反倾销措施保护利益产业的角度来展开分析，这个方面的分析文献以来自美国和欧盟的为最多。1997 年 12 月，我国第一次发起对外反倾销调查之后，我国学者也开始更多地关注反倾销问题，对发起反倾销的原因进行了一定分析。反倾销发起原因的研究重心，从最初的宏观经济因素分析，逐渐深入到产业内的异质性微观企业行为，从宏观经济学角度分析拓展到微观经济学层面，是一个逐步深入与细化的过程。

反倾销发起原因研究主要包括反倾销的原因、反倾销的作用、影响反倾销发起的因素三个方面。反倾销的原因本书在"倾销有害论"中讨论；反倾销的作用研究的文献主要集中研究 20 世纪 80 年代反倾销案件增多的原因，研究反倾销对传统保护措施（关税、配额）的补偿或替代作用；影响反倾销发起的因素从宏观与微观两个方面展开。

反倾销措施是对传统保护措施严格管控后的补偿或替代作用的研究。

---

① Douglas A Irwin，"The Rise of US Anti-dumping Activity in Historical Perspective"，The World Economy. 2005，28（5）：651－668.

对发起反倾销原因的分析的文献数量与发起反倾销案件的数量基本呈正相关关系，其原因就是在东京回合、乌拉圭回合谈判后，GATT 严格管控其成员对关税、配额传统贸易保护措施的使用，而又对反倾销措施的合法性认可之后，发起反倾销案件的数量大幅度增加。许多学者认为，正是 GATT/WTO 所推动的关税减让与贸易自由化，使其成员寻找补偿或替代传统贸易保护措施的动机，导致了反倾销案件的大幅度增加，即反倾销措施是对关税、配额保护措施严格管控后的一种补偿或替代。如布洛尼根（Blonigen，2001）认为，WTO 成员之所以修改自己的反倾销法律制度，就是要使其符合 WTO 原则，并在不违背 WTO 反倾销规则的前提下，对进口竞争产业提供更多的保护；克内特和普鲁萨（Knetter & Prusa，2003）认为，GATT 关税减让范围扩大后，为了保护那些对进口国家（地区）具有重要利益的产业，政府出于维护更大利益的需要，更有动力来保护进口竞争产业；安德森和施密特（Anderson & Schmitt，2003）认为，GATT/WTO 严格管控其成员使用关税、配额等传统贸易保护措施，为了保护进口竞争产业，GATT/WTO 成员只能选择反倾销措施来达到保护的目的，而且替代程度与行业特点有关；范伯格和奥尔森（Feinberg & Olson，2005）认为反倾销的实质是各国在贸易自由化时对本国产业提供保护的一种补偿方式；[①]道格拉斯·欧文（Douglas Irwin，2005）认为，贸易自由化过程使关税的贸易壁垒作用下降，国内产业面临来自外国的竞争加剧，只有利用国际贸易协定规定为数不多的、合法的方法之一的反倾销来进行自我保护。

影响反倾销发起的因素从宏观与微观两个方面展开，即究竟是哪些因素影响　国政府做出发起反倾销决策（宏观方面）以及哪些因素影响企业提请发起反倾销（微观方面）。

影响反倾销发起因素的宏观视角研究。政府做出发起反倾销决策的影响因素包括宏观经济状况、国内政治压力、就业压力、国家国际收支情况等。摩尔（Moore，1992）的分析发现，一国政府面临的保护产业等方面的政治压力大小是影响是否发起反倾销调查的重要原因；费歇尔（Fischer，

① 郑甘澍、邓力平：《反倾销税与反倾销补贴的经济学思考》，载《国际贸易问题》2006 年第 10 期，第 74 页。

1992）发现因为在进口国反倾销调查程序启动之前，出口企业降低价格销售有利可图，正是反倾销法律制度的存在导致了倾销行为的发生；[①] 麦吉利夫雷（McGillivray，1997）从反倾销政策的供给与需求角度来解释反倾销增长的原因；[②] 贾伊·马（Jai S. Mah，2000）的研究发现，一国的贸易平衡状况影响着一国是否发起反倾销调查以及发起反倾销调查的数量，认为可以从宏观经济角度考察一国政府为什么要做出发起反倾销决策；维什瓦纳特（Vishwanath，2001）认为，一国（尤其是富国）的经济状况影响反倾销决策，处于经济衰退期的政府易于采取反倾销措施；克内特和普鲁萨（Knetter & Prusa，2003）研究发现主要影响反倾销申诉增长的因素是本币升值和国内总产值下降；欧文（Irwin，2005）分析发现失业率与反倾销数量呈高度正相关关系；鲍恩和托瓦（Bown & Tovar，2011）在研究印度的反倾销措施时发现，印度政府作出的降低关税的国际承诺，使其面临巨大的国内政治、经济压力，为了舒缓压力，政府易于作出发起反倾销决策。

影响反倾销发起因素的微观视角研究。布洛尼根（Blonigen，2004）的研究认为，企业的反倾销经验对将来的反倾销诉讼、反倾销结果产生影响，因为具有反倾销经验的企业在将来发起反倾销诉讼成本更低，相比没有反倾销经验的企业更容易发起反倾销诉讼，使反倾销案件增多；具有反倾销经验的企业发起的反倾销诉讼以肯定性裁定的概率更高，但对倾销幅度裁定没有影响；王晰（2012）的研究认为，反倾销是少数产业反复运用的战略工具，反倾销方在申诉阶段的选择决定了其裁决阶段的预期收益；叶建亮（2014）的研究发现，反倾销申诉与行业的生产效率、企业数量、政治关联性都具有一定的关系。

反倾销发起原因分析的简要评述：GATT/WTO 严格管控传统保护措施，是为了推动贸易自由化，但贸易自由化也有负面影响。为了解除成员在贸易自由化过程中的后顾之忧，大胆推进贸易自由化，GATT/WTO 设置了包括反倾销在内的贸易救济制度，作为减轻或消除贸易自由化负面影响

---

① 车幸原：《不完全信息条件下的反倾销政策效果》，载《财贸经济》2004 年第 10 期，第 83 页。

② 郑甘澍、邓力平：《反倾销税与反倾销补贴的经济学思考》，载《国际贸易问题》2006 年第 10 期，第 74 页。

的"安全阀"。反倾销措施是对传统保护措施严格管控后的补偿或替代作用的研究说明，反倾销措施可能是贸易救济措施，也可能是贸易保护主义的措施，其性质取决于采取反倾销措施的目的。

影响反倾销发起的因素包括政治、经济、行业性质、企业数量等多个方面。这些影响因素的背后都是反倾销的各利益主体，基于自身利益最大化来决定是否发起反倾销。学界对影响反倾销发起因素的宏观因素的看法比较一致，宏观经济不景气、政治压力大、失业率高、国际收支失衡等因素都可能使反倾销数量增加，反之反倾销数量减少。这也从另一个角度说明，反倾销与贸易保护主义存在千丝万缕的联系。影响反倾销发起的微观因素，学界看法不太统一，一则深入到异质性微观企业行为的研究是最近几年才开始的研究方法，二则其基于个案的分析结论虽然可能比较新颖但可信度值得怀疑。但应该肯定的是，异质性微观企业行为的反倾销是以后研究的方向，深刻细化地分析异质性企业的反倾销行为有助于我们更深入地理解微观层面的企业发起反倾销申诉的动机。

二、对外反倾销效应研究

进口国（地区）采取反倾销后，直接关系到利益的再分配问题，获得反倾销保护一方的获利是建立在另一方甚至几方利益受损的基础之上。同时，进口国（地区）采取反倾销后，反倾销相关利益方采取的应对措施，亦即反倾销产生了引致效应。因为这些引致效应会削弱反倾销的救济效应，加大进口国（地区）实施反倾销保护的成本，阻碍进口国（地区）反倾销目标的实现。那么，进口国（地区）的反倾销达到保护目的了吗？反倾销的引致效应存在吗？如果引致效应存在，其影响（发生程度）大不大？反倾销效应的研究就是围绕这些问题来展开的。反倾销效应进行分析的文献非常丰富，学者对反倾销效应进行了多方位的分析。

（一）产业保护效应

部分学者的研究认为，进口国（地区）反倾销起到了良好的保护作用。普鲁萨（Thomas J. Prusa，1992；2001）探讨撤回反倾销申请的原因，发现反倾销申请被撤回，没有征收反倾销税，反倾销申请也起到了贸易救济的效果，企业获得了收益，普鲁萨在 2001 年的进一步测算研究中发现，征收反倾销税使进口下降30%～70%，而且不论倾销是否定性终裁（倾销不成立），进口量都会明显呈下降趋势；科林·卡特（Colin A. Carter，2010）分析发现，1990～2005 年，美国对农产品展开的反倾销案件，因为农产品"贸易转移效应"比较弱，取得了良好的效果，是有效的保护农业发展的措施。

但是，也有学者的研究发现，进口国（地区）反倾销的保护作用并不明显，甚至反而降低了生产率或福利。霍克曼和马赛林（Hoekman & Messerlin，2002）研究发现进口国的反倾销措施保护进口竞争产业却促进了境内垄断的发展；科宁斯和范登布斯切（Jozef Konings & Hylke Vandenbussche，2008）调查发现进口国的反倾销措施对生产率不同的企业具有"差异性"影响，提高了国内原生产率较低的企业生产率，降低了原生产率较高的企业的生产率；鲍恩（Bown，2009）的分析认为，反倾销只不过是（欧盟）用来保护卡特尔组织利益的一种战略性手段，而且反倾销措施从长期来讲，阻碍而不是提高了产业的竞争力；皮尔斯（Justin R. Pierce，2011）分析美国制造业反倾销的保护效应发现，美国的反倾销措施导致产品价格和利润的上升，使原本生产率较低的企业（应停止生产）增加了生产产量，反倾销措施阻碍了资源向高效率的企业的流动，反倾销措施导致企业实际生产率下降；罗维尼诺（Laura Rovegno，2013）研究，美国 1980～2005 年的反倾销与反补贴案件，发现 1995 年（乌拉圭回合协议达成）前，美国的反倾销措施显著提高了保护企业的利润率，1995 年后（"日落复审协议"的引入），美国反倾销措施的保护有效性降低。

（二）继发性保护效应

进口国（地区）发起反倾销之后，进口竞争产业产品的市场价格上涨，以被反倾销的产品为投入品的下游产业的成本上升。如果下游产业也面临着与进口产品进行竞争的问题，也会提请反倾销主管当局发起对外反倾销。这种由于上游产业的反倾销引发的下游产业也要进行反倾销的保护诉求现象，称为反倾销继发性保护效应。

学者研究了上游产业的反倾销引发的下游产业反倾销保护效应问题。鲍德温（Baldwin，1985）、霍克曼和莱迪（Hoekman & Leidy，1992）、范伯格和卡普兰（Feiberg & Kaplan，1993）的研究结果表明反倾销存在继发性保护效应；还有研究表明，反倾销的保护使得进口国（地区）内部进口竞争产业产品价格上升，抬高下游产业的成本以及销售价格，下游产业的竞争力降低，在一定条件情况下，也会提请反倾销主管当局发起对外反倾销，寻求反倾销保护（唐宇，2004）。范伯格（Feinberg，2002）实证研究发现，20世纪80年代，美国的化工行业和金属行业的反倾销，存在反倾销的继发性保护效应；朴顺灿（Soonchan Park，2009）的研究也为反倾销的继发性保护这种传递效应的存在提供了经验支持。

（三）贸易转移效应

贸易转移效应（trade diversion）是指进口国（地区）采取反倾销措施后，进口来源从反倾销对象国（地区）转移到非反倾销对象国（地区）或由被指控存在倾销的境外出口厂商，转向未遭受指控的境外出口厂商；或者从裁定倾销幅度较高的境外出口厂商，转向倾销幅度相对较低的境外出口厂商的现象。发生贸易转移效应的根本原因在于反倾销具有歧视性：给予不同国家、企业不同待遇。反倾销是WTO贸易体制非歧视性原则的一种例外。反倾销调查和反倾销措施等都是针对特定进口来源地实施的：反倾销具体措施的执行仅针对一部分特定进口来源地的出口厂商，并对这一部分特定进口来源地的出口厂商按照裁定的倾销幅度来收取不同的反倾销税。陈勇兵、王进宇和潘夏梦（2020）等通过采用双重差分法对2001～2013年中国对外反倾销案例中表现出的贸易转移现象进行研究，发现反倾销措施的实施，使来自非指控对象国的涉案产品进口额显著增长，认为实施对外反倾销措施时应高度重视贸易转移效应；刘欣（2019）以化工产品为例对贸易转移效应进行了具体的研究，证明了贸易转移效应的存在。

贸易转移效应在某种程度上削弱了反倾销的贸易救济效果。克鲁普和斯克丝（Corinne M. Krupp & Susan Skeath，2002）的研究表明，进口国采取反倾销措施后产生了市场份额的转移效应。普鲁萨（Prusa，1997；2001）、布伦顿（Brenton，2001）等的研究也证明采取反倾销措施后存在贸易转移效应的证据。但科宁斯（Konings et al.，2001），拉萨尼（Lasagni，2000），尼尔斯（Niels，2003）对欧盟和墨西哥案例的分析发现贸易转移效应不很明显。鲍恩和马里帝兹等（Chad P. Bown & Meredith A. Crowley et al.，2006）研究发现美国对来自日本的产品采取反倾销措施（反倾销税）后，约25%~33%价值的日本产品转向了欧盟。

（四）投资跨越效应

反倾销措施投资跨越效应（又称直接投资效应，Antidumping-jumping FDI）是指出口厂商为了规避进口国反倾销措施，利用直接投资的方式，在进口国国内或者第三方国家设立工厂生产产品，替代反倾销前的直接出口方式。由于进口方的反倾销是一种贸易保护措施，反倾销措施投资跨越效应就是为应对反倾销而采取的应对措施。在实施反倾销措施保护进口竞争产业的同时，进口国如果没有建立起对规避反倾销的行为进行惩罚的反规避制度，被反倾销的境外出口厂商可以在第三国投资生产（组装）涉案产品，通过第三国再向进口国出口；如果进口国建立了对规避反倾销的行为进行惩罚的反规避制度，被反倾销的境外出口厂商则可以通过在进口国境内投资建厂的方式生产，直接在反倾销方市场上销售产品。

哈兰德和伍顿（Haaland & Wooton，1998）、巴雷尔和佩恩（Barrell & Pain，1999）、贝尔德伯斯（Belderbos，1997）和斯洛维根（Sleuwaegen，1998）的研究都得出了进口国采取反倾销措施后，引发出口企业跨境直接投资，反倾销措施后，引致直接投资效应的结论；[①] 多宁费尔德和韦伯（Donnenfeld S. & Weber，1998）实证检验发现，反倾销发起国的国内产业集中度的高低与反倾销投资跨越效应大小有关，国内产业集中度高，反倾销投资跨越效应小，反之亦然；布洛尼根（Blonigen，2001；2002；2004）的实证研究发现，（欧盟）肯定性反倾销裁决会大大增加国际直接投资的可能性（从19.6%增加到71.8%），其后研究发现美国对日本发起的反倾销调查也存在类似情况，布洛尼根（2004）进一步研究指出，反倾销投资跨越效应削弱了反倾销效果。

---

① 唐宇：《反倾销保护引发的四种经济效应分析》，载《财贸经济》2004年第11期，第66页。

（五）反倾销报复效应

反倾销报复效应是指一国（地区）对他国的进口产品发起反倾销后，由于他国利益的受损而采取"以牙还牙"方式，对进口国的其他（出口）产品发起反倾销报复措施，通过反倾销来遏制他国滥用反倾销措施以保护本国利益。

布兰德和克鲁格曼（J. A. Brander & P. R. Krugman，1983）最早将报复行为将反倾销行为引入两国贸易政策相互影响范围的分析，他们认为出于报复他国对本国出口产品实施的歧视性反倾销的原因，政府、企业发起对外反倾销，从而出现了相互反倾销的局面；芬格（Finger J. M.，1993）的研究发现，国家（地区）之间互相反倾销措施形成了一种类似"俱乐部"的效果。20 世纪 80 年代，"俱乐部"内部互相反倾销的比例大约为 2/3；普鲁萨（1999）、普鲁萨和斯凯奇（2001）认为进口国采取的反倾销措施有的存在着报复动机；[①] 布洛尼根和鲍恩（2003）认为反倾销"报复威胁"的大小，受来自被反倾销国家（地区）政府运用 GATT/WTO 争端解决机制的能力、被反倾销产业的反倾销报复宣传能力、被反倾销产业获得本国（地区）政府支持对外征收反倾销税的能力的影响。

反倾销效应研究的简要评述：反倾销的产业保护效应具有不确定性。进口国（地区）采取反倾销措施，目的是保护进口竞争产业的利益。但这种产业保护效应受多种因素制约：受保护产业可能获得了短期利益，但损害了长期利益（损害产业竞争力）；进口竞争产业通过保护获取了利润，但价格上升另一方面又抑制了进口竞争产业下游产业的发展，减少了进口竞争产业的产品需求，进口竞争产业产品价格的上升也抑制了最终消费者需求，受保护产业的利益变得具有很大的不确定性。而从进口国（地区）整体利益来讲，反倾销保护的产业如果具有规模经济或属于战略性产业，保护的成本与代价可以通过受保护产业成长后的收益补偿，否则，这种保护就是得不偿失的，会降低进口国（地区）整体利益，是不符合经济效率要求的。

---

① 朱庆华、唐宇：《中国反倾销措施的实证分析》，载《山东财政学院学报》2004 年第 6 期，第 79 页。

而且，进口国（地区）采取反倾销后，还会产生引致效应。反倾销继发性保护效应会进一步增加反倾销的成本；贸易转移效应抵消或部分抵消了反倾销的保护作用，反倾销的最大受益者可能并不是境内的进口竞争产业；投资跨越效应很有可能在国内市场上引发更加激烈的竞争，进一步恶化进口产业的竞争环境，背离进口国（地区）采用反倾销措施的最初目的；可能引发的反倾销报复效应则会进一步加大进口国（地区）的成本。

三、对外反倾销绩效优化研究

现行国际反倾销规则容易被滥用，阻碍了贸易的发展和竞争的公平，造成世界范围内的效率（福利）损失。现行国际反倾销规则在规定可以采取反倾销措施的条件时，并不要求对倾销的经济原因加以区别，并不要求区别倾销是否具有掠夺性意图，也不要求判断倾销是否是企业的正当竞争行为或正常定价策略均可实施反倾销措施。现行国际反倾销规则这种不问青红皂白对倾销"一刀切"的做法，很容易导致反倾销措施在国际贸易中被滥用，从保护贸易公平的措施异化为贸易保护主义的手段，阻碍贸易的正常发展和真正的竞争公平，并损害世界范围内的经济效率（福利）。波斯纳（1997）就认为，反倾销的实质是贸易保护主义政策。"实际引发反倾销……的所谓不公平贸易行为的措施的考虑远远不仅是对掠夺性定价的关注。最关键的问题是为了保护本国产业不受真正低成本的外国生产者的竞争……出于这种动机的政策被称作保护主义政策。"汉森、温迪和普鲁萨（1996）认为进口国采取的反倾销保护会带来额外的社会福利成本；徐为人和黄勇（2000）认为反倾销破坏了市场竞争、损害了一国（地区）的社会福利、影响了国际竞争力；布洛尼根和普鲁萨（2001）认为反倾销措施并未用以维护贸易公平，不过是新形式的贸易保护主义，反倾销是（美国）推行战略贸易政策的工具；[①] 王晓非（2004）认为国际反倾销协议中，倾销标准没有经济合理性，反倾销反而可能带来负和博弈的结果。

---

① 孙文远、黄健康：《美国实施反倾销贸易政策的动因、绩效与启示》，载《国际贸易问题》2007 年第 1 期，第 95 页。

　　基于现行反倾销政策的缺陷，学术界提出了废除反倾销法、替代反倾销法（以竞争法或保障措施来代替反倾销法）和改良反倾销法（优化反倾销规则，减少反倾销保护带来的经济扭曲和福利损失）三种主张。[1] 但在目前的国际贸易制度环境下，废除反倾销法还没有可能[2]，比较现实的做法是，修改现行反倾销规则，防止反倾销规则被滥用，减少反倾销措施造成的经济扭曲。这就是反倾销绩效优化要解决的问题。克勒、菲利普和摩尔（Kohler，Philippe & Moore，2001）认为，如果进口国政府征收反倾销税的同时，对反倾销利益受损者给以转移支付补偿，那么，进口国政府可能获得反倾销措施对国内产业造成损害的真实情况，这样可以避免造成更大效率扭曲。克鲁普和斯凯奇（2001）分析认为，进口国政府优化反倾销税率要综合考虑征收反倾销对上下游产业的影响。福纳加（Fukunaga，2004）认为反倾销税的小税原则（lesser duty rule）有助于减少反倾销措施对进口国经济和福利的负面影响。

　　反倾销绩效优化研究的简要评述：反倾销的理论研究与反倾销实践都说明了现行国际及各国的反倾销法律规则存在缺陷，而现行国际反倾销规则为各成员合法利用反倾销措施提供了依据。现行国际反倾销规则的制度框架、基本概念不改变，就不可能完全避免反倾销措施成为贸易保护主义的工具。我国深受反倾销贸易保护主义措施之害，应尝试寻找时机改变不公平的国际反倾销规则。

　　然而，国际反倾销规则的重新厘定是一个漫长的各方利益博弈过程，我们比较迫切而现实的做法是在现行国际反倾销规则制度框架下，研究并改进我国的反倾销规则，避免反倾销救济作用的扭曲而对本国经济效率造成伤害。

四、我国对外反倾销的研究

（一）对外反倾销特点研究

　　研究发现，我国的对外反倾销具有以下特点：（1）对外反倾销数量增

---

　　① 廖秀健：《美国对华反倾销的法经济学分析——以农产品反倾销为例》，华中农业大学2006年博士学位论文，第3－12页。

　　② 资料来源：《多哈部长会议宣言》（第28段）。

长较快（朱允卫和易开刚，2005；安礼伟和高松婷，2016），但与我国作为进口大国的地位不匹配（刘爱东和沈红柳，2013）；（2）反倾销调查产业结构单一（朱允卫和易开刚，2005；刘爱东和沈红柳，2013；安礼伟和高松婷，2016；冯巨章、陈春霞和彭艳，2016），基本集中在化工行业及资本密集型产业（刘爱东和沈红柳，2013）；（3）涉案国家和地区相对集中（朱允卫和易开刚，2005；安礼伟和高松婷，2016；冯巨章、陈春霞和彭艳，2016）；（4）胜诉率高、反倾销终裁税率较低（朱允卫和易开刚，2005）；（5）对外反倾销立案较谨慎（安礼伟和高松婷，2016）；（6）我国的对外反倾销（1998~2013年）在国际反倾销中占据了较为重要的地位，但2006年后这种地位明显下降（冯巨章、陈春霞和彭艳，2016）。

（二）对外反倾销影响因素研究

丁勇、李磊和朱彤（2008）研究发现，影响我国对外反倾销的因素主要是上一年国外对我国出口产品反倾销数、我国的进口增长率（与对我国对外反倾销数正相关）和国内制造业指数、世界经济增长率（与对我国对外反倾销数负相关）；殷秀玲（2009）研究认为我国对外反倾销政策具有两种内生机制，包括利益集团间的利益博弈和保险、社会福利动机，国内厂商与国外厂商的市场竞争是国内厂商对反倾销政策需求的主要动机，企业异质性（行业集中度）影响反倾销政策需求；殷秀玲和范爱军（2009）分析发现，对我国对外反倾销调查案件数具有正向效应的因素有行业亏损企业比重、全员劳动生产率、就业人数占全部劳动力的比重，具有反向效应的因素有竞争力指数、国有资本占实收资本的比重、工业总产值；杜鹏和张瑶（2011）研究发现，我国对外反倾销立案数量与进口渗透率、人民币实际有效汇率正相关；齐俊妍和孙倩（2014）分析发现出口贸易总额是影响我国对外反倾销的重要因素。

（三）对外反倾销效应研究

我国对外反倾销效应研究的文献主要以国内学者研究为主。理论上，可以根据其观点把文献分为两种：一种是对我国对外反倾销的效应主要持肯定性结果的（对外反倾销起到了救济效果、保护了公平竞争、增加了经济福利等），另一种是对我国对外反倾销的效应主要持否定性结果的（对外反倾销效果不佳、未达到预期目的、引致效应明显等）。但在实际文献中，我们发现大多数学者都是两者兼有，只有少数研究给出了肯定性结论或否定性结论。当然，这与反倾销效应的多样性有关。所以，这里分析文献时，不宜按照反倾销效应的"肯定"结论或"否定"结论作为标准分类，笔者按对外反倾销的"正面效应"（包括"肯定"结论）与"负面效应"（包括"否定"结论）来进行阐述。

1. 我国对外反倾销的正面效应

宾建成（2003）分析认为，我国首例对外反倾销（新闻纸）达到了预期的经济效果，贸易救济效果明显，保护了战略产业；王旭和何海燕（2006）分析发现，我国的进口反倾销在一定程度上维护了公平竞争的市场环境，贸易救济效果实践良好；鲍晓华（2007）分析认为，我国对外反倾销总体上起到了救济本国产业的作用；马向敏和刘富利（2007）分析发现，我国对外反倾销从短期来看确实对国内企业提供了有效保护；张玉卿和杨荣珍（2008）对贸易救济效果作了评估发现，反倾销是针对境外出口厂商的低价竞争的不公平贸易行为的一种贸易救济措施，我国的对外反倾销以"维护公平贸易秩序"为目的；王文创和苑涛（2008）认为，我国对外反倾销的保护存在时滞，主要影响进口额，客观上起到了贸易保护的作用；李磊和漆鑫（2010）研究发现，我国的对外反倾销对出口产品被反倾销起到了一定程度的抑制效应，具有威慑和报复能力；海闻和李清亮（2011）研究发现，我国对外反倾销措施对进口竞争产业救济效应显著；杨仕辉和刘秋平（2011）研究发现，我国的反倾销立案调查对进口贸易有一定的震慑作用；李春顶（2011）研究发现，我国对外反倾销的行业利润和生产率的救济效果最突出，产业救济效果良好（救济效果主要体现在行业总体和私营企业）；姜文成、李洪植和朴顺灿（Moonsung Kang, Hong-shik Lee & Soonchan Park，2012）认为我国化工行业的反倾销措施救济效果明显；王晓磊和沈瑶（2014）对我国实施反倾销措施的直接经济效应分析发现，总体上，实施的反倾销措施能够起到保护效应和救济效应；安礼伟和高松婷（2016）分析发现我国的对外反倾销具有较显著的贸易限制效应；冯巨章、陈春霞和彭艳（2016）的统计分析发现我国对外反倾销效果较好，起到一定的产业保护效果。何欢浪、张娟和章韬（2020）分析发现，对外反倾销主要通过规模经济效应促进企业创新，显著地提高了国内企业的创新水平。

2. 我国对外反倾销的负面效应

王旭和何海燕（2006）分析发现，我国在对外反倾销实践中存在着贸易转移效应、反倾销规避行为、反倾销效率低的问题；鲍晓华（2007）分析发现，我国对外反倾销的"调查效应"部分削弱了保护效果；马向敏和刘富利（2007）分析发现，许多在长期内可能发生的因素减弱了反倾销的积极影响；张玉卿和杨荣珍（2008）分析认为，贸易转移效应、投资规避会在一定程度上抵销反倾销的正面效应；朴顺灿（2009）实证发现，我国的对外反倾销存在显著的贸易转移效应；苏振东和刘芳（2009）认为贸易转移效应、上下游产业继发性效应在一定程度上削弱了产业救济效果；殷秀玲（2009）研究发现，从经济效率上看，反倾销政策的供给偏离了"最优"；海闻和李清亮（2011）研究发现，我国对外反倾销的进口转移、投资规避等现象明显；苏振东、刘璐瑶和洪玉娟（2012）的研究结果表明，我国反倾销措施的肯定性仲裁结果会降低企业绩效，否定性仲裁结果会提升企业绩效，对外反倾销措施应以提高进口竞争性企业绩效为根本目的；王分棉和周煊（2012）通过对我国有机硅产业对外反倾销的研究发现，对外反倾销在短期内保护了产业的发展，但造成了严重的低水平重复建设，对外反倾销损害了产业的长远发展利益；杨蕾（2014）分析发现，加入 WTO 削弱了我国对外反倾销的救济作用；苏振东和邵莹（2014）的分析结果表明，对外反倾销措施显著降低了我国受保护企业的总体生存率；安礼伟和高松婷（2016）分析发现，我国的对外反倾销存在明显的贸易转移效应；刘欣（2019）则以化工产品为例对贸易转移效应进行了具体的研究，该学者通过研究我国采取反倾销措施以后，对象国和非对象国的产品在同一时期在我国所占市场份额的变化，证明了贸易转移效应的存在；陈勇兵、王进宇和潘夏梦（2020）等通过采用双重差分法对 2001～2013 年中国对外反倾销案例中表现出的贸易转移现象进行了重点研究，认为政府应该重视贸易转移效应对反倾销措施救济效果的影响。

（四）对外反倾销法律完善研究

一些学者对我国反倾销法律制度存在的问题进行了研究，并提出了一定的修改、完善建议，这里做一些简单归纳。

房东（1999）以 WTO《反倾销守则》为范本，从"倾销认定、损害成立、因果关系、国内产业界定"等方面分析了我国当时的反倾销"实体"法的缺陷和不足，提出了改进意见；杜建耀（2003）研究建议尽快完善我国的反倾销和反规避立法；王晓非（2004）质疑 WTO 反倾销协议"倾销标准"的经济合理性，建议我国政府在谈判中修改 WTO 倾销概念；彭剑波（2006）认为我国进口反倾销在"产业损害预警机制、社会认知度、申请主体的主观能动性、立法、执法"五个方面均存在一定欠缺，提出"政府发挥主导作用、企业发挥主体作用、行业协会发挥独特作用"的"三位一体"策略；蔡岱松（2014）建议完善我国反倾销司法审查制度来推动司法改革。

对外反倾销相关研究简要评述：我国学者最近这几年在反倾销领域的研究重点，由以前的应对反倾销（出口产品被反倾销），逐步转向了我国的对外反倾销。原因在于：第一，我国目前是世界第二大进口国，也成为了许多产品的第一大进口国；第二，我国的一个巨大市场特别是未来的增长潜力吸引了境外出口厂商把我国作为其扩大市场份额的目的地；第三，我国的许多行业（企业）深受境外出口厂商倾销行为之害，感到了切肤之痛；第四，我国的理论界与实务界在大量应对反倾销案例中逐步认清了国际反倾销规则及其他国家（地区）对我国出口产品发起反倾销申诉的本质；第五，我国在对外反倾销实践中也逐步发现了本国反倾销法律及实施中存在的不足之处。

以往研究的不足：从不同角度、利用不同方法对反倾销问题进行的研究，之所以出现了大相径庭甚至截然相反的结论，原因是缺乏一个统一的判断标准。经济学偏重反倾销的利益分析而法学分析侧重反倾销的正义分析。判断标准的不统一，导致了反倾销的正当性、合理性之争，反倾销法的"改替废"之议，出现了现有文献"公说公有理、婆说婆有理"的现象。

随着对外反倾销中新问题的不断出现，我国需要更多的理论研究，为改进反倾销制度和运行效果来提供理论指导。从现有文献看，有学者对个别问题进行了一定的法经济学分析，但比较分散；还没有学者对反倾销的效应作比较系统的分析；也没有学者正式提出反倾销的正当性与合理性的判断标准。

本书研究的努力方向是在已有文献的基础上，通过借鉴经济学、国际贸易学、法学、法经济学等学科的有关反倾销的理论（第二章），并力求全面地研究对外反倾销的效应，分析反倾销的正当性与合理性，确立以法经济学的卡尔多—希克斯效率标准（社会整体利益最大化标准）作为反倾销的正当性与合理性的判断标准（第三章）；分析我国的对外反倾销法律制度及实施现状（第四章）、研究对外反倾销的效果，发现其不足（第五章），探讨国际经验借鉴（第六章）；明确我国对外反倾销的理念、原则与价值目标（第七章），并提出反倾销法律制度与体制运行的改进与完善建议（第八章）。

本书的主题是从法经济学视角，研究我国国际货物贸易领域的对外反倾销法律制度与实践问题，重点是研究我国对外反倾销法律制度及实施的效率问题，目的是希望通过本书的研究，能对我国对外反倾销的理论与实践有所裨益。

第二节　理论借鉴

本章节分析反倾销的理论借鉴问题。倾销与反倾销首先是一个经济问题，表现在一个国家（地区）的对外贸易领域；同时反倾销是一个国家（地区）根据反倾销法规对倾销现象的规制，所以又是一个法律问题。理论借鉴必然包含了倾销与反倾销经济学理论、反倾销的国际贸易学理论、反倾销的法学理论几个方面。而法经济学对倾销与反倾销从新的角度、新的方法进行了分析，本章节重点讨论反倾销的法经济学理论。

一、倾销与反倾销的经济学理论基础

反倾销法律制度因倾销而存在，先有倾销行为的产生而后有设立反倾销法律制度进行反倾销的需要。倾销是一种经济行为（现象），反倾销法律对倾销的解释也源于经济学上的倾销含义，所以这里在探讨反倾销的经济学理论之前，要先分析倾销的经济学理论。

（一）倾销的经济学理论

开放的微观经济学认为，国际货物贸易中的倾销是一种国际市场上的"价格歧视"（price discrimination）[1] 行为。经济学理论认为，厂商能够采取"价格歧视"，必须满足一定条件：产品的需求与其价格成反比，即厂商面对的向右下方倾斜的需求曲线，不同购买者（团体）之间的需求价格弹性不同（不完全竞争）；厂商能够以合理的成本进行市场细分，即两个或两个以上的购买者（团体）能在同一产品下区分开并索取不同的价格（定价能力）；能够阻止不同购买者（团体）之间贱买贵卖的转卖行为（市场分割）。[2] 而国际经济学认为，国际货物贸易中的倾销（价格歧视）与不完全竞争密切关联，是不完全竞争行业的出口厂商追求利润最大化的理性选择。[3]

1. 国际货物贸易主要表现为不完全竞争

现实中的国际货物贸易离古典与新古典经济学理论的完全竞争市场的假设[4]越来越远，大量同类不同质的制造品的贸易越来越成为国际货物贸易中的主要部分。首先，从国际货物贸易的商品结构上来看，大多数同类

---

[1] 价格歧视是一种价格差异，厂商在向不同的接受者提供相同等级、相同质量的商品或服务时，在接受者之间实行不同的销售价格或收费标准。

[2] 高鸿业：《西方经济学（微观部分）》（第五版），中国人民大学出版社 2010 年版，第 181 - 184 页。

[3] 本部分经济分析理论参阅：海闻、P. 林德特、王新奎：《国际贸易》，格致出版社 2003 年版。

[4] 古典与新古典经济学理论在分析国际贸易时都假定产品市场是完全竞争的。微观经济学完全竞争理论认为，商品市场具备两个重要特征：一个是商品结构的同质性；一个是单个厂商在市场中的微弱地位，都只是市场价格的接受者。

产品功能基本相同但不同质，形成了同类不同质的产品差异。以世界轿车产品为例，如德国大众轿车、美国通用轿车、日本丰田轿车属于同类，但在品牌、性能、型号、价位甚至颜色等方面存在广泛的差异（消费者心目中认为这些轿车是差异产品），相互之间不能完全替代。其次，国际贸易中的许多单一厂商规模往往比较大，在市场中不再处于微弱地位，对市场具有一定的影响力，具有一定的定价能力。所以，目前的国际货物贸易市场主要表现为不完全竞争市场。

2. 国际货物贸易中的价格歧视

价格歧视是指厂商在向消费者提供相同的商品或相同的服务，但在不同的市场上或对不同消费者收取不同的价格。国际货物贸易中的价格歧视是指国际贸易厂商出售同样的产品，在不同国家（地区）之间实行不同的销售价格（国际价格歧视）。当国际贸易厂商将同样的产品在国内以较高的价格出售而以较低的价格出口时，即称为通常所说的"倾销"。

国际价格歧视是出口厂商在"一定贸易环境和条件"① 下的出口激励，是出口厂商利益最大化经营策略与行为。这里的"一定贸易环境和条件"就是经济学理论分析所要求的出口厂商进行"价格歧视"必须具备的三个条件：不完全竞争、市场分割、定价能力。

如前所述，目前的国际贸易中的许多单一厂商规模往往比较大，货物贸易的商品结构形成了同类不同质的产品差异，国际货物贸易市场主要表现为不完全竞争市场。每个规模厂商对其生产的差异产品都具有一定的定价能力；同时，现行贸易制度环境使得国际市场被人为分割。国际货物贸易必须经过不同国家（地区）的海关，不同国家（地区）的关税与非倾销壁垒、有关国际货物贸易的规章和政策在海关实现监督管理。国际市场被不同国家（地区）的海关以关税区的形式分割开。

经济学理论认为，国际货物贸易中价格歧视不过是出口厂商在具备价格歧视条件下的利益最大化的经营策略，是出口厂商的利益最大化行为。

3. 国际货物贸易中的倾销

国际贸易中的倾销是境外出口厂商将同样的产品在国内（地区内）以

---

① 包括贸易制度环境在内提供"价格歧视"的土壤和厂商自身的条件。

较高的价格出售而以较低的价格出口到外国（地区）市场。国际货物贸易中价格歧视要成为"倾销"，把同样的产品在国内以较高的价格出售而以较低的价格出口时，还必须具备一个条件：外国（地区）市场的价格需求弹性大于出口厂商所在国的价格需求弹性。根据经济学理论，在一般情况下，厂商首先开拓的是本国（地区）市场，所占市场份额较大；然后再发展境外市场，往往所占市场份额较小。境外市场份额较小，出口厂商价格需求弹性较大（价格变动敏感性越高）。① 所以，在一般情况下，出口厂商所面临的外国（地区）市场的需求弹性更大一些。

　　然而，出口厂商为什么不将出口到外国（地区）市场的产品在本国（地区）产品市场以较高的价格出售呢？下面用图（见图 2－1）来分析厂商低价出口的理由。假设贸易运输成本为零，厂商边际成本（MC）不变，且在本国（地区）、外国（地区）市场上销售的产品的边际成本一样。

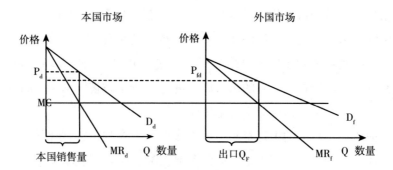

图 2－1　国际货物贸易倾销的经济原因

注：MC 是厂商的边际成本，MR_d 是厂商在国内市场上的边际收益，MR_f 是厂商在国外市场上的边际收益。垄断或垄断竞争厂商具有一定的市场定价能力，面对的需求曲线是一条斜率为负、价格随数量增加而下降的需求曲线 D。厂商的边际收益（MR 曲线）比价格下降得更快。厂商在外国市场上的份额比较小，需求（D_f）价格弹性较大。

　　如前文所述，目前的国际贸易中的许多单一厂商规模往往比较大，货物贸易的商品结构形成了同类不同质的产品差异，国际货物贸易市场主要表现为不完全竞争市场。出口厂商不再是市场价格接受者，对其生产的差异产品都具有一定的定价能力，其面对的需求曲线不是一条水平线，而是一条斜线（见图 2－1）。

———————————

① 即较小价格下降幅度，会使产品的需求大幅度增加；轻微涨价会造成需求量大幅下降。

在不完全竞争市场上，境外出口厂商在其所在国家（地区），增加单位产品的销售，将降低其所在国家（地区）该产品的价格，因为边际收益曲线（MR曲线）比需求曲线（D）更陡峭，所以，新增销售使得产品价格下降幅度大于边际收益下降幅度，所以境外出口厂商必须控制其在所在国家（地区）市场该产品的销售量，目的是使所在国家（地区）获得利润最大化。境外出口厂商在其所在国家（地区）的利润最大化决策是 MR_d（境内边际收益）等于边际成本（MC），销售量为 Q_d，市场价格为 P_d。境外出口厂商在其所在国家（地区）不再增加也不会减少该产品的销售量，因为已经处于最优状态下。

同时，境外出口厂商的产品在进口国（地区）有边际收益（MR）高于其边际成本（MC）的市场存在，只要 MR > MC 的需求存在，境外出口厂商销售该产品就有利润可以赚取。所以，出于追逐更多利润的需要，境外厂商就一定会出口该产品来牟利。但是，由于需求价格弹性高于其在所在国家（地区）市场，所以只能定低于所在国家（地区）市场的价格。

境外出口厂商在其所在国家（地区）的利润最大化决策是 $MC = MR_f$（原因同上）等于边际成本（MC），销售量为 Q_F，市场价格为 P_f。P_f 小于 P_d，境外出口厂商在其所在国家（地区）的销售价格高于出口价格。

根据利润最大化原则，综合以上厂商在其所在国家（地区）与进口国家（地区）的最优决策为：

（1）$MC = MR_d$，产品在国内市场上生产和销售 Q_d，产品的销售价格为 P_d；

（2）$MC = MR_f$，产品在国外市场上生产和出口 Q_F，产品的出口价格为 P_F。

因此，P_F 低于 P_d，从进口国家（地区）来看，这就形成了国际贸易的倾销行为。

国际货物贸易中倾销的经济学分析的结论为：

（1）国际贸易中的倾销往往是一种合理的经济现象，正常的企业竞争战略，是不完全竞争行业的出口厂商追求利益最大化的理性经营策略，也是当代国际货物贸易中行业内贸易形成的原因之一。

（2）出口厂商对同一产品在不同国家实行不同价格以实现自身利益最大化的正当经济行为，这种行为是市场经济自由竞争的要求，也符合自由贸易的目的，有利于资源的优化配置和社会福利的提高，符合经济效率目标，其行为本身不具备可责性。

从经济分析的角度分析发现，反倾销法规制的是出口国家具有垄断力的企业采取低价产品形式，进行掠夺性的限制竞争、扭曲正当竞争的行为，只有那些带有掠夺意图的倾销才因其限制竞争、扭曲正当竞争符合反倾销法律惩罚的条件。反倾销实践中争议最大的可能是出口厂商为实现规模经济而扩大境外销售量而进行的倾销。基于这种目的的倾销具有国际分工上的合理性、经济上的正当性，但又确实会给进口国有关产业的建立和发展造成实质性损害或实质性威胁或实质性阻碍的经济后果。进口国的反倾销也会带来一系列的负面影响，如果进行反倾销必须谨慎处理。

（二）反倾销的经济学理论

反倾销的经济学理论一般从进口国（地区）的角度来研究征收反倾销税的经济效应、征收反倾销税的最优税率、反倾销税对产业的有效保护率问题。

1. 征收反倾销税的经济效应

进口国（地区）反倾销的措施一般以境外出口厂商的倾销幅度为依据，对倾销产品征收"反倾销税"。从上面的分析可以看到，国际货物贸易中出口厂商的倾销让进口国（地区）买到了低价进口产品，进口国（地区）的净福利效应总的来说也是增加的，对进口国（地区）应该是"好事"。那么进口国（地区）为什么还要进行反倾销呢？这同样需要进行利益分析，才能说明进口国（地区）反倾销的原因。

下面以图 2-2 来分析反倾销的损益。具体如下：（1）进口国（地区）对境外出口厂商的倾销产品反倾销以前，境外出口厂商向进口国（地区）出口 A 产品的数量为 Q_X，价格为 P_X。（2）境外出口厂商在进口国（地区）市场上 A 产品的销售价格 P_X 低于其本国市场的 A 产品价格。由于 A 产品售价 P_X 低于境外出口厂商在其所在国家（地区）的价格，进口国

（地区）政府指控其倾销并对境外出口厂商的 A 产品征收每进口单位 t 元的反倾销税。（3）境外出口厂商出口单位 A 产品的成本上升 t 元（反倾销税税负），在新的 MC + C = MR 最优决策条件下，境外出口厂商 A 产品的出口数量为 Q'_X，而出口 A 产品的价格上涨为 P'_X，市场在 e′ 点达到新的均衡。

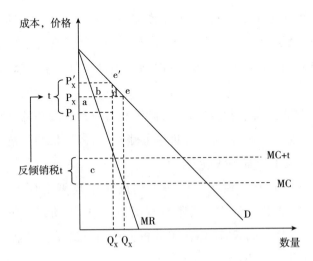

图 2 - 2　进口国征收反倾销税的损益

注：（1）进口国征收反倾销税前，境外厂商向进口国出口 Q_X 数量 A 产品，售价 P_X。（2）进口国对 A 产品课征单位产品 t 元的反倾销税。境外出口厂商单位 A 产品边际成本增加 t 元，出口数量削减至 Q'_X。（3）A 产品价格上涨到 P'_X，市场均衡点从 e 移到了 e′。进口国政府获得反倾销税税收利益 c，消费者损失（b + d）。（4）c 平行地移到 P'_X 的位置变成（a + b），与（b + d）进行比较。如果 a < d，进口国净损失，反之，则有净收益（但双方利益受损 e′e$Q_X Q'_X$）。

进口国（地区）政府征收反倾销税的福利影响为：进口国（地区）政府得到了反倾销税收益 c（t × Q'_X），Q'_X 为新的 A 产品进口数量，t 为单位进口 A 产品的反倾销税金额。"消费者剩余"[①] 至少减少了（b + d）（因为这只是进口 A 产品的价格上涨的损失，未考虑其进口国家或地区自己所产 A 产品价格上涨的损失）。进口国（地区）A 产品生产者因 A 产品价格上涨会获得收益，但收益所得来自消费者剩余所失，这里暂时不予考虑。

———————————

① 消费者剩余是消费者在购买一定数量的某种商品时愿意支付的最高价格和实际支付价格之间的差额。

如果将进口国政府反倾销税税收利益 c 平行地移到 P'_X 的位置，我们发现，P'_X 与 P_1 之间的距离等于每单位进口产品的反倾销税税额 t 元，t 乘以进口数量 Q'_X 的面积（a + b）和进口国政府反倾销税税收利益 c 相等，也就是 c =（a + b）。

c =（a + b）与因反倾销而导致的消费者剩余的损失（b + d）相比较，我们可以看见，进口国的反倾销究竟增加不是减少了社会整体利益，比较 a 与 d 的面积大小即可，如果 a < d，进口国的反倾销恶化了社会整体经济利益（净损失）；如果 a > d，进口国的反倾销增加了社会整体经济利益（净收益）。

需要注意的是，这里是进口国反倾销利益变动的静态的分析，如果考虑下游用户（如果有）的损失（价格上涨）、经济增长的影响，该结论可能会有不同（见下一章的效应分析）。

另外，不少国家（地区）纷纷采用反倾销政策的原因，就是课征"反倾销税"比课征一般进口关税具有优越性。[①] 丁勒索兹和多根（Emin Dinlersoz & Can Dogan，2010）比较分析关税与反倾销税的福利的影响发现，反倾销税优于关税。

（1）经过 GATT 的东京回合、乌拉圭回合谈判之后，关税保护功能下降，且受到多边贸易机制（GATT/WTO）的严格管控。

（2）反倾销是 GATT/WTO 认可的合法保护措施，进口国课征反倾销税不一定会被指责为贸易保护主义，甚至会以受害者的地位而居于道德高地。

反倾销对境外出口厂商的收益的影响。境外出口厂商承担了反倾销税 $c(t \times Q'_X)$ 税负，同时因价格上涨获得了收益 b。因为 c =（a + b），所以境外出口厂商这里的损失为 a。而且，进口国反倾销后，境外出口厂商销售量下降，损失的面积为 $P_X \times (Q_X - Q'_X)$。

综合起来，境外出口厂商利益与进口国利益之和为负的 $e'eQ_XQ'_X$，即进口国反倾销的整体变动损害了经济利益。所以，从博弈论角度来看，倾销方与反倾销方博弈的整体结果是负和博弈。从这个意义来讲，一是要谨

---

① 海闻、P. 林德特、王新奎：《国际贸易》，格致出版社 2003 年版，第 290 - 291 页。

慎使用反倾销，二是在使用反倾销措施前要认真权衡反倾销带来的利弊。

2. 反倾销税的最优税率

最优反倾销税税率指征收反倾销税时，税率上的微小变动所引起的额外损失与额外收益正好相等。即征收反倾销税时，其边际成本等于边际收益时的反倾销税率为最优税率 τ。

图 2-2 分析反倾销的经济效应时，从进口角度，我们可以看到，进口国的政府得到利益，获得 $t \times Q'_x$ 的税收 c，即反倾销税的额外收益（TR）；消费者净损失的那一部分"消费者盈余"（b+d），即反倾销税的额外损失（TC）。

最优反倾销税税率即额外边际收益与额外边际损失相等时的反倾销税税率 τ，亦即 MR = MC。用公式来表示即：

$$\left| \frac{dc}{d\tau} \right| = \left| \frac{d(b+d)}{d\tau} \right|$$

或者说是使 $[c-(b+d)]$ 最大化时的反倾销税税率 τ。

这里的最优反倾销税税率是纯理论的分析，是静态从纯粹的经济效率的分析。这里有两点需要说明：其一，收益与损失都是只考虑了进口方征收反倾销税时的静态的直接收益与直接损失；其二，根据 WTO 反倾销规则，进口方征收反倾销税的税率 τ 以倾销幅度[①]为限，即反倾销税税率 τ 必须小于或等于倾销幅度 t。也就是说，最优反倾销税税率 τ 不得高于经调查确认的倾销幅度。

3. 反倾销税对产业有效保护率的影响

有效保护率，又称实际保护率，指保护措施对某类产品的净增加值的影响。

$$e_j = \frac{V'_j - V_j}{V_j}$$

或：

$$e_j = \frac{t_j - \sum a_{ij} t_{ij}}{1 - \sum a_{ij}}$$

---

① 倾销幅度 $= \dfrac{\text{出口国市场出口价格} - \text{出口国国内正常价值}}{\text{进口国市场出口价格}} \times 100\%$。

这两个公式等价。[①]

e_j 为某类产品的有效保护率，V_j 是采取保护措施前该类产品的净增加值，V'_j 是采取保护措施后该类产品的净增加值。t_j 为保护措施的名义保护率（税率），a_{ij} 为投入品占总价值的比重，t_{ij} 为投入品的名义保护率（税率）。

从有效保护率的公式我们可以看出，对投入品提供保护措施 t_{ij}，最终会降低制成品的有效保护率 e_j。那么，从政策保护的效率来讲，反倾销的对象应该以制成品为主，对中间产品反倾销会降低政策保护的效率。

从经济福利角度分析最优反倾销税率，为我国对外反倾销的实践确定反倾销税率提供一定参考；分析反倾销税对产业有效保护率的影响是从征收反倾销税带来的负面保护作用来提醒一国（地区）在征收反倾销税时，应全面考虑对外反倾销所带来的负面效应。

二、反倾销的国际贸易学理论基础

反倾销的国际贸易学理论基础是指反倾销作为一种贸易保护措施，讨论一国（地区）采取反倾销贸易保护措施的原因及反倾销的决定因素。反倾销作为一种贸易保护措施，"保护公平竞争论""保障社会公平论""国家安全论"等也是贸易保护的原因，在反倾销的法学理论基础部分予以讨论。

（一）重商主义贸易保护论

重商主义是反映欧洲资本原始积累时期，商业资本的利益和要求的最初的经济学说。重商主义认为，一国可以通过贸易增加社会财富。一国可以通过出口本国产品从国外获取货币（贵金属）从而使国家变富，但同时也会由于进口外国产品造成本国货币输出从而使国家丧失财富。

重商主义认为，一国要通过贸易来增加社会财富，就要使本国的出口大于进口（贸易出超），只有这样才能保证货币（贵金属）的净流入。

---

① 海闻、P. 林德特、王新奎：《国际贸易》，格致出版社 2003 年版。

一国的贸易出超是建立在另一国贸易入超的基础之上的。一国要通过贸易来增加社会财富，必须采取措施鼓励商品出口、限制商品进口（"奖出限入"）。

重商主义提出对进口的外国商品征收高额关税以"限入"。在以鼓励本国商品出口的同时，对进口商品课以高额关税，禁止不是本国必需商品的进口。

重商主义时期，反倾销问题还没有出现。重商主义为达到保持贸易顺差以增加社会财富的目的，政府对进口品征收高额关税，实际也起到了保护本国工业的目的。重商主义时期，高额关税替代了反倾销税的救济作用，也就没有反倾销的必要。但是重商主义时期的"以邻为壑"保护思想影响着现代国家的政府采取反倾销措施来减少进口。反倾销规则被滥用为保护手段，是重商主义的现代反映。

（二）保护幼稚产业论

李斯特的保护幼稚产业理论认为，世界上不同国家由于发展水平不平衡，处于生产力发展的不同阶段。发达国家（李斯特以当时的英国、法国为例）的总体生产力水平高，某种产业在发达国家已经成长起来了，处于成熟阶段，而对于同一种产业，在发展中国家（李斯特以当时的德国为例），由于生产力水平较低，则可能是刚起步阶段（幼稚产业或工业）。发展中国家如果不对幼稚产业进行保护，放任发达国家处于成熟阶段的产业与本国的幼稚产业自由竞争，本国的幼稚产业在竞争中肯定失败，被扼杀在幼稚阶段，没有机会再成长起来。所以，作为发展中国家（德国），应该对具有发展潜力的幼稚产业采取保护措施（30 年为最长时间），等幼稚产业成长为成熟产业后，再与发达国家自由竞争，这样产业之间竞争的基础才是平等的。

保护幼稚产业理论，目前是发展中国家的政府采取措施（包括反倾销措施）保护其工业的主要论据。发展中国家认为，本国的幼稚产业与发达国家的成熟产业在竞争基础上就是不公平的，应该采取措施（包括反倾销措施）为本国的幼稚产业提供一个有利可图的市场环境，这种保护虽然短期内有一定的代价，可能会给本国的消费者造成损失，但从本国长期利益看是有利的和必要的。但是，保护的幼稚产业是有条件的（有潜力），保护时间是有限的（30 年为最长时间），幼稚工业成长起来后，给本国的收益应该能弥补为保护而付出的代价。

保护幼稚产业理论总体上来讲是一种积极的保护。只有那些短期内付出保护代价，长远获益可以弥补保护成本的产业才是反倾销要保护的对象。从发展中国家采取反倾销措施保护本国长期利益来讲，要求总体收益能弥补保护的成本，这其实已经蕴含了反倾销必须具有效率的思想。

（三）改善国际收支论

改善国际收支论认为，一国（地区）采取反倾销措施可以减少进口，从而减少本国的外汇支出，增加外汇储备，改善本国（地区）的国际收支状况。

采取反倾销措施从而改善国际收支，在一些国家（地区）的贸易逆差问题显现时容易出现。近些年来，由于我国对美国和欧盟的贸易出现了巨额顺差，同时，欧盟和美国对我国采取反倾销措施也最多。欧美采取反倾销措施时，虽然没有指出是为了改善其国际收支状况，没有直接以平衡国际收支为理由，但是往往会指责我国的巨额顺差情况。

出口能力低、外债严重的发展中国家在采取进口限制措施（包括反倾销措施）时易以改善国际收支为理由。

（四）改善贸易条件论

贸易条件（价格贸易条件）指的是一国（地区）出口商品的国际价格（P_x）与本国进口商品的国际价格（P_m）的比率（P_x/P_m）。改善贸易条件论的观点认为，一国（地区）对境外出口厂商的产品征收反倾销税，进口商品价格上升，本国消费下降，对进口商品的需求下降；国际市场需求下降，在供给不变的条件下，国际市场该产品的价格（P_m）下降；国际市场价格下降使得本国（地区）进口商品的价格更低，假设本国出口商品价格不变，则本国（地区）的贸易条件改善（P_x/P_m 上升）。贸易条件的改善，使得本国（地区）出口和以前一样数量的商品，可以换回更多的进口商品。所以贸易条件的改善使本国整体福利得以增加。

通过采取反倾销措施以改善本国的贸易条件，也已经蕴含了反倾销必须具有效率的思想，即一国（地区）采取反倾销措施的所得必须大于因采取反倾销措施的所失。但通过采取反倾销措施以改善本国的贸易条件是反倾销减少进口商品的需求，迫使进口商品降低国际价格，所以该理论的有效性是建立在采取反倾销措施的国家是该产品的"贸易大国"基础上的，本国进口的减少应足以压低进口商品的国际价格。

（五）增加政府收入论

一国（地区）采取反倾销的措施一般是征收反倾销税，反倾销税由政府设置的海关征收，成为政府收入的来源。反倾销税属于间接税收，虽然还是本国的消费者最终承担了一定的反倾销税，但是这是本国消费者的一种间接支付，而且在外国商品进入本国市场前就征收，增加的税负感觉不灵敏，而且征收反倾销税都是以保护公平贸易的名义进行，本国的消费者一般不会反对本国政府征收反倾销税，或反对的比较少。征收反倾销税的阻力比较小，但政府通过反倾销税获得了实实在在的收入，政府就有了实行反倾销的动力。这也是一国（地区）政府乐于发起反倾销并倾向于采用征收反倾销税方式的原因。

理论上，一国（地区）征收反倾销税，如果该国是该产品的"贸易大国"，那么，可以将反倾销税税赋部分转嫁给境外出口厂商。通过反倾销税减少进口，会打压国际市场价格（见上文通过反倾销措施改善贸易条件的分析），外国生产者或出口厂商承担了部分反倾销税税赋。国内消费者虽然也支付了部分反倾销税税赋，但主要转化为了本国政府的收入。进口国的反倾销税税率如果恰当，采取反倾销措施可能会提高社会整体福利水平（见大国征收反倾销税的效应分析）。从这个角度来讲，一国（地区）征收反倾销税可能是具有效率的。

（六）分享外国企业的垄断利润

一国（地区）通过采取反倾销的措施分享外国企业的垄断利润，针对的是进口商品的国际市场是由少数几家大企业控制的"寡头市场"的情况。如果进口商品只来源于少数境外出口厂商，境外出口厂商在进口国市场上就拥有一定的垄断地位（不完全竞争市场）。境外出口厂商在进口国市场的商品价格不是由市场决定的（境外出口厂商不是市场价格的接受者），而是利用在进口国市场上的垄断地位，获得超过平均水平的利润（超额利润）。一国（地区）通过采取反倾销的措施，可以分享境外出口厂商的这种垄断利润（分析过程类似于上文"征收反倾销税的经济效应"）。

虽然进口国政府分享的利润也是由进口国的消费者支付的，但毕竟由境外出口厂商那里转移到了进口国政府手里，可以减少或弥补本国整体利益损失。从这个角度来讲，一国（地区）通过征收反倾销税来分享境外出口厂商的垄断利润也体现了一定的效率思想。

三、反倾销的法学理论基础

倾销的法律概念与倾销的经济学概念的明显区别在于，倾销的法律概念包括价格歧视，但更强调给进口国的进口竞争性产业造成了损害。[①]

反倾销的法学理论基础，包括倾销有害论、社会公平论、国家安全论、贸易保护论等。贸易保护论的经济部分已在上文中的"反倾销的国际贸易学理论基础"中予以探讨，这里不再赘述。

（一）倾销有害论

"倾销有害论"理论认为，境外出口厂商由于受到其所在国政府的保护，或者接受了其所在国政府的补贴，在国内市场获得了巨额利润，从而才能够长期以低于出口国的市场价格或产品本身的成本，在进口国市场低价倾销；或者，境外出口厂商所在国是"非市场经济国家"，其所在国政府长期的保护和扶植政策导致了出口厂商的"成本优势"或"价格优势"。

或者说，境外出口厂商在国内市场获得的巨额利润，"非市场经济国家"出口厂商的"成本优势"或"价格优势"，是境外出口厂商在进口国市场低价倾销的前提条件。但是，这两种原因造成的境外出口厂商能够长期低价竞争，损害了进口国的进口竞争性产业，对进口国的进口竞

---

① 李炼：《反倾销法律与实务》，中国发展出版社1997年版，第4-5页。

争产业而言，境外出口厂商的低价竞争是不公平竞争。所以，进口国政府应采取反倾销措施，对这种不公平竞争予以纠正。"倾销有害论"观点的代表是马斯特尔（Mastel，美国对外贸易代表顾问、美国参议院财经委员会顾问）。马斯特尔认为，境外出口厂商低价竞争的原因是受到其所在国政府的市场保护。因为其所在国政府的市场保护，境外出口厂商得以增加国内产量、提升国内利润，才能有条件或可能对外进行低价倾销。境外出口厂商的低价倾销行为，压缩了进口国进口竞争产业的利润空间；进口国进口竞争产业的利润下降，将减少研发、营销投入。如果没有其所在国政府的市场保护，境外出口厂商就可能形成这样的"成本优势"或"价格优势"。所以，境外出口厂商所在国政府的长时间市场保护，使得没有进行市场保护的国家的进口竞争企业，在国际竞争中处于不利地位。[①]

"倾销有害论"的实质是将倾销归因于出口厂商因受到政府保护而获得"人为优势"，通过其在国内市场的高价来维持在进口国市场上的低价倾销，这种扭曲的"优势"对进口国而言是不公平的竞争，进口国需要建立和完善反倾销法律制度来规范竞争，采取反倾销措施来矫正（制裁），从而为进口国进口竞争性产业创造公平的竞争环境。

"倾销有害论"理论认为一国（地区）应建立反倾销法律制度以及采取反倾销措施的理由包括：（1）低价倾销行为违背市场经济的公平竞争原则。境外出口厂商长期地、异常地以低于其国内市场价格或生产成本出口产品，往往受到出口厂商所在国政府的补贴或保护。这种低价形式是出口国政府的干预造成的，改变贸易主体之间的竞争实质，是对市场经济公平竞争原则的破坏。（2）境外出口厂商低价的动机险恶。境外出口厂商长期低价倾销，意在打压和挤垮进口国同类产业的竞争对手，自己可以垄断进口国该类产业的市场，然后再抬高价格，从而获得垄断利润。（3）反倾销法律应该保护遵守市场规则的自律者，不应该保护恶意的低价倾销企业。

---

① 杨韶艳、黄建康：《发达国家反倾销贸易保护主义探源——基于经济理性角度的分析》，载《审计与经济研究》2008 年第 1 期，第 94 页。

　　"倾销有害论"理论基本上是以保护公平竞争为理由，进口国以一种低价倾销受害者的姿态出现，采取反倾销措施保护国内同类产业是"迫不得已"的，反倾销是为了维护市场经济中真正意义上的公平竞争原则，目的是推动真正意义上的自由贸易。

　　"倾销有害论"理论总体而言是积极的反倾销保护，在反倾销的法学理论基础中处于核心与主流地位。"倾销有害论"在理论上有助于限制不公平竞争，促进自由贸易。然而，通过反倾销保护来促进公平竞争，会损害消费者及下游厂商的既得利益，至少在短期内将为反倾销付出高昂的代价，会造成新的不公平。"倾销有害论"也没有考虑一国（地区）反倾销的代价与效率问题。另外，一国（地区）以公平竞争为由采取反倾销很可能遭到对方的反倾销报复。

　　我们一方面要肯定"倾销有害论"对一国（地区）采取反倾销措施的积极意义，另一方面也要防止反倾销措施可能对一国（地区）整体利益造成的损害。

（二）社会公平论

　　社会公平论①是指进口国（地区）可以利用反倾销措施，通过改变产业之间的相对价格，调节要素收益，减少社会冲突。倾销使进口国国内同类产业产品价格下跌，出口产品的相对价格上升，出口行业的收益上升，进口行业的收益降低。如果进口国不采取反倾销措施，稀缺要素背后的社会阶层在收入上受损，可能会引起社会矛盾和冲突（如大规模失业、特定群体收入锐减）。而一国（地区）采取反倾销措施后，进口产品价格上升，在进口竞争产业中密集使用的生产要素（该国的稀缺要素）的报酬提高（具体分析见下一章"反倾销对进口国利益的影响分析"），社会矛盾和冲突得以缓和，达到一定的社会公平。一国（地区）采取反倾销措施后，出口产业生产中密集使用的生产要素（本国的充裕要素）的实际收益下降，但由于这种影响相对间接，引起社会矛盾和冲突的概率相对要小。

---

　　①　这里的社会公平主要指的是各种生产要素以及其背后的社会阶层在收入上的相对平衡。

(三) 国家安全论

一国（地区）采取反倾销措施有时以国家安全为依据。国家安全论认为，进口商品的低价倾销会增加一国（地区）对外部（国际市场）的经济依赖。如果该产业关系到国家的安全，如果不注意进行保护，一旦出现突发情况（如爆发战争、外交冲突），就会危及国家安全。所以，对关系到国家安全的重要战略物资的产业，必须以国内的生产为主；一国（地区）应该采取反倾销措施来限制进口，不能过于依靠进口，才能保持经济独立，保障国家安全。进口国政府对关系到国家安全的生产重要战略物资的产业，面临国际市场低价竞争（倾销）时，应加以特别保护。一般地，有关国家安全的产业包括生产粮食、石油等原料、燃料①等重要战略物资的行业。

适用以国家安全为依据来采取反倾销措施的产业面相对比较窄，但是却非常重要，尤其是对我国这样的国家（人口大国，以及容易由于意识形态等原因引发贸易限制、贸易战甚至是战争）来说，有关国家安全的战略性产业过于依赖国际市场会带来严重后果。所以，一国（地区）对关系到国家安全的特殊产业采取反倾销措施，不能只把经济效率作为核心标准，更应该把维护国家安全放在首位。通过反倾销来调节、控制和保护国内对关系到国家安全的产业，保持产业均衡、稳定、可持续发展的能力和状态，维护国家经济的主权独立。但从战略的角度考虑，基于维护国家安全的反倾销，仍然是为了本国的社会整体利益最大化，也符合反倾销的经济效率价值目的。本书研究的是我国一般性产业的对外反倾销问题，关系到国家安全的特殊产业的反倾销问题不是本书的研究对象，但在讨论我国反倾销的理念、原则与价值目标时给以一定体现。

四、反倾销的法经济学理论基础

法经济学反倾销理论研究有助于我们认识反倾销的本质。法经济学的

---

① 保证粮食供应以维护国家安全也是许多国家农产品贸易保护的理由之一。

反倾销理论以"效率"作为核心衡量标准来进行反倾销法律及实施效果的研究。[①] 反倾销的法经济学理论包括但不限于以下方面：理性经济人理论、效用最大化与边际理论、机会成本—收益与边际理论、社会成本与交易成本理论、汉德公式与均衡理论、帕累托效率与卡尔多—希克斯效率理论、反倾销激励分析与预期功利最大化理论、反倾销制度需求供给与变迁理论、反倾销的公共选择与政府选择理论。

（一）理性经济人理论

"理性经济人"是指个人总是竭力追求净收益（效用或利润）最大化或成本最小化。法经济学理论认为，在法律与经济生活中，个人主要是为了各自的利益获取。基于个人意向和行为的"理性经济人"的集体行为是个人"理性"选择的结果。个人行为与基于个人的集体行为将对未来可预测的成本—收益的变化作出"理性"反应。

由于法经济学认为法律与经济生活的主体都是"经济人"，是个人"理性"选择的结果，其行为的最终目的是利益。那么，国际贸易中倾销与反倾销问题当然也是"理性经济人"在利益驱动下的行为。以法经济学"理性经济人"理论运用于反倾销分析，就是假设一国（地区）在国际货物贸易中的倾销、反倾销活动及反倾销法律制度设计与运行过程中，国家（地区）、企业、个人在反倾销法律运行中，都在（自觉或不自觉）进行着趋利避害的成本与收益的核算。进口国与出口国之间、进口企业与出口企业都在进行以自身利益最大化为目标的博弈。理性经济人（理性行为）理论可以帮助我们更好地分析与理解反倾销过程中的国家、企业、个人行为。

（二）效用最大化与边际理论

理性经济人的行为（经济、法律、社会等行为），并非总是以财富最大化为目的，而是基于效用最大化，即满足最大化。这样法经济学的理论

---

① 覃红、潘毅华：《反倾销制度的法律经济分析》，载《国际经贸探索》2006 年第 3 期，第 38－42 页。

分析可以把集体行为偏好、利他主义等纳入分析框架。法经济学理论认为，主体的行为都为了取得最大利益或效用。行为的效用最大化的判断标准为边际行为均衡原则，即边际成本和边际收益均衡（相等）时效用最大化。

效用最大化与边际理论可以帮助我们理解与分析反倾销过程中的政府、企业、个人在倾销与反倾销决策、反倾销方法与措施选择、反倾销措施的利用程度（本书以反倾销税税率为例分析）与企业倾销的原因等方面的问题。

（三）机会成本—收益与边际理论

机会成本决定了经济主体基于边际分析的最优决策是否真正实现了其最大化目标。机会成本虽然并未真正发生过，但它却从根本上影响着经济主体的最大化决策。简单地说，某种决定的机会成本是为了选择这种决定所放弃的最高代价。① 反倾销过程中的政府、企业、个人的最大化行为可被纳入边际成本—收益分析的框架之中，在反倾销分析中可以广泛使用。如法经济学理论认为，基于国际分工，这里一国（地区）选择了一种（具有规模经济的）产业就是放弃了另一种的产业，这就是选择的机会成本。国际价格歧视倾销是一种出口厂商的竞争价格策略；如果对方国家在相似但不相同的产品也采取这样的做法，就形成了相互倾销。相互倾销时，一国（地区）选择一种产业的机会成本就是所放弃的另一种产业的利益。

（四）社会成本与交易成本理论

法经济学基本观点认为，社会成本的存在为法律干预社会经济生活提供了理论依据。科斯在成本—收益分析方法上提出了交易成本分析方法，是现代法经济学发展的标志。法经济学的社会成本与交易成本理论用于分析法律的选择与效率分析，说明了如何用经济学上的成本—收益分析方法

---

① ［美］格里高利·曼昆：《经济学原理》，梁小民译，生活·读书·新知三联书店，北京大学出版社 2001 年版，第 7 页。

来分析法律问题，国内学者黄少安等（1995）认为，科斯定理可以表述为一个定理组。[①]

倾销会产生社会成本（产业损害、经济安全、不公平竞争）问题，市场交易成本高昂，不能仅依赖私人契约来实现均衡和资源配置的最优，需要国家（政府）反倾销介入干预。但是也会产生社会成本（外部性）问题，反倾销从一个国家的角度来看，通过反倾销立法来保护本国产业是正当而必要的，但对外反倾销对一国而言是一把"双刃剑"，对本国经济具有双重作用。一方面，一国（地区）对外反倾销可以缓解进口产品低价倾销对国内相关竞争产业的冲击，保护了国内相同或相似产业免受低价倾销的危害，提高本国企业的竞争力，确保其国内市场的占有率；为国内产业发展创造良好的市场环境，促进受损产业恢复，推进产业结构调整和优化升级；也可能通过对外反倾销震慑对方针对己方的恶意反倾销，为出口产品创造公平的国际竞争环境。另一方面，反倾销增加了下游企业和消费者成本的负担，削弱了下游产业的竞争力，同时上游企业也会因下游企业的减少而损失市场份额，社会福利下降。因此，反倾销法的实施保护了国内产业的同时，可能损害了国家整体利益，或者说反倾销存在负的外部性，需要对反倾销的社会成本进行分析，权衡对外反倾销措施的利弊得失。反倾销法律把国际贸易中倾销的社会成本内部化的同时，也要使经济运行中的资源配置与优化、权利配置与调整等都遵循社会成本与交易成本最小化的（效率）原则。

（五）汉德公式与均衡理论

经济学理论认为，国际货物贸易中价格歧视不过是出口厂商在具备价格歧视条件下的利益最大化的经营策略，是出口厂商的利益最大化行为。境外出口厂商的同一种产品，在两个不同的市场，采用不同的定价策略，主要是基于该产品在两个市场的需求价格弹性不一样。境外出口厂商的差异性价格策略，符合商业行为规范。倾销的存在具有其合理的成分，不应一概禁止。出口厂商的低价倾销也会给进口国的购买者、使用者带来经济

---

① 魏建、黄立君、李振宇：《法经济学：基础与比较》，人民出版社2004年版，第35页。

收益（至少短期内如此）。反倾销措施目前之所以被频繁采用，原因在于进口国政府更关心进口竞争性产业的利益，担心境外出口厂商的倾销会最终形成对进口国国内市场的垄断，造成更大的经济效率损失。因此，为避免出口厂商的倾销可能带来的更大损失，进口国愿意付出反倾销的调查成本和承担由于反倾销带来的损失，进而采取反倾销措施。法经济学认为，进口国是否采取反倾销措施（建立反倾销制度）以及反倾销的程度，反倾销是否具有效率，关键在于寻找一个最佳损益平衡点，法经济学的汉德公式和帕累托最优（pareto optimum）提供了良好的思路。

汉德公式①是成本收益规则的法经济学应用。法经济学著名的汉德公式中，B 代表避免损害的成本，L 代表损失的预期成本，P 代表损失发生的概率。那么，PL（P 乘以 L）是预期发生损失。行为主体支付成本 B，是为了避免预期损失的产生。

判断反倾销措施的标准。进口国（地区）采取反倾销措施的重要标准是境外出口厂商倾销行为对进口竞争产业产生实质损害，法经济学理论认为，进口国采取反倾销措施，支付了反倾销的成本 B（反倾销的调查成本和由于反倾销带来的经济损失），避免了倾销产生的损害 PL。只有当 B < PL 时，进口国的反倾销制度、反倾销措施才是有效的（有效率的）。

反倾销时 B 与 PL 的变动情况。汉德公式中，当 B < PL 时，反倾销的成本小于倾销产生的损害（反倾销收益），进口国（地区）的反倾销具有正的收益。但进口国的反倾销会导致国内进口商、下游生产企业和消费者的损失，可能引发社会矛盾；同时进口国与出口厂商所在国（地区）贸易关系紧张，摩擦增多或遭到贸易报复等机会成本增加（B 上升）。在种种压力下，原来积极采取反倾销措施的进口国，将权衡反倾销的成本与收益，在反倾销问题上有一定程度的妥协，对可以接受范围内的倾销不再采取反倾销措施（B 趋于接近 PL）。

反倾销的帕累托最优均衡。汉德公式中，当 B = PL 时，进口国反倾销

---

①　汉德公式（the hand formula）：由美国联邦上诉法院第二巡回庭法官勒·汉德在 1942 年美利坚合众国诉卡洛尔拖船公司一案中正式提出，因此有时也被称作卡洛尔学说或卡洛尔公式（the carroll towing doctrine or carroll towing formula）。汉德公式因其所涉及的 B、P、L 变量，又称 BPL 公式。汉德公式成为美国法院在侵权案件中经常使用的判定过失有无的标准。

的社会总成本 B 最小，进口国不会积极采取反倾销措施，而倾销所造成的可能损失 PL 也在社会可以接受的范围内，此时反倾销达到帕累托最优的均衡状态。"根据这一标准（帕累托标准），在不降低一个或更多个人效用的前提下，如果一旦已无法提高一个人或更多个人的效用水平，那么社会福利就处于最优状态。"①

法经济学理论认为，进口国的政府采取反倾销措施在汉德公式 B = PL 时处于帕累托最优的均衡状态，已经无法通过提高（增加）反倾销提高对国内产业的保护来提高本国整体福利水平；而降低（减少）反倾销措施则存在帕累托改进空间，本国整体福利水平也不是最优状态。所以，法经济学理论认为汉德公式 B = PL 时，进口国采取的反倾销措施处于帕累托最优状态。

（六）帕累托效率与卡尔多—希克斯效率理论

帕累托最优效率是一种理想情况，经济学指的是没有一种方法能在不使其他任何人境况"变坏"的同时使任何人的境况变得更好的经济状况，要求对现状进行的任何改变，是使每个人的福利都增加，同时不能使另一些人的福利减少。如果现状改变使一些人的福利增加，另一些人的福利减少，即使整体社会的福利增加了，也不符合帕累托效率的要求。而且如果现状改变使一些人的福利增加而使另一些人的福利减少，就不能说这种改变一定是有利的。帕累托效率意味着现状改变而增加的社会收益等于个体的成本，在不存在任何外部性②的情况下。可见，帕累托效率要求经济活动中，达到"在不损害他人福利的情况下，使自己的状况变好的情形"。

对外反倾销不可能达到帕累托效率情形。进口国的政府采取反倾销措施，直接关系利益的再分配问题，既有受益者也有受损者，一方的获利总是建立在另一方甚至几方利益受损的基础之上，即使进口国的反倾销受益者的所得大于境内受损者所失，也不符合帕累托效率要求，所以评价进口国采取反倾销措施的效率标准需要改进。

---

① 周林彬：《法律经济学论纲》，北京大学出版社 1998 年版。

② Nicholas Mercuro, Steven G Medema, "Economics and Law: From Posner to Post-modernism". Princeton University Press. 1997：16.

卡尔多—希克斯效率是对帕累托效率的改进。帕累托效率在反倾销应用中的局限性表现为：要求反倾销的受益者要向反倾销受损者进行补偿；如果这种补偿，反倾销受损者便有权否决采取反倾销措施。法经济学理论对帕累托效率进行了改进，提出了卡尔多—希克斯效率标准。卡尔多—希克斯效率标准下，对现状进行的某种改变，允许受益者与受损者都可以存在，只要这种改变带来的受益者的收益，能够大于受损者的损失，那么，这种改变仍然是符合效率要求的，也就是说，卡尔多—希克斯效率标准要求某种改变的收益能够补偿损失，而且不要求补偿必须发生。[1]

反倾销的卡尔多—希克斯效率均衡。进口国采取对外反倾销措施的情况下，受益者的所得是反倾销产业救济的收益，反倾销的损失是为了反倾销受益者获得收益所放弃的价值（机会成本），进口国采取反倾销措施，是对整个社会福利存量的边际改变。跟上文帕累托最优均衡分析一样，卡尔多—希克斯效率标准的均衡状态（标准最佳）是反倾销边际社会收益等于反倾销边际社会成本。

反倾销的卡尔多—希克斯效率的作用。从以上的分析可见，卡尔多—希克斯效率标准有助于解释和预测一国（地区）建立、完善反倾销法律制度以及实施反倾销措施对社会整体福利变化的具体影响。[2] 法经济学将卡尔多—希克斯效率标准视为实现社会福利最大化目标的有效工具，波斯纳则直接将卡尔多—希克斯效率标准称作"社会福利的最大化标准"。[3] 一国（地区）建立、完善反倾销法律制度以及实施反倾销措施，直接关系到相关利益方利益的再分配，反倾销受益者的获利建立在另一方甚至几方利益受损的基础之上。如果一国（地区）对外反倾销的利益评价标准不完善、不公平，会直接损伤反倾销法律的效率与公正，反倾销实践中的法律效力会大打折扣。

反倾销的卡尔多—希克斯效率与法律正义的关系。法经济学将卡尔多—

---

① ［美］伯特·考特、托马斯·尤伦：《法和经济学》，上海三联书店，上海人民出版社1994年版，第16页。

② Mark Blaug, "Economic Theory in Retrospect, 3d ed". Cambridge：Cambridge University Press. 1978：625.

③ Richard A Posner, "What do Judges Maximize? (The Same Thing Everybody Else Does)". Supreme Court Economic Review. 1993b（3）.

希克斯效率标准（社会福利的最大化标准）为一国（地区）法律反倾销规范的价值目标并不是对传统法学正义观的抛弃，相反，反倾销法律的效率和正义这两种价值目标在法经济学理论的卡尔多—希克斯效率中实现了更高层次的统一。一国（地区）采取反倾销措施，追求自身利益最大化的反倾销受益者与反倾销受损者之间的利益冲突不可避免，政府与社会面临是否进行反倾销的选择。在资源稀缺有限的世界里，如何优化资源配置，迄今为止人类社会发现的最好解决方法是使用一套明示或默示的法律规则解决冲突。在法经济学看来，一国（地区）的反倾销法律发挥着分配稀缺资源的作用，因此，反倾销法律要以资源的有效配置和社会福利的最大化为目的。虽然公平、正义必然是倾销法律的价值目标，但是理想的正义应是社会整体福利最大下的正义。卡尔多—希克斯效率下，一国（地区）反倾销法律以社会整体财富最大化为价值目标，就是实现反倾销法律的正义性的过程。因此，反倾销法律的正义性和与社会整体利益最大化的卡尔多—希克斯效率是内在统一的，或者说，反倾销法律的经济安全和贸易公平价值隐含在反倾销的卡尔多—希克斯效率均衡状态之中。正是在这种意义上，大卫·弗里德曼认为，"在对法律进行经济学分析的过程中，我们会发现正义与效率之间有着令人惊异的关联。在很多情况下，我们认为是公正的原则正好符合那些根据我们的观察是有效率的原则"[1]。"一国（地区）反倾销法律的效率和正义在很多情况下不仅关联紧密，甚至在某种程度内，完全不诉诸公平正义，仅以法律技术的成本利益衡量，反而更可以实现公平正义"[2]。

反倾销的卡尔多—希克斯效率在我国对外反倾销中的作用。一国（地区）开展对外反倾销的卡尔多—希克斯效率标准（社会整体利益最大化标准）是反倾销受益者的所得大于境内受损者的所失。那么意味着我国在开展对外反倾销的工作（反倾销立法与反倾销实践）中，要求反倾销受益者的所得大于受损者（被反倾销者与其他利益相关者）的所失。我国对外反倾销的受损者包括境内与境外。对一国（地区）来讲，参与国际经济与贸

---

① ［美］大卫·弗里德曼：《经济学语境下的法律规则》，杨欣欣译，法律出版社 2004 年版，第 620 页。

② 简资修：《经济推理与法律》，北京大学出版社 2006 年版，第 6 页。

易活动，应以追求本国整体福利最大化为标准，故不考虑反倾销的境外受损者；但反倾销的境外受损者所在国家的政府有可能采取报复性反倾销措施，这一点应纳入我国开展对外反倾销的考虑范围。

我国对外反倾销是否符合卡尔多—希克斯效率标准是本书分析的核心问题。我国在对外反倾销实践中，既有受益者也有受损者：对本国生产者进行保护，增加了相关产业的利益，然而却损害了下游产业及消费者的利益（机会成本）。但是只要反倾销受益者的利润所得大于反倾销受损者的价格所失，那么就符合法经济学的卡尔多—希克斯效率（社会福利最大化）标准，就是对社会整体福利的改进。或者说，我国制定反倾销法律制度、采取反倾销措施的标准：反倾销法律运行的结果，必须是使境内受益者的所得大于境内受损者的所失。

（七）反倾销激励分析与预期功利最大化理论

激励分析是研究经济主体行为的方法之一，适用于研究分析反倾销相关经济主体的"理性"预期行为。法经济学激励分析与预期功利最大化理论"将法律看成是一种影响未来行为的激励系统"（理查德·A. 波斯纳，1997）。"理性"的出口厂商是否进行倾销的一个关键决策变量，是判断倾销会给自己招致反倾销风险的客观可能性以及被反倾销的成本；同样，"理性"的进口方竞争企业是否提起反倾销申请，也是基于发起反倾销后主管当局立案的可能性以及采取反倾销措施后，自己的发起成本与收益之间的权衡。出口厂商、进口方竞争企业的决策出发点都是预期自己的功利最大化。

一国（地区）的反倾销法律以及以往的反倾销实践，就是出口厂商、进口方竞争企业的决策的依据。所以，一国（地区）的反倾销法律设计以及以往运行的效果就应该传递明确的激励信号：对出口厂商的恶意倾销行为在很大概率上会进行反倾销惩罚；对出口厂商的正当市场竞争行为予以保护；对本国企业利用反倾销法律保护自己合法利益的行动给予支持和激励。只有这样，一国（地区）的反倾销法律才能达到规制的目的，否则就违背了反倾销法律制度设计的目的与初衷，也是缺乏效率的。

（八）反倾销制度需求供给与变迁理论

反倾销法律属于一国（地区）正式的贸易（救济）制度。一国（地区）反倾销法律的立法决定基于经济的、政治与社会的决策选择，反倾销法律的制定与变迁也符合供给与需求规律。

1. 反倾销制度需求

反倾销制度的需求来源于出口厂商的倾销行为造成进口国（地区）交易成本的增加以及市场配置资源效率的降低。

从法经济学角度看，出口厂商的某些歧视性倾销手段会导致外部性行为，从而影响市场资源配置的效率。出口厂商的某些价格歧视性倾销是人为的"竞争优势"，价不符实（真实成本）的倾销商品进入进口国（地区）市场后，价格信号完全失真，引起内部相同及类似产品市场竞争混乱：（1）消费者及下游用户，在虚假条件下的价格机制作用下，会相应减少本国（地区）相同及类似产品的消费需求，增加对低价倾销的进口品的购买；（2）进口国（地区）的进口竞争厂商为了保住其市场份额，不得不降低价格参与恶性竞争；（3）进口竞争厂商市场萎缩、利润减少或陷入亏损状态，甚至停产倒闭退出市场，本国（地区）厂商的正常经营与发展被抑制；（4）如果进口竞争产业是进口国（地区）的新兴"幼稚"产业，没有能力与出口国家的"成熟"产业进行竞争，受到境外出口厂商倾销商品的低价冲击，"幼稚"产业有可能就此夭折，进口国（地区）政府的工业化进程或经济结构调整计划遭遇挫折。出口厂商的某些歧视性倾销扰乱了进口国（地区）的正常市场竞争秩序，破坏了进口国（地区）的正常经济发展环境，降低了进口国（地区）的市场资源配置效率，甚至会危及进口国（地区）的社会稳定和经济安全。

法经济学代表人物理查德·A. 波斯纳（Richard A. Posner）认为，法律的意义在于"降低交易成本和实现最优的市场资源配置"[①]。反倾销制度供给、需求与变迁理论认为，导致了进口国（地区）资源配置效率降低，

---

① ［美］理查德·A. 波斯纳：《法律的经济分析（上）》，蒋兆康译，中国大百科全书出版社 1997 年版。

倾销行为的利益受损者（个人利益、集团利益）代表这些利益的组织构成了进口国（地区）反倾销法律制度的需求。

2. 反倾销制度供给

以上进口国（地区）反倾销制度需求方，在特定的政治体制下通过特定的表达方式反映需求。进口国（地区）的政府作为反倾销法律的供给者，依照反倾销制度需求通过特定的政策制定机制（政府的政策偏好、政策制定者的利益）提供反倾销法律。两者通过政策制定机制实现反倾销法律制度均衡[①]（见图 2 – 3）。

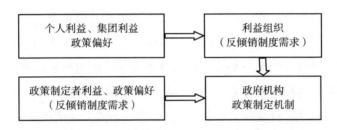

图 2 – 3　基于制度供给与需求的反倾销政策制定

注：（1）反倾销相关利益方（个人利益、集团利益、利益代表组织）构成反倾销法律制度需求力量；（2）政府政策偏好、政策制定者利益构成反倾销法律制度供给；（3）制度供给方与需求方两者通过政策制定机制实现反倾销法律制度均衡。

反倾销法律制度供给应当与反倾销制度需求均衡。从供求原则来看，进口国（地区）的政府作为反倾销法律的供给者，应当依照反倾销需求提供法律保护。供过于求或供不应求都不是最优的反倾销制度资源配置状态。现实中，各个国家的反倾销法律制度供给如果出于贸易保护的目的而不是保护公平竞争，就会出现反倾销法律制度供过于求的情况，反倾销法律制度的公平性和公正性就会受到损害，当然也就会降低市场资源配置效率。

影响反倾销法律制度供给的因素可能不限于效率价值目标。进口国（地区）政府的反倾销法律制度供给，如果单纯从经济利益的影响考虑，应该是本国（地区）资源的最优配置与社会整体利益最大化。但进口国（地区）政府还会考虑国家的安全、政权的稳定、经济的可持续发展、国

---

① 海闻、P. 林德特、王新奎：《国际贸易》，格致出版社 2003 年版，第 362 页。

际收支的基本平衡、国内物价的基本稳定、外贸与外交的相互配合、财政收支的压力、社会舆论等问题，导致最后的反倾销法律制度供给（供过于求或供不应求）可能偏离社会整体利益最大化的效率目标。

3. 反倾销制度变迁

贸易利益的变动会通过政策制定机制，引起反倾销法律制度变迁。新制度经济学[①]从演进角度考察制度[②]，认为国际贸易发展中，决定性的变量是制度。[③] 反倾销制度变迁建立在反倾销制度的需求与供给的均衡理论基础上。从反倾销制度需求上看，国际贸易活动中，在既定资源约束与既有制度安排下，如果反倾销还存在潜在收益，那么反倾销制度就有改进的需要，可以进行制度变迁（创新），以实现收益；从制度供给上讲，反倾销制度是否变迁取决于实施新反倾销制度的成本—收益分析，如果反倾销制度变迁带来的预期变动收益（MR）超过制度变动边际成本（MC），就可以对反倾销制度进行变迁（创新），直至达到新的反倾销法律制度均衡。

（九）反倾销的公共选择与政府选择理论

反倾销的公共选择就是把经济分析工具运用于反倾销的研究领域，运用经济学的方法和理论考察反倾销领域的决策问题。反倾销的公共选择理论基于"理性经济人"理论认为，反倾销中的经济行为主体（政府、企业、组织、个人）在参与反倾销的过程中，都是依据各自的偏好和对自己最有利的方式行事，反倾销的目的并不是为了追求"真善美"（公平、正义、效率等），而是为了追求各自的效用最大化，实现各自的利益最大化。

反倾销的公共选择理论很容易得出反倾销的"政府失灵"结论。政府也是反倾销中的重要经济行为主体，反倾销中的政府也常常会不考虑"公共利益"而追求自己本身的利益最大化，所以在政府的反倾销干预下，资源配置效率并不必然高于倾销状态下的配置效率。

---

① 这里指以科斯为代表的新制度经济学派，其代表人物有科斯、诺思、威廉姆森、张五常等。

② 新制度经济学称制度"是一系列被制定出来的规则，服从程序和道德、伦理的行为规范"，诺思称之为"制度安排"。

③ ［美］道格拉斯·诺斯和罗伯特·托马斯：《西方国家的兴起》，厉以平和蔡磊，译. 北京：华夏出版社 2009 年版。

反倾销的政府选择理论并不反对政府的反倾销措施，而是认为政府的反倾销干预不一定会改善资源配置效率，过多的政府反倾销干预反而会降低经济效率。

反倾销的公共选择与政府选择理论使我们可以更深刻地认识进口国（地区）政府的反倾销手段选择问题；也提醒我们，进口国（地区）在采取反倾销措施时，要注意防止反倾销可能产生的损害整体福利、恶化资源配置状况、偏离效率价值目标的负面效应。

第三节　小结

第一，文献综述部分从反倾销发起原因分析、反倾销主要效应研究、反倾销绩效优化研究、我国对外反倾销的相关研究四个角度进行整理，并进行简要评述。在分析以往研究的不足的基础上，明确本书写作主题、写作重点与研究目的。

第二，理论借鉴部分从经济学理论、国际贸易学理论、法学理论、法经济学理论几个学科分析反倾销的理论借鉴问题。

倾销与反倾销的经济学理论。国际贸易中的大多数倾销是不完全竞争行业的出口厂商在不同国家实行不同价格，以实现自身利益最大化的正当经济行为，其行为本身不具备可责性；课征"反倾销税"比课征一般进口关税具有优越性；最优反倾销税税率从经济福利角度为确定反倾销税率提供参考；对中间产品征收反倾销税可能降低贸易政策保护的效率（效果）。

反倾销的国际贸易学理论基础。现行国际反倾销规则被滥用为贸易保护手段是重商主义时期的贸易保护思想的反映，重商主义时期的"以邻为壑"保护思想影响着现代国家的政府采取反倾销措施来减少本国的进口；保护幼稚产业理论是发展中国家的政府采取反倾销措施保护其工业的主要论据，保护幼稚产业总体上来讲是一种积极的保护，要求总体收益能弥补为保护的成本，已经蕴含了反倾销必须具有效率的思想；采取反倾销措施从而改善国际收支，在一些国家（地区）的贸易逆差问题显现时容易出现，出口能力低、外债严重的发展中国家在采取反倾销措施时易以改善国际收支为理由；通过采取反倾销措施以改善本国的贸易条件的思想也已经蕴含了反倾销必须具有效率的思想；"贸易大国"的总福利水平会因为采取反倾销措施而得到提高，征收反倾销税可能具有效率；一国（地区）通过征收反倾销税分享境外出口厂商的垄断利润也体现了一定的效率思想。

反倾销的法学理论基础。倾销有害论是以保护公平竞争为理由，目的是推动自由贸易，总体而言是积极的反倾销保护，在反倾销的法学理论基础中处于核心与主流地位；社会公平论认为，利用反倾销措施来调节国内各阶层的收入水平，以减少社会矛盾和冲突，达到一定的社会公平；国家安全论认为，在关系到国家安全的产业面临国际市场低价竞争（倾销）时，进口国的政府应特别加以保护。

反倾销的法经济学理论基础。反倾销过程中的国家、企业、个人行为都是"经济人"的理性行为。政府、企业、个人在倾销与反倾销决策、反倾销方法与措施选择、反倾销措施的利用程度与企业倾销的原因等方面符合效用最大化与边际理论。反倾销过程中的政府、企业、个人的最大化行为可被纳入边际成本—收益分析的框架之中，相互倾销时，一国（地区）选择一种产业的机会成本就是所放权的另一种产业的利益。反倾销法的实施在保护了国内产业的同时，可能损害了整体利益，需要对反倾销的社会成本进行分析，权衡对外反倾销措施的利弊得失。进口国的政府采取反倾销措施在汉德公式 $B = PL$ 时处于帕累托最优的均衡状态，已经无法通过反倾销来提高对国内产业的保护来提高本国整体福利水平。卡尔多—希克斯效率标准的均衡状态是反倾销边际社会收益等于反倾销边际社会成本。反倾销法律的正义性与社会整体利益最大化的卡尔多—希克斯效率是内在统一的。两者通过政策制定机制实现反倾销法律制度均衡。影响反倾销法律制度供给的因素可能不限于效率价值目标。贸易利益的变动会通过政策制定机制，引起反倾销法律制度变迁；反倾销中的经济行为主体是依据各自的偏好和对自己最有利的方式行事。在政府的反倾销干预下，资源配置效率并不必然高于倾销状态下的配置效率。进口国（地区）在采取反倾销措施时，要注意防止反倾销可能产生的损害整体福利、恶化资源配置状况、偏离效率价值目标的负面效应。

第三章
Chapter 3

对外反倾销效应的
法经济学分析

　　企业经营活动的目的，一般都是获取最大化的利润，而倾销是境外出口厂商在进口国（地区）市场以低价方式销售其产品，从表面上看，境外出口厂商的倾销是缺乏理性的行为；同样，进口国（地区）享有了便宜的进口产品的好处，却通过发起反倾销抵制来抬高进口产品的价格，似乎也是缺乏理性的行为。境外出口厂商与进口国（地区）表面上的不理性行为背后一定有他们这么做的理由。本章就是通过对外反倾销效应的法经济学分析来理解境外出口厂商倾销以及进口国（地区）反倾销的原因与后果。

　　倾销与反倾销行为都是为了实现或达到某种利益价值目标，故本章首先在第一节分析对外反倾销的利益效应（影响）。在分析中，为了更好地理解反倾销产生的利益效应，从进口国（地区）角度，把倾销的利益影响与反倾销的利益影响进行对比分析。

　　进口国（地区）采取反倾销后，反倾销相关利益方采取的应对措施，亦即对外反倾销产生了引致效应。因为这些引致效应会削弱反倾销的救济效应，加大进口国（地区）实施反倾销保护的成本，造成更大的福利损失，阻碍进口国（地区）对外反倾销价值目标的实现，所以本章第二节分析进口国（地区）采取反倾销措施后的引致效应，以更全面地考察对外反倾销效应。

　　接下来，在第三章比较分析支持进口竞争性产业的反倾销贸易政策与经济政策的效应，以更深入地理解进口国（地区）采取反倾销贸易政策的原因。

最后，本章基于以上分析，结合出口厂商倾销的经济原因，探讨进口国（地区）反倾销的正当性与合理性及判断标准。

第一节 对外反倾销的利益效应

对外反倾销的利益效应是采取反倾销措施对进口国（地区）相关利益产生的影响。这里分析利益效应的角度包括宏观利益（国家）与微观利益（生产要素），静态利益（短期）与动态利益（长期），一般产业利益与特殊产业（战略性产业）利益；分析的方法包括局部均衡分析、整体均衡分析、边际分析等，主要解决的问题包括：（1）反倾销对进口国短期利益产生的影响；（2）反倾销对进口国长期利益的影响；（3）反倾销对进口国生产要素收益利益的影响；（4）反倾销对进口国战略性产业利益的影响。

在分析中，为了更好地探讨什么样的倾销应该被反倾销规制，更清晰地从进口国（地区）角度理解反倾销所产生的利益效应，本章节把倾销的利益影响与反倾销的利益影响进行对比分析。

为了简化分析，本章节做出以下基本假设。

（1）假设进口国倾销与反倾销只涉及两种商品：进口产品 A（生产与进口产品相竞争的产业叫作 A 产业），用 P_a 表示 A 产品的价格，出口产品 B（生产该产品的产业叫作 B 产业），用 P_b 表示 B 产品的价格。[①]

（2）生产这两种产品需要且仅需要劳动（L）和资本（K）两种生产要素；进口国是劳动充裕的国家，反倾销对象是资本充裕的国家。生产与贸易模式符合新古典国际贸易理论[②]，即进口国的进口竞争产品 A 是劳动

---

① 本书也可以将非贸易品和产品 A 进行对比分析，结果并不影响最后的基本结论。但为了显示更好的分析效果，本书选择出口产品 B 与进口产品 A 进行对比分析。

② 在国际分工和国际贸易体系内，一国应该从事生产和出口较多耗用其供给相对充裕的生产要素的产品，进口在本国生产须较多耗用其供给相对不足的生产要素的商品。

密集型产品，出口产品 B 是资本密集型产品。①

（3）进口国的生产要素劳动（L）和资本（K）在短期内是固定的，但在长期内可以因为人口增长和资本积累而增加。并且在进口国，劳动和资本完全被利用，在国内 A 产业与 B 产业之间流动没有政策性障碍，但不能向境外流动。

（4）在进口国，如果 A 产业与 B 产业的要素收益不相同，生产要素劳动（L）和资本（K）总是为了获得更高的要素报酬而从低收益产业流向高收益产业，直到两个产业要素收益完全相等为止。

（5）进口国的 A 产业与 B 产业的生产规模报酬不变。

（6）根据进口国 A 产品与 B 产品的进出口对国际市场价格的影响力，把进口国分为贸易"大国"与贸易"小国"。当进口国是 A 产品或 B 产品贸易的"大国"时，进口国的进口量或出口量变动会引起国际 A 产品或 B 产品市场价格的改变（上涨或下降），也就是其进口量或出口量影响国际市场价格；当进口国是 A 产品或 B 产品贸易的"小国"时，进口国的进口量或出口量变动不会引起国际 A 产品或 B 产品市场价格的改变，也就是其进口量或出口量变动不对国际市场价格产生影响。倾销与反倾销的分析中，这两种情况对进口国的影响表现出很大的差别，所以要根据具体情况来分别论述。

一、反倾销对进口国短期利益的影响

境外出口厂商将产品出口"倾销"，进口国以低价格买到了"便宜"商品。从表面上看，进口国获得了"好处"，那么为什么还要进行反倾销呢？这是因为，进口国只是消费者（制成品的购买者或以进口商品为投入品的企业、产业）获得了利益，而作为一个国家，除了追求贸易利益，还

---

①　不同的商品生产需要不同的生产要素配置。有些产品的生产技术性较高，需要大量的机器设备和资本投入。这种在生产中所需的资本投入比例较高的产品称为资本密集型产品。有些产品的生产主要需要大量的劳动投入。这种在生产中所需的劳动投入比例较高的产品则称为劳动密集型产品。"密集型"是一个相对概念，如果 A 产品生产中所需要的资本/劳动比率高于 B 产品生产中的资本/劳动比率，那么 A 产品就是资本密集型产品，B 产品就是劳动密集型产品。

要维护本国产业利益；除了追求短期利益，更要保障本国的长期利益、战略利益；除了实现个体利益，更重要的是实现整体利益。一些产业的发展关系到进口国未来的整体发展潜力、经济的可持续发展能力、产业的国际竞争实力、经济抵御境外冲击的能力、不受外来经济势力掠夺和剥削的能力。如果放任境外出口厂商的低价倾销行为，不仅损害进口国国内竞争产业的利益，还可能影响国家经济的可持续发展，损伤国家整体经济竞争力，给进口国带来长期而严重的后果，甚至危及国家经济主权。

所以在受到境外贸易倾销行为损害时，进口国为维护本国的整体利益、长期利益、战略利益，保护国内竞争产业利益，保障本国公平、有序和稳定的内外部经济环境，应采取反倾销措施来矫正或减轻境外倾销对本国经济的侵害，消除倾销行为对本国经济主权独立可能产生的危害。

为更好地理解反倾销对进口国短期利益的影响，有必要先分析倾销对进口国短期利益的影响。本书借用关税的分析方法[①]，原因如下：（1）反倾销的措施一般表现为对进口产品征收反倾销税；（2）反倾销税也是一种特殊的关税；（3）反倾销税措施的分析更能清楚地说明其产生的效应。

（一）倾销对进口国短期利益的影响

倾销成立只是进口国政府实行反倾销的必要条件而非充要条件。WTO反倾销规则反对的是"对进口国境内已建立的某项产业造成重大损害或产生重大威胁，或者对某一国（地区）内工业的新建产生严重阻碍"[②] 的倾销。也就是说，反倾销与进口国的产业（生产）利益直接有关。

1. 进口国局部均衡分析

倾销对进口国的价格、生产、消费、贸易量以及贸易条件效应（"大国"条件下）、经济福利等方面均会产生影响，引起相关方利益的变动，这里就倾销的一般情形进行简单分析（出口国的价格或成本有可能高于进口国的价格或成本，但基于某种原因或出于一定目的，也可能以低价方式出口），如图 3 - 1 所示。

---

① 反倾销征税类似于征收进口关税，本节所用的分析方法，主要参阅文献为海闻、P. 林德特、王新奎所著《国际贸易》一书（格致出版社 2003 年版）。

② 《关税和贸易总协定 1994》第六条。

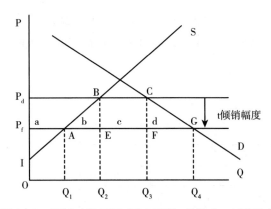

图 3 - 1　倾销对进口国（"小国"）的影响：局部均衡

注：P_d 为进口国进口产品 A 的正常贸易价格（自由贸易条件下的国际价格）、P_f 为进口国倾销条件下 A 的国内价格；D 为进口国 A 产品的需求曲线，S 为进口国 A 产品的供给曲线，t 为倾销幅度。生产者剩余：$-a$（图形 ABP_dP_f 的面积）；消费者剩余：$+(a+b+c+d)$（图形 CGP_fP_d 的面积）；净福利效应：$+(b+c+d)$（图形 ABCG 的面积）。

（1）倾销的价格效应。

境外出口厂商的低价倾销竞争行为，在一定程度上会冲击进口国国内市场。进口竞争产业的厂商为了保住其市场份额，必然通过降价这一措施应对境外出口厂商的倾销行为。在进口国市场上，A 产品（无论是进口还是境内生产）价格从而下降。A 产品价格的下降使进口国的消费量增加，A 产品的进口量也增加。

在进口国市场上，境外出口厂商的 A 产品的倾销幅度（借用关税税率 t）取决于倾销产品进口需求价格（D_f）弹性。如果进口需求价格弹性大，那么价格下降的幅度较小就会带来对进口产品的大量增加，境外出口厂商不需要大幅度降低价格就能达到大量增加出口的目的。

如果进口国是 A 产品的贸易"小国"，A 产品进口量增加，世界市场上，A 产品的价格不会改变。进口国的贸易条件[①]（出口产品价格/进口产品价格）得到改善。进口国 A 产品国内价格下降到 P_f（$P_f = P_d - t$，P_d 为产品 A 的正常贸易的国际价格、P_f 为进口国倾销条件下的国内价格、t 为倾销幅度）。

---

① 一国出口商品的国际市场价格（P_x）与该国进口商品的国际市场价格（P_m）的比率称为该国的"贸易条件"（terms of trade，TOT），表示为：贸易条件（TOT）= P_x/P_m。

如果进口国是 A 产品的贸易"大国"，A 产品进口量增加，世界市场上 A 产品价格上涨到 P'_f，国外消费者消费数量下降（见图 3 – 2）。

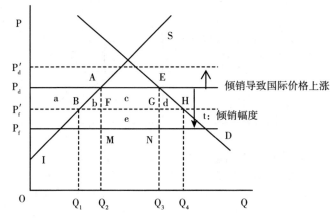

图 3 – 2　倾销对进口国（"大国"）的影响：局部均衡

注：P_d 为进口国正常贸易国际价格、P_f 为倾销后的进口国（"小国"）国内价格、P'_d 为倾销后的国际价格、P'_f 为倾销后的进口国（"大国"）国内价格；倾销导致国际价格上涨，e 是贸易条件恶化带来的损失。生产者剩余：$-a$（图形 $BAP_dP'_f$ 的面积）；消费者剩余：$+(a+b+c+d)$（图形 EHP'_fP_d 的面积）；贸易条件变化：$-e$（图形 FGNM 的面积）；净福利效应：$(b+c+d)-e$。

图 3 – 2 中，境外出口厂商的低价倾销竞争行为，使进口国 A 产品价格下降，国内 A 产品的消费增加，A 产品的进口量也随之增加。进口国是 A 产品的贸易"大国"，进口量增加导致 A 产品的国际市场价格上涨。

如果不考虑境外出口厂商倾销的影响，进口国支付进口 A 产品的价格以前是 P_d，价格上涨后的国际市场价格是 P'_d；加入境外出口厂商倾销的影响，进口国支付进口 A 产品的价格以前是 $P_f(P_f = P_d - t)$，国际市场价格上涨后的价格是 $P'_f(P'_f = P'_d - t)$。P'_f 高于 P_f，低于 P_d。两者相比，境外出口厂商的倾销使得进口国（"大国"）A 产品的国内消费量与进口数量还是增加了，但增加幅度要小于"小国"的情形。

可见，境外出口厂商倾销增加了进口国进口竞争产业产品的数量，增加了进口国进口竞争产业产品的消费数量，降低了进口国进口竞争产业的产量，降低了进口国进口竞争产业产品的价格，只是在影响程度上，因其在国际市场上的是"大国"还是"小国"的贸易地位而有所差异。

（2）倾销的生产效应。

境外出口厂商的倾销，使进口国 A 产品的国内价格下降到 $P_f(P_f = $

$P_d - t$），带来国内 A 产品的消费增加，A 产品的进口量也随之增加。但是 A 产品价格下降，也引起了进口国进口竞争产业的 A 产品产量下降，即为倾销导致的进口国生产效应。

这里以进口国是 A 产品的贸易"小国"为例，来说明倾销的进口国生产效应。[①] 图 3-1 中，境外出口厂商倾销前，进口国 A 产品的国内价格为 P_d（国际价格），进口国进口竞争产业 A 产品的产量为 OQ_2；倾销发生后，进口国 A 产品国内价格下降为 P_f（$P_f = P_d - t$，"大国"为 $P_f' = P_d' - t$），进口国进口竞争产业 A 产品的产量为 OQ_1（$P_f = P_d - t$，"大国"为 $P_f' = P_d' - t$），两者相比进口国进口竞争产业 A 产品的产量因为倾销下降了 Q_1Q_2。进口国进口竞争产业利益因此受损。图 3-1 中，进口国进口竞争产业的生产者剩余[②]由倾销前的 IBP_d 下降到倾销后的 IAP_f，生产者剩余减少了 ABP_dP_f（a 的面积），也就是倾销给进口国造成的生产者的福利损失。

（3）倾销的消费效应。

为了应对境外出口厂商的倾销行为，进口竞争 A 产业必然降价，即进口国 A 产品国内价格下降到 P_f（无论是进口还是境内生产）。A 产品国内价格的下降，使进口国 A 产品的消费量增加，图 3-1 中，如果不考虑境外出口厂商倾销的影响，进口国 A 产品的消费量为 OQ_3。加入境外出口厂商倾销的影响，进口国 A 产品的消费量为 OQ_4。两者相比，境外出口厂商的倾销使得进口国 A 产品的消费量增加了 Q_3Q_4。图 3-1 中，进口国 A 产品的消费者剩余增加了 CGP_fP_d（a+b+c+d 的面积），也就是说，境外出口厂商的倾销增加了进口国消费者的福利。

（4）倾销的贸易效应。

综合倾销对进口国带来的生产效应和消费效应，便可得到倾销对进口国产生的贸易效应。在图 3-1 中，进口国进口竞争产业 A 产品的产量因为境外出口厂商的倾销下降了 Q_1Q_2，境外出口厂商的倾销使得进口国 A 产品的消费量增加了 Q_3Q_4，A 产品的生产量减少了 Q_1Q_2，A 产品的消费量

---

① 进行生产效应、消费效应、贸易效应的分析时，小国与大国区别不大，这里以"小国"来说明，"大国"的分析思路与"价格效应"一致。

② 生产者剩余是厂商在提供一定数量的某种产品时实际接受的总支付和愿意接受的最小总支付之间的差额。

增加了 Q_3Q_4，进口国生产与消费两者之间的缺口由增加进口来填补。

（5）倾销的净福利效应。

综合倾销的消费效应和生产效应，即为倾销的净福利效应。倾销发生以后，进口"小国"的净福利效应为：

$$净福利效应 = 消费者福利增加 - 生产者剩余减少$$
$$= + (a+b+c+d) - a = + (b+c+d)$$

倾销发生以后，进口"大国"的净福利效应为：

$$净福利效应 = 消费者福利增加 - 生产者剩余减少 - 贸易条件恶化$$
$$= + (a+b+c+d) - a - e = (b+c+d) - e$$

综上所述，可以得出进口国局部均衡分析下倾销净效应的结论：倾销对进口"小国"来讲，产生的经济福利是正面的，一方面消费者福利增加，同时生产者福利减少。对进口"大国"来讲，消费者福利增加，生产者福利减少，并产生贸易条件恶化导致的福利减少：如果（b+c+d）大于 e，则产生的经济福利整体上是正面的，如果（b+c+d）小于 e，则产生的经济福利整体上是负面的。从经济效率角度来讲，进口"小国"没有对外反倾销的必要性；进口"大国"是否对外反倾销，取决于产品的具体情况。

2. 进口国总体均衡分析

前文分析了境外出口厂商的低价倾销竞争行为，对进口国进口竞争产业（产品）的影响（局部均衡分析方法）。但境外出口厂商的低价倾销竞争行为，同样也影响进口国其他部门的生产和消费。只有综合分析倾销对进口国的影响，才能更全面地理解倾销对进口国产生的效应。为了更好地显示更好的分析效果，这里仍然将一国的出口产品 B 与进口产品 A（境外出口厂商倾销产业）进行对比分析（总体均衡分析方法）。

（1）进口"小国"总体均衡分析。

假设进口国（倾销对象国）的倾销与反倾销只涉及两种商品：进口产品 A（生产与进口产品相竞争的产业叫作 A 产业，A 产品价格为 P_a）；出口产品 B（生产该产品的产业叫作 B 产业，B 产品的价格为 P_b）。下面运用总体均衡分析方法，以图 3 - 3 来讨论倾销对进口"小国"短期利益的影响。

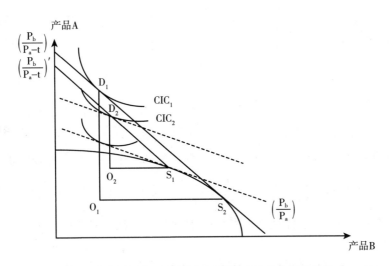

图 3 − 3　倾销对进口国短期利益影响的总体均衡分析

注：对进口"小国"进行倾销后，进口国产品 A 的价格下降，产品 B 的相对价格上升，新的相对价格为 $\left(\dfrac{P_b}{P_a-t}\right)$；对进口"大国"进行倾销后，进口国产品 A 的价格下降，产品 B 的相对价格上升，但引起国际产品 A 市场价格的上升，新的相对价格为 $\left(\dfrac{P_b}{P_a-t}\right)'$。一部分 A 产品生产者因为价格下降而退出该行业，进入相对价格上升的 B 行业。

倾销没有发生时，进口国以 $\left(\dfrac{P_b}{P_a}\right)$ 的价格参与国际贸易，出口 B 产品而进口 A 产品。进口国的生产点是其生产可能性曲线与 $\left(\dfrac{P_b}{P_a}\right)$ 相切的点 S_1，B 产品的出口量为 S_2O_1，A 产品的进口量为 D_1O_1，CIC_1（社会无差异曲线，代表社会整体福利水平）是进口国没有发生倾销时的社会整体福利水平。

境外出口厂商的 A 产品对进口国进行倾销（t）后，进口国 A 产品国内价格下降为（P_a-t），B 产品的价格 P_b 不变，但 B 产品的国内相对价格上升。图 3 − 3 中，A 产品与 B 产品的相对价格为 $\left(\dfrac{P_b}{P_a-t}\right)$。生产者、消费者对新的相对价格重新作出选择。在资源本已充分利用的情况下，增加一个部门的生产必定会减少其他部门的生产。A 产品价格下降，B 产品的相对价格上升，生产者扩大 B 产业的产量，减少 A 产业的产量，资源发生转移，新的均衡点在 S_2。相对价格 $\left(\dfrac{P_b}{P_a-t}\right)$ 与进口国的生产可能性曲线相切于

S_2。可见境外出口厂商的 A 产品对进口国进行倾销的生产影响是，进口国国内的 B 产品（出口产业）生产量增加，A 产品（进口竞争产业）的生产下降。消费者面对新的相对价格 $\left(\dfrac{P_b}{P_a-t}\right)$，首先会减少 B 产品的消费量而增加 A 产品的消费量。其次由于消费者购买 A 的价格便宜了，产生了收入效应（低价购买相当于增加了消费者的收入），B 产品的消费量也可能增加。CIC_1 是进口国没有的社会整体福利水平。消费者的最终消费点位于新的相对价格 $\left(\dfrac{P_b}{P_a-t}\right)$ 与社会无差异曲线相切的点 D_1，CIC_2 是发生倾销时的进口国社会整体福利水平，高于没有发生倾销时的社会整体福利水平 CIC_1。

从图 3-3 分析中得知，境外出口厂商的 A 产品对进口国进行倾销后，进口"小国"不仅增加了产品 A 的进口量，也增加了进口国产品 B 的出口量。

总之，境外出口厂商的 A 产品对进口"小国"进行倾销，进口"小国"是 A 产业、B 产业的生产、消费以及社会整体福利水平都发生了改变。进口国国内的 B 产品（出口产业）生产量增加，A 产品（进口竞争产业）的生产量下降，倾销提高了进口"小国"的社会整体福利水平。

（2）进口"大国"总体均衡分析。

如果进口国是 A 产品的进口"大国"，并假定对进口"大国"进行一样的倾销幅度，"大国"的生产点也会从 S_1 向 S_2 移动。但由于进行倾销后"大国"产品 A 进口增加，引起国际产品 A 市场价格的上升（贸易条件相对恶化）。图 3-3 中，新的相对价格为 $\left(\dfrac{P_b}{P_a-t}\right)'$。对图 3-3 来进行对比分析，可以发现，总体来讲，对"大国"进行倾销的各方面的影响均要小于"小国"。

对比倾销对进口国短期利益影响的局部均衡分析，倾销对进口国短期利益影响的整体均衡分析的结论是一样的：从经济效率角度来讲，进口"小国"没有对外反倾销的必要性；进口"大国"是否对外反倾销，取决于产品的具体情况。从文中的分析我们可以看到，倾销对进口国不同产业的生产要素、商品的国际市场价格的影响是"大国"还是"小国"、短期利益还是长期利益的影响是不一样的。倾销的受益者当然不主张发起对外反倾销，但是倾销的受损者会在一定条件下积极主张发起对外反倾销。

（二）反倾销对进口国短期利益的影响

为更好地理解进口国反倾销的原因，下面从进口国角度来分析反倾销对进口国短期利益产生的影响。

1. 进口国局部均衡分析

和倾销产生的经济效应一样，对外反倾销的经济效应也包括因对外反倾销带来的价格或相对价格的变化（反倾销的价格效应）、对相关产业的生产产生的影响（反倾销的生产效应）、改变价格从而对消费产生的影响（反倾销的消费效应）、改变相关产品的国际相对价格的影响（反倾销的贸易条件效应）、对进口国整体福利产生的影响（净福利效应）。对外反倾销的一般做法是对倾销的进口产品征收反倾销税，会产生税收效应。反倾销税是一国（地区）海关对进口商品加征的一种进口附加税①，因此，这里仍然借鉴一般关税的分析方法，与分析倾销的经济效应基本相对应，对进口国反倾销的短期经济效应进行分析。进口国对倾销的进口产品按倾销幅度征收反倾销税，所以，这里的分析正好与上文"倾销对进口国短期利益的影响"相反。

（1）对外反倾销的价格效应。

境外出口厂商的低价倾销竞争行为，冲击进口国市场，进口国的进口竞争 A 产业利益受到损害，往往会寻求进口国政府的帮助，发起对外反倾销，抵制境外出口厂商的倾销竞争行为。

进口国对倾销的进口产品按倾销幅度征收反倾销税，短期内，会使 A 产品的进口价格上升，在进口国市场上，A 产品（无论是进口还是境内生产）价格都会上升。A 产品价格上升使进口国的消费量下降，A 产品进口量也下降；进口国的进口竞争 A 产业会因为产品价格上升而提高 A 产品的产量。

如果进口国是 A 产品的贸易"小国"，对外反倾销使 A 产品进口量下降，世界市场 A 产品价格不会改变。图 3-4 中，进口国 A 产品国内价格上升为 P_d（$P_d = P_f + t$，P_d 为产品 A 的正常贸易的国际价格、P_f 为倾销条件

---

① 进口附加税是指一国海关对本国进口商进口商品时除征收一般关税外，根据某种目的所加征的一种关税。

下进口国 A 的国内价格，t 为反倾销税额）。

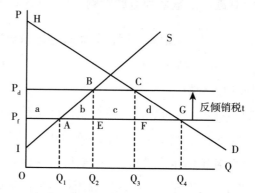

图 3 - 4　征收反倾销税进口"小国"的影响：局部均衡

注：P_f 为进口国倾销条件下 A 产品的国内价格，P_d 为征收反倾销税后的 A 产品的国内价格；D 为进口国 A 产品的需求曲线，S 为进口国 A 产品的供给曲线，t 为对外反倾销税。生产者剩余：+a（图形 ABP_dP_f 的面积）；消费者剩余：-（a+b+c+d）（图形 CGP_fP_d 的面积）；进口国反倾销税收入：+c；净福利效应：-（b+d）。

如果进口国是 A 产品的贸易"大国"，对外反倾销使 A 产品进口量下降，世界市场 A 产品价格会下降，图 3 - 5 中，正常贸易的国际价格 P_d 下降到 P'_d，进口国 A 产品国内价格上升为 P'_f（$P'_f = P'_d + t$）（P'_d 为进口国采取反倾销后新的国际价格，t 为反倾销税额）。进口国 A 产品国内价格 P'_f 高于新的国际价格 P'_d，可能产生以下后果：①刺激以前未对进口国出口 A 产品的国家或地区（未被反倾销）加入到出口之列；②刺激进口国 A 产业扩大产量；③刺激进口国企业从 B 产业转向投资 A 产业；④刺激外资进入进口国 A 产业；⑤被反倾销的境外出口厂商可能为了获取利润而采取反倾销规避措施（如贸易转移、投资跨越等）。进口"大国"反倾销可能产生的这些效应会加剧国内竞争，从长期来看，进口国 A 产品国内价格应该和新的国际价格持平。

对于征收反倾销税的承担问题，进口"大国"对 A 产品征收反倾销税，A 产品进口量下降，国际价格由 P_d 下降到 P'_d，A 产品进口价格下降，进口"大国"征收反倾销税最后由国内消费者（或 A 产品下游产业）与境外出口厂商共同承担。在图 3 - 5 中，境外出口厂商承担（$P_d - P'_d$）的份额，国内消费者（或 A 产品下游产业）承担（$P'_f - P_d$）的份额。（$P_d - P'_d$）与（$P'_f - P_d$）的大小取决于 A 产品境外出口厂商出口价格弹性与进口国 A

产品的价格需求弹性。

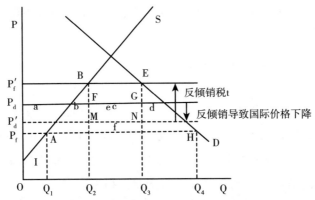

图 3 - 5 征收反倾销税对进口"大国"的影响：局部均衡

注：P_d 为正常贸易（无倾销与对外反倾销）的国际价格，P_f' 为反倾销后的国际价格，P_f 为反倾销时的进口国（"大国"）价格，$P_f'(P_f' = P_d' + t)$[①] 为反倾销后的进口国（"大国"）价格。反倾销导致国际价格下降，e 是贸易条件变好带来的收益。生产者剩余：$+a$；消费者剩余：$-(a + b + c + d)$；贸易条件变化：$+e$；进口国反倾销税收入：$+(c + f)$；净福利效应：$e - (b + d)$。

（2）对外反倾销的生产效应。

进口国对倾销的进口产品按倾销幅度征收反倾销税，短期内，会使 A 产品的进口价格上升，如果进口国是 A 产品的贸易"小国"，A 产品国内价格上升为 $P_d(P_d = P_f + t)$，如果进口国是 A 产品的贸易"大国"，A 产品国内价格上升为 $P_f'(P_f' = P_d' + t)$。进口国市场上，A 产品（无论是进口还是境内生产）价格都会上升。进口国的进口竞争 A 产业会因为产品价格上升而提高 A 产品产量。如果进口国是 A 产品的贸易"大国"，反倾销使进口国 A 产品国内价格 P_f' 高于新的国际价格 P_d'，可能大大刺激本国 A 产品的供给，产量可能大幅度增加（见上文的分析）。

（3）对外反倾销的消费效应。

进口国对倾销的进口产品按倾销幅度征收反倾销税，短期内，会使 A 产品的进口价格上升，如果进口国是 A 产品的贸易"小国"，A 产品国内

---

① 在图 3 - 5 中，对外反倾销后的进口国（"大国"）价格 P_f' 高于对外反倾销后的国际价格 P_d'。但是，从长期来讲，如果反倾销实施国家的 A 产品市场是一个开放的市场，则反倾销后的进口国（"大国"）价格 P_f' 等于对外反倾销后的国际价格 P_d'，如图 3 - 5 所示对外反倾销的贸易条件效应（"大国"）的分析。对外反倾销后的进口国价格 P_f' 高于对外反倾销后的国际价格 P_d' 的过程正是后面分析的贸易转移效应、投资跨越效应的经济原因。

价格上升为 $P_d(P_d = P_f + t)$，如果进口国是 A 产品的贸易"大国"，A 产品国内价格上升为 P'_f（$P'_f = P'_d + t$），国内消费者（或 A 产品下游产业）的消费量下降。

（4）对外反倾销的税收效应。

无论是 A 产品的贸易"小国"还是"大国"，进口国政府通过征收对外反倾销税获得了财政收入。税收收入为新的 A 产品进口量乘以单位反倾销税额。进口国政府的对外反倾销收入如果用于补贴 A 产品国内消费者（或 A 产品下游产业），则构成反倾销的转移支付，可以部分减少因反倾销而造成的国内消费者（或 A 产品下游产业）损失。

（5）对外反倾销的贸易条件效应。

如果进口国是 A 产品的贸易"大国"，对外反倾销使 A 产品进口量下降，在世界供给不变的情况下，世界市场 A 产品价格会下降，图 3 – 6 中，正常贸易的国际价格 P_f 下降到 P'_f，进口国 A 产品国内价格上升为 $P_t = P'_f + t$。进口国按新的国际价格 P'_f 进口 A 产品，"大国"贸易条件变好。也就是说，进口"大国"可以通过对外反倾销改善本国贸易条件（见图 3 – 6）。

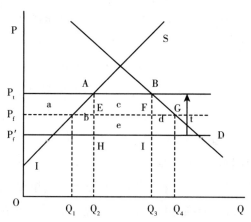

图 3 – 6　"大国"对外反倾销的贸易条件效应

注："大国"征收反倾销税后，世界市场价格的下降幅度等于 EH 或 FI，国际价格由原来的 P_f 降到 P'_f（$P_t = P'_f + t$）。"大国"征收反倾销税后，如果以新的国际价格 P'_f 征税后的进口量为 Q_2Q_3，进口 Q_2Q_3 的代价为 HIQ_3Q_2；征收反倾销税前，进口 Q_2Q_3 数量产品的支出是 EFQ_3Q_2，（$EFQ_3Q_2 - HIQ_3Q_2$）= e（EHIF 的面积）。e 就是"大国"征收反倾销税后由于贸易条件改善产生的利益。

（6）对外反倾销的净福利效应。

"小国"对外反倾销的净福利效应为（见图 3 - 4）为：

进口"小国"反倾销福利效应 = 生产者福利 - 消费者福利 + 政府财政收入 = a - (a + b + c + d) + c = - (b + d) < 0。"小国"对外反倾销会降低社会福利水平。

"大国"对外反倾销的净福利效应为（见图 3 - 5）：

$$进口"大国"反倾销净福利效应 = 生产者福利 + 消费者福利$$
$$+ 政府财政收入$$
$$= a - (a + b + c + d) + (c + e)$$
$$= e - (b + d)$$

当 e > (b + d) 时，"大国"对外反倾销的净福利增加；当 e < (b + d) 时，"大国"对外反倾销的净福利损失。

反倾销对进口国短期利益影响分析的结论："小国"对外反倾销会降低社会整体福利水平，导致资源配置效率降低；"大国"对外反倾销由于贸易条件得到改善，但是社会整体福利水平的变动不确定。

2. 进口国总体均衡分析

前文用局部均衡方法分析了反倾销对进口国进口竞争产业（产品）的影响，但进口国的反倾销还会影响本国其他部门的生产和消费。只有运用总体均衡分析方法，综合考虑与分析反倾销对进口国的影响，才能更全面地理解反倾销对进口国产生的效应。同前文一样，为了更好地显示分析效果，这里还是对进口国的 B 出口产业与 A 进口产业进行对比分析。和分析倾销的总体均衡一样，假设进口国是劳动充裕的国家，反倾销对象是资本充裕的国家。

（1）进口"小国"总体均衡分析。

为了便于分析，假设进口"小国"对境外出口厂商的低价倾销竞争行为反倾销以前，A 产业的国际市场价格为 P_a，进口"小国"国内市场被境外出口厂商低价倾销，倾销幅度为 t，那么，进口"小国"国内市场 A 产业的市场价格为 $(P_a - t)$，在国际产品 B 产业市场价格 P_b 不变的情况下，进口"小国"国内市场以及出口境外，B 产品的价格就等于 P_b。从而，进口"小国"国内市场 A 产业与 B 产业产品的相对价格为 $\left(\dfrac{P_b}{P_a - t}\right)$。相对于倾销以前，进口"小国"国内市场 B 产业的价格上升。

进口"小国"政府对境外出口厂商的低价倾销竞争行为进行反倾销，对进口到本国的 A 产品按倾销幅度 t 征收反倾销税，那么进口"小国"国内市场价格上，A 产品的价格为 P_a（国际市场价格），国内市场 A 产业与 B 产业产品的相对价格为 $\left(\dfrac{P_b}{P_a}\right)$。从进口国国内看，对进口 A 产品征收反倾销税后，本国的 A 产品价格相对于征收反倾销税前的相对价格 $\left(\dfrac{P_b}{P_a - t}\right)$ 上升了，B 产品的相对价格则下降了。

进口"小国"国内市场上，进口的 A 产品收反倾销税后，由于价格上涨，国内 B 产业的厂商把资源转移到 A 产业，A 产业产量上升而 B 产业产量下降。图 3-7 中，$\left(\dfrac{P_b}{P_a - t}\right)$ 相对价格条件下的生产点为 S_2，$\left(\dfrac{P_b}{P_a}\right)$ 相对价格条件下的生产点为 S_1，也就是说进口"小国"征收反倾销税后，国内生产点从 S_2 移到了点 S_1，与 S_2 相比，进口"小国"征收反倾销税，提高了国内产品 A 的生产量，却减少了产品 B 的生产。

在 $\left(\dfrac{P_b}{P_a - t}\right)$ 相对价格条件下，消费者的消费点位于 D_1，在 $\left(\dfrac{P_b}{P_a}\right)$ 相对价格条件下，消费者的消费点位于 D_2。进口"小国"国内市场上，产品 A 相对价格上升与产品 B 相对价格下降，产品 A 的消费量下降而产品 B 的消费量上升（对外反倾销使消费者收入下降，收入下降也可能使产品 B 的消费量下降）。

$\left(\dfrac{P_b}{P_a}\right)$ 相对价格条件下（进口"小国"反倾销后的国内价格，同时也是国际价格），进口"小国"的贸易形态没有发生改变，B 仍然是出口产业，A 仍然是进口产业。

进口"小国"在对境外出口厂商的低价倾销竞争行为反倾销以前，生产点为 S_2，消费点位于 D_1，社会整体福利水平为 CIC_1。

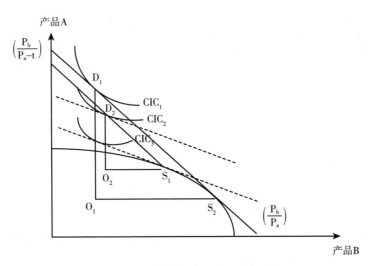

图 3 - 7　进口国对外反倾销的总体均衡

注：进口"小国"反倾销以前，相对价格为 $\left(\dfrac{P_b}{P_a-t}\right)$，社会整体福利水平为 CIC_1；反倾销以后，相对价格为 $\left(\dfrac{P_b}{P_a}\right)$，社会整体福利水平为 CIC_2。（$CIC_2 - CIC_3$）是反倾销税收入产生的福利；（$CIC_1 - CIC_2$）为反倾销造成的福利水平损失。进口"小国"对外反倾销缺乏经济效率。进口"大国"的反倾销，相对价格 $\left(\dfrac{P_b}{P_a}\right)$ 上升为 $\left(\dfrac{P_b}{P_a}\right)'$。进口产品 A 变得便宜了，贸易条件改善，社会福利水平有可能上升。

进口"小国"在对境外出口厂商的低价倾销竞争行为反倾销以后，生产点为 S_1，图 3 - 7 中，消费点位于 D_2，但是社会整体福利水平却不是 CIC_3，而是 CIC_2。这是因为反倾销以后，进口"小国"从征收的反倾销税中获得了一笔财政收入。这笔反倾销税财政收入也应该算作本国社会整体福利的一部分，（$CIC_2 - CIC_3$）就是反倾销税收入产生的福利。

进口"小国"反倾销以前，社会整体福利水平为 CIC_1，反倾销以后，社会整体福利水平为 CIC_2，（$CIC_1 - CIC_2$）为进口"小国"反倾销造成的社会整体福利水平的下降。

从降低了社会整体福利水平来说，贸易"小国"进行对外反倾销是缺乏经济效率的。

（2）进口"大国"总体均衡分析。

下面再对进口"大国"的反倾销进行总体均衡分析。与前面一样，为了便于分析，假设进口"大国"对境外出口厂商的低价倾销竞争行为反倾销以前，A 产业的国际市场价格为 P_a，进口"大国"国内市场被境外出口厂商低价倾销，倾销幅度为 t，那么，进口"大国"国内市场 A 产业的市场价格为 $(P_a - t)$，在国际产品 B 产业市场价格 P_b 不变的情况下，进口"大国"国内市场以及出口境外，B 产品的价格就等于 P_b。从而，进口"大国"国内市场 A 产业与 B 产业产品的相对价格为 $\left(\dfrac{P_b}{P_a - t}\right)$。

进口"大国"政府对境外出口厂商的低价倾销竞争行为进行反倾销，对进口到本国的 A 产品按倾销幅度 t 征收反倾销税，与进口"小国"不同的是，进口"大国"的反倾销限制了进口数量，国际市场上 A 产品的价格 P_a 将下降，这会改善其贸易条件。A 产业与 B 产业产品的相对价格由 $\left(\dfrac{P_b}{P_a}\right)$ 上升为 $\left(\dfrac{P_b}{P_a}\right)'$。$\left(\dfrac{P_b}{P_a}\right)'$ 比 $\left(\dfrac{P_b}{P_a}\right)$ 斜率更大，进口"大国"进口 A 产品变得便宜了，从而改善了贸易条件。

进口"大国"进行对外反倾销，社会福利水平肯定会高于 CIC_2。一方面，政府通过征收反倾销税提高了收入，另一方面，贸易条件改善带来了收入效应，使消费者可以购买更多的 A 产品或 B 产品。因此，作为一个整体来说，反映进口国福利水平的社会无差异曲线高于 CIC_2。贸易条件改善如果足够大，其社会福利水平甚至会高于 CIC_1。

从有可能提升社会整体的福利水平来说，贸易"大国"进行对外反倾销可能符合经济效率。反倾销对进口国短期利益的影响可以归纳如下表（见表 3 - 1）。

表 3 - 1　　　　　　　　对外反倾销对进口国短期利益的影响

项目	生产者剩余	消费者剩余	国际价格	贸易条件	政府税收	福利效应
"小国"	增加	减少	不变	不变	增加	下降
"大国"	增加	减少	下降	改善	增加	可能上升

二、反倾销对进口国长期利益的影响

前文分析倾销与反倾销对进口国利益的影响都是短期的（静态的）。

在分析中，没有考虑对进口国利益的长期（动态）影响。但事实上进口国经济在发展，要素在积累，技术在进步，生产可能性曲线在向外移动（扩张）。技术的进步，生产要素的积累，以及收入的增加都可能对上面倾销的经济效应的分析结论产生影响。和前面一样，为更好地理解反倾销对进口国长期利益的影响，这里先分析倾销对进口国长期利益的影响。

（一）倾销对进口国长期利益的影响

从分析倾销的贸易效应（生产效应和消费效应）可以看到，倾销使进口国贸易扩大，更多地参与了国际分工。从下一节的分析倾销对进口国生产要素收益的影响也可以看到，生产要素收益也会发生变动。这些因素都会促进进口国的经济增长。一方面，经济增长通过生产变动对贸易产生影响，要素积累，技术进步甚至改变贸易形态；另一方面，经济增长提高了要素的收入，人们收入水平上升。人们收入水平的上升，会带来需求的变动，需求的改变会影响贸易的方向。

由于进口国国贸经济各部门发展有快有慢，经济增长往往存在不平衡，在下面进行的分析中，讨论进口国出口产业与进口产业增长速度的不平衡及经济增长在生产方面对进口国产生的影响。

倾销使进口国的产品价格发生相对变化：进口竞争产业产品价格下降，出口产业产品价格相对上升。出口产业的要素报酬增加而进口竞争产业的要素报酬下降，产业发展方向也因要素报酬利益变动而偏向出口部门。经济增长会使生产可能性曲线向外扩张（进口竞争产业、出口产业生产能力都增加），但是由于倾销产生的利益影响，生产可能性曲线在向外移动（扩张）时，进口国 B 产业的（出口）生产能力的增长超过 A 产业（进口竞争产业）。B 产业的增长超过 A 产业进口竞争产业的经济增长是"出口扩张型增长"（export expansion growth）。

出口扩张型增长情况下，不是进口竞争产业没有增长甚至萎缩，而是其增长速度相对出口产业生产能力的增长要慢一些。因为从生产可能性曲线上看，经济增长必然使进口竞争产业、出口产业生产能力都增加。但由于倾销的作用，使进口国经济增长偏向了出口产业。

这里依然根据进口国产品在国际贸易中的地位（"小国"和"大国"）

分析倾销导致的出口扩张型经济增长对进口国利益的影响。经济增长考虑的是长期（动态）情况，所以这种分析是长期分析或动态分析。

假设出口国对进口国 A 产品（产业）进行倾销。倾销使进口国国内的产品价格发生相对变化：进口产业部门 A 产品的价格 P_a 下降，出口产业部门 B 产品的价格 P_b（相对）上升，出口产业的要素报酬增加而进口竞争产业的要素报酬下降，现在进口国的经济增长的情况下，人们会把要素更多地投向 B 产业，即产业发展方向因要素报酬利益变动而偏向出口部门。但由于要素投入的边际产出递减规律的影响，不会把要素全部投向 B 产业，一部分也会投向 A 产业，两部门的要素报酬相等时达到新的均衡。

所以，倾销使得进口国的经济增长出现了出口扩张型增长：生产 B 产品（产业）的提高快于生产 A 产品（产业）。出口扩张型增长对进口国的影响会因 B 产品在国际市场上的地位大小而不同，下面分别进行讨论。

1. 倾销导致的出口扩张型增长对"小国"的影响

根据前文分析，进口倾销导致的出口扩张型增长使进口国的生产可能性曲线的外移偏向于 B 产品（产业）。如果进口国是 B 产品的贸易"小国"，那么，B 产品（产业）的增长不影响国际市场 B 产品的价格 P_b，即进口国的贸易条件（TOT）不变。

反映在图 3 - 8 中就是贸易条件（TOT）或相对价格曲线与原来的具有同样的斜率，但由于生产增加而出现向外平移。

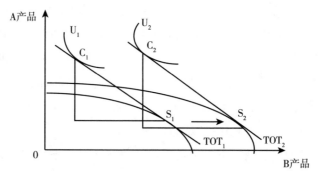

图 3 - 8　倾销导致的出口扩张型增长对"小国"的影响

注：进口倾销导致的出口扩张不改变 B 产品国际市场价格，但使国内 B 产品价格相对上升，要素报酬增加。B 产业生产扩大，A 产业生产缩减。受要素投入的边际产出递减规律的影响，在生产点 S_2 两个产业的要素报酬相等时达到新的均衡。B 产品出口量与 A 产品进口量增加，贸易量扩大，经济福利水平从 U_1 上升到 U_2。

进口倾销导致的出口扩张型增长不改变 B 产品的国际市场价格，但倾销使国内的产品价格发生相对变化：A 产品价格下降，B 产品的价格相对上升；B 产业的要素报酬增加而 A 产业的要素报酬下降，国内 B 产业产品生产扩大，A 产业产品生产缩减。倾销导致了出口扩张型增长：B 产业的增长速度快于 A 产业。

倾销导致的出口扩张型增长对"小国"的影响：受要素投入的边际产出递减规律的影响，B 产业的要素边际产出随着投入增加不断下降，A 产业的要素边际产出随着投入减少而上升。所以，国内不会把要素全部用来生产 B 产品而会生产一部分 A 产品，A 产业与 B 产业的要素边际产出相等或两部门的要素报酬相等时达到新的均衡，进口国新的生产均衡点在 S_2。

进口国 B 产业本来就具有比较优势，生产并出口 B 产品，倾销导致的出口扩张型增长使 B 产业的比较优势得到增强。B 产业比较优势的增强使进口国生产并出口更多的 B 产品，提高了进口国的出口能力。

进口国 A 产业本来在贸易中就处于比较劣势地位，需要进口一部分 A 产品。出口国的倾销使 A 产业的比较劣势更加突出，A 产业产品生产的缩减增加了进口国对国外 A 产品进口的数量（倾销的贸易效应）。

无论 B 产品的出口量还是 A 产品的进口量都比倾销以前增加，进口国的贸易量比增长前扩大（图 3 - 8 中的贸易三角变大）。

进口国的经济福利水平也因此而上升。在新的消费均衡点 C_2 上，U_2 代表的经济福利高于倾销导致的出口扩张型增长前的水平（U_1）。福利优化主要来源于经济增长，B 产业比较优势的增强、产出增加并以原国际价格出口及以更低的价格进口了更多的 A 产品，既增加了贸易利益也增加了产业利益，深化了进口国的国际分工，优化了资源配置，提高了经济效率。

2. 倾销导致的出口扩张型增长对"大国"的影响

出口国的倾销使进口国国内 A 产品价格下降，该产业的要素报酬下降，生产缩减；B 产品的价格相对上升，该产业的要素报酬增加，生产扩大。倾销导致的出口扩张型增长使进口国 B 产业的生产能力、出口能力提高，出口量增加。

假如进口国是国际市场上 B 产品的出口"大国"，在国际市场 B 产品需求不变的情况下，进口国 B 产业的出口能力提高与出口量增加会影响国际市场 B 产品的价格，造成国际市场上 B 产品价格的下跌，在前文图 3 - 9 中，新的 B 产品国际相对价格曲线（P_2）比原来的（P_1）斜率要小。B 产品价格下跌使得进口国贸易条件恶化。

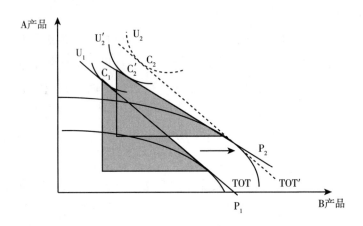

图 3 - 9　倾销导致的出口扩张型增长对"大国"的影响

注：（1）进口倾销导致的出口扩张使国内 B 产品价格相对上升，要素报酬增加，B 产品生产和出口扩大。倾销使国内 A 产品价格下降，要素报酬下降，A 产业生产缩减，进口增加；经济福利水平从 U_1 上升到 U_2。（2）B 产品生产和出口的扩大，造成国际 B 产品价格从 P_1 下跌到 P_2，生产与出口量减少。国际市场 A 产品相对价格提高，国内 A 产品生产增加，经济福利水平从 U_2 下降到 U_2'。

（1）倾销导致的"大国"出口扩张型增长对产品生产的影响。

倾销导致的"大国"出口扩张型增长对 B 产品生产的影响具有两重性：出口国的倾销使进口国国内 B 产品的价格相对上升，B 产业要素报酬增加，B 产业的生产能力、出口能力提高，出口量增加；进口国 B 产品生产和出口的扩大，造成国际 B 产品相对价格下跌，出口 B 产品要素报酬减少，B 产品生产的增长幅度下降，出口量减少。

倾销导致的"大国"出口扩张型增长对 A 产品生产的影响也具有两重性：出口国的倾销使进口国国内 A 产品价格下降，A 产业的要素报酬下降，A 产业生产缩减；国际市场上 B 产品价格的下跌使 A 产品相对价格提高，要素报酬增加，国内 A 产品生产的缩减幅度下降。

可见，倾销导致的"大国"出口扩张型增长使国内价格的相对变化与国际价格的相对变化的方向正好相反。两种相反的利益变动使得进口国国

内生产变得不确定：国内 B 产品相对价格上升使 B 产品生产增加，国际 B
产品相对价格下跌使 B 产品生产下降；进口国国内 A 产品价格下跌使 A 产
品生产下降，国际 A 产品相对价格上涨使 B 产品生产增加。总的来说，B
产品生产会增加而 A 产品生产会减少，但经济增长也可能使 A 产品与 B 产
品的生产都会增加。

（2）倾销导致的"大国"出口扩张型增长对贸易量的影响。

倾销导致的出口扩张型增长使"大国"的贸易量也不确定：一方面，
出口国的倾销使进口国国内 B 产品的价格相对上升，该产业要素报酬增
加，生产的增加会增加出口；B 产品生产和出口的扩大，造成国际 B 产品
相对价格下跌，出口量减少；另一方面，出口国的倾销使进口国国内 A 产
品价格下降，该产业的要素报酬下降，生产缩减而增加进口；国际市场上
B 产品价格下跌使 A 产品相对价格提高，要素报酬增加，国内 A 产品生产
的增加会减少进口。

（3）倾销导致的"大国"出口扩张型增长对经济福利的影响。

由于倾销导致的"大国"出口扩张型增长对生产与贸易量的影响具有
不确定性，所以对经济福利的影响也具有不确定性。一般情形下，倾销导
致的出口扩张型增长给"大国"带来正的经济福利，但增加幅度会小于
"小国"情形。特殊情形下，会恶化"大国"经济福利。

倾销导致的"大国"出口扩张型增长影响经济福利的一般情形。由于
经济增长、倾销影响相对价格变动而对资源配置起优化作用，倾销导致的
"大国"出口扩张型增长会给"大国"带来经济福利的增加；然而出口扩
张型增长会恶化其贸易条件，又会对相对价格、资源配置产生相反的作
用，倾销导致的"大国"出口扩张型增长会恶化"大国"经济福利，一部
分增加的经济福利会由于贸易条件变坏而抵消。所以，在一般情形下，倾
销导致的出口扩张型增长给"大国"带来正的经济福利，但增加幅度会小
于"小国"情形（见图 3 - 9）。图 3 - 9 中，"大国"的消费只能沿着新的
国际相对价格曲线（P_2）选择，在均衡点 C_2' 上，社会的经济福利水平
（U_2'）虽然高于增长前的 U_1，但比国际相对价格不变下的 U_2 低。

倾销导致的"大国"出口扩张型增长影响经济福利的特殊情形。特殊
情形指的是有可能出现这样一种情形：如果 B 产品在国际市场上的占比很

大，也就是在国际市场上举足轻重，同时国际市场对 B 产品的需求价格弹性较低，或者说对价格变动不敏感，当 B 产品出口供给增加导致价格下跌时，国际市场对 B 产品的需求量增加不多，过剩的 B 产品会使价格继续猛跌直到很低的水平〔见图 3－10（A）〕。在这种情形下，B 产品出口供给增加导致大幅度贸易条件恶化，贸易条件恶化对一国（地区）经济福利的影响从而超过经济增长对一国（地区）经济福利的影响，国际经济学称为"福利恶化型增长"。[①] 也就是说，倾销导致的出口扩张型增长，如果贸易条件恶化所造成的利益损失超过增长本身带来的利益，就会出现"恶化型增长"。"福利恶化型增长"的主要原因是贸易条件的急剧恶化。

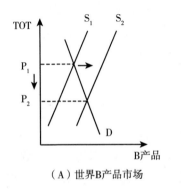

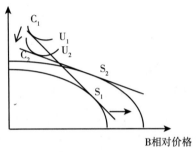

（A）世界B产品市场　　　　　（B）对我国经济福利的影响

图 3－10　倾销导致出口"大国"福利恶化型增长

注：（1）进口倾销导致的出口扩张使国内 B 产品价格相对上升，要素报酬增加，B 产品生产和出口扩大。国际市场对 B 产品的需求价格弹性低，B 产品出口扩大造成国际 B 产品价格从 P_1 大幅度下跌到 P_2，贸易条件急剧恶化。（2）由于倾销导致的出口扩张使 B 产品出口能力大增，比以前生产了更多的 B 产品，但由于贸易条件急剧恶化，经济福利水平从 U_1 下降到 U_2，经济福利水平比增长以前恶化。

在图 3－10 中，假设进口国有生产 B 产品的比较优势且是出口"大国"，同时国际市场对 B 产品的需求价格弹性低。由于倾销导致的出口扩张，使进口国 B 产品的出口能力大增。但国际市场对 B 产品的需求价格弹

---

① "福利恶化型增长"：经济增长使一个出口大国来进行出口扩张，出口扩张使世界市场价格下跌，反而使该国社会的经济福利水平下降、福利恶化的情况。美国经济学家巴格沃蒂（Jagdish N. Bhagwati）称之为"福利恶化型增长"。也可以从另外一个角度来解释"福利恶化型增长"现象。出口大国出口增加，获得了更多外汇，因而该国货币升值，货币升值使出口商品价格上升，外国消费者减少对该国商品的需求，造成该国出口下降以至萎缩。

性低，B 产品出口扩大造成国际 B 产品价格从 P_1 大幅度下跌到 P_2，贸易条件急剧恶化。经济福利水平从 U_1 下降到 U_2，进口国经济福利水平比增长以前恶化。

倾销导致的"大国"出口"福利恶化型增长"主要是从理论上指出了可能出现的结果，对贸易"大国"来讲，在制定经济发展战略和贸易战略时，要尽量避免出现这种结果。

最后，在分析了倾销导致的出口扩张型增长对"小国""大国"的影响之后，通过表 3-2 进行一下对比。

表 3-2   倾销导致的出口扩张型增长影响的比较

影响项目	贸易"小国"	贸易"大国"
国际价格/贸易条件	不变/不变	下降/恶化
出口行业生产	扩张	不确定
进口竞争产业生产	萎缩	不确定
出口量	增加	不确定
进口量	增加	不确定
贸易量	增加	不确定
福利水平	提高	提高但幅度小于"小国"[①]

倾销对进口国长期利益影响分析的结论：倾销使进口国的产品价格发生相对变化（进口竞争产业产品价格下降，出口产业产品价格相对上升），经济增长出现出口扩张型增长。

倾销导致的出口扩张型增长对"小国"的影响：出口产业的比较优势得到增强，出口产品增加；进口竞争产业生产萎缩，进口的数量增加，贸易量扩大。以原国际价格出口更多产品和以更低的价格进口产品，既增加了贸易利益也增加了产业利益，国际分工深化，资源配置优化，经济效率提高，经济福利水平上升。

倾销导致的出口扩张型增长对"大国"的影响：使国内价格的相对变化与国际价格的相对变化的方向正好相反。两种相反的利益变动使国内生产、贸易量变得不确定。至于对经济福利的影响，在一般情形下，会给

① 在特殊情况下，可能出现"恶化型增长"。

"大国"带来正的经济福利，但增加幅度会小于"小国"情形；特殊情形下，会恶化"大国"经济福利，出现"福利恶化型增长"。

从倾销对进口国长期利益影响分析的结论来看，"小国"从出口国倾销活动中获得了经济福利，提高了经济效率，没有对进口倾销进行规制的必要；而出口国倾销对"大国"的影响不确定。一般情形下会增加经济福利但增加幅度会小于"小国"，特殊情形下，可能出现"福利恶化型增长"，需要规制进口倾销。

（二）反倾销对进口国长期利益的影响

前文分析反倾销对进口国利益的影响都是短期的（静态的）。在分析中，没有考虑反倾销对进口国利益的长期（动态）影响。但事实上进口国的经济在发展，要素在积累，技术在进步，这些因素都会促进进口国的经济增长，生产可能性曲线在向外移动（扩张）。技术的进步，生产要素的积累，以及收入的增加都可能对上面对外反倾销的经济效应的分析结论产生影响。

从分析反倾销的贸易效应（生产效应和消费效应）可以看到，反倾销使进口国的产品价格发生相对变化：进口竞争产业产品价格下降，出口产业产品价格相对上升。对外反倾销使进口国贸易缩小，降低了国际分工的参与度，减少了国际贸易量，用更多的国内产品替代进口产品。另外，从下一章节分析反倾销对进口国生产要素收益利益的影响也可以看到，生产要素收益也在变动：对外反倾销使进口国的充裕要素的报酬降低；使进口国的稀缺要素的报酬提高，产业发展方向也因要素报酬利益变动而偏向进口部门。

经济增长通过生产的变动对贸易产生影响，使人们收入提高从而引起需求变动，也会影响贸易变动。进口国的经济增长会使生产可能性曲线向外扩张（进口竞争产业、出口产业生产能力都增加）。但是由于反倾销产生利益的影响，出口产业要素报酬增加而进口竞争产业要素报酬增加下降，生产可能性曲线在向外移动（扩张）时，进口竞争产业的增长速度超过出口产业生产能力的增长速度。这种进口竞争产业的经济增长超过出口产业生产能力的增长是"进口替代型增长"（import replacing growth）。可见，由于反倾销的作用，使进口国经济增长偏向了进口竞争产业，出现了进口替代型增长。

反倾销导致进口替代型增长指的是进口竞争产业的生产能力增长比出口产业生产能力快，不是说出口产业没有增长甚至萎缩。从生产可能性曲线上看，经济增长必然使进口竞争产业、出口产业生产能力都增加，只是增长速度不平衡。

本章节依然根据进口国的产品在国际贸易中的地位（"小国"和"大国"）来分析反倾销导致的进口替代型经济增长对进口国利益的影响。[①] 经济增长考虑的是长期（动态）情况，所以这种分析是长期分析或动态分析。

1. 反倾销导致的进口替代型增长对"小国"的影响

假设进口国对进口竞争产业（B产业）的进口产品进行反倾销。进口反倾销使进口国国内的产品价格发生相对变化：B产品价格上升，出口产业A产品价格相对下降，出口产业要素报酬下降而进口竞争产业要素报酬增加，在进口国的经济增长的情况下，人们会把要素更多地投向A产业，即产业发展方向因要素报酬利益变动而偏向进口竞争产业部门。但由于要素投入的边际产出递减规律的影响，人们不会把要素全部投向A产业，一部分也会投向B产业，两部门的要素报酬相等时达到新的均衡。

这样，对外反倾销使进口国的经济增长方式出现了进口替代型增长：生产A产品（产业）的提高快于生产B产品（产业），国内A产品生产的增加替代了部分进口产品。进口替代型增长对进口国的影响会因其A产品在国际市场上的地位大小而不同，下面分别进行讨论。

根据前文分析，进口反倾销导致的进口替代型增长使进口国的生产可能性曲线的外移偏向于A产品（产业）。如果进口国是A产品的贸易"小国"，那么，A产品（产业）的增长和由此产生的国内生产增加和进口

---

① 由于经济规模、生产能力以及发展水平的不同，各国在国际市场上的地位不同。由于在国际商品贸易中所占的份额不同，各国对各种商品国际价格的影响也不同。根据对商品国际市场价格的影响程度将参与贸易的国家分成"小国"和"大国"。"小国"指其某产品的生产或贸易在国际市场上份额小，其进出口变动不影响国际商品市场价格的国家。"大国"指其某产品国际市场份额大，其进出口变动会引起国际市场价格升跌的国家。

贸易的减少，不影响 A 产品的国际市场价格，进口国的贸易条件（TOT）不变。

反应在图 3－11 中就是贸易条件（TOT）或相对价格曲线与原来的具有同样的斜率，但由于经济增长、生产增加而出现向外平移。

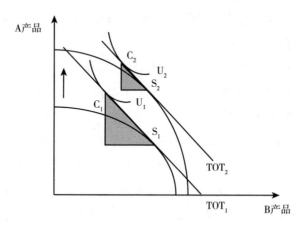

图 3－11　反倾销导致的进口替代型增长对"小国"的影响

注：（1）经济增长使 A 产品与 B 产品生产增加，进口反倾销使国内 A 产品价格上升，要素报酬增加。国内 B 产品价格相对下降，要素报酬减少。人们会把要素更多地投向 A 产业，增长速度快于 B 产业，受要素投入的边际产出递减规律的影响，在生产点 S_2 两个产业的要素报酬相等时达到新的均衡。国内增加的 A 产品生产替代了部分进口产品。对外反倾销经济导致了进口替代型增长。（2）进口替代不改变 A 产品国际市场价格，贸易条件（TOT）斜率不变，但由于经济增长、生产增加而出现向外平移。经济福利水平从 U_1 上升到 U_2。

进口反倾销导致的进口替代型增长不改变 A 产品国际市场价格。但反倾销使国内的产品价格发生相对变化：B 产品价格下降，A 产品的价格相对上升，A 产业的要素报酬增加而 B 产业的要素报酬下降，国内 A 产业产品生产扩大，B 产业产品生产相对缩减，对外反倾销导致了进口替代型增长：A 产业的增长速度快于 B 产业。

对外反倾销导致的进口替代型增长对"小国"的影响：受要素投入的边际产出递减规律的影响，A 产业的要素边际产出随着投入增加不断下降，B 产业的要素边际产出随着投入减少而上升，所以，国内不会把要素全部用来生产 A 产品而会生产一部分 B 产品，B 产业与 A 产业的要素边际产出相等或两部门的要素报酬相等时达到新的均衡，进口国新的生产均衡点在 S_2。

进口国 A 产业本来处于比较劣势地位，需要进口一部分 A 产品，对外反倾销导致的进口替代型增长使 A 产业的比较劣势得到一定程度改善。A 产业比较劣势的改善使进口国生产更多的 A 产品，对国外 A 产品的需求会由于国内 A 产品生产的增加而下降，造成进口的削减，进口国的进口贸易量出现了下降。

进口国 B 产业本来在贸易中处于比较优势地位，生产并出口一部分 B 产品。对外反倾销使 B 产业的比较优势由于相对价格的下降而削弱，B 产业产品生产的缩减，减少了进口国 B 产品出口的数量（反倾销的贸易效应）。

无论 A 产品的进口量还是 B 产品的出口量都比反倾销以前下降，进口国的贸易量比增长前减少（图 3-11 中贸易三角变小）。

图 3-11 中，进口国的经济福利水平从 U_1 上升到 U_2，但这种经济福利的增加是经济增长、生产增加的结果。如果进口国不采取反倾销措施，经济福利水平会上升更多（见图 3-7，倾销导致的出口扩张型增长对"小国"的影响的分析）。对外反倾销其实恶化了贸易"小国"的资源配置，降低了"小国"的经济效率。当然政府通过反倾销措施获得了收益，A 产品的国内厂商的收入增加了。

2. 反倾销导致的进口替代型增长对"大国"的影响

如果进口国是国际市场 A 产品的进口"大国"，那么对外反倾销导致的进口替代型增长对国内国际经济所产生的影响会大大不同。根据前文分析，对外反倾销使进口国国内 B 产品价格相对下降，B 产业要素报酬下降，B 产业生产缩减。A 产品价格上升，A 产业要素报酬增加，A 产业生产扩大。对外反倾销导致的进口替代型增长使进口国 A 产业的生产能力提高，进口量下降。

假如进口国是国际市场上 A 产品的贸易（进口）"大国"，在国际市场 A 产品供给不变的情况下，进口国的进口在国际 A 产品市场上占有重要地位，进口国 A 产业的生产能力提高与进口量下降会影响国际市场 A 产品的价格，造成国际市场上 A 产品价格的下跌，在图 3-12 中，新的 A 产品国际相对价格曲线（P_2）比原来的（P_1）斜率要大。A 产品价格下跌使进口国的贸易条件得到改善，出口同样数量的 B 产品，可以比以前交换到更多数量的 A 产品。

（1）对外反倾销导致的"大国"进口替代型增长对产品生产的影响。

对外反倾销导致的"大国"进口替代型增长对 A 产品生产的影响具有两重性：对外反倾销使进口国国内 A 产品价格上升，A 产业要素报酬增加，A 产业的生产能力提高、进口需求下降，进口量下降；进口国 A 产品生产能力提高和进口量下降，造成国际 A 产品相对价格下跌，国际市场 A 产品要素报酬减少。但国内 A 产品价格上升、要素报酬增加会刺激进口增加；特别是未受到进口国反倾销措施影响的国家，会增加对进口国的出口，出现贸易转移效应（见本章第二节"对外反倾销的引致效应"分析），本国 A 产品产量下降。

对外反倾销导致的"大国"进口替代型增长对 B 产品生产的影响也具有两重性：对外反倾销使进口国国内 B 产品价格相对下降，B 产业的要素报酬下降，B 产业生产缩减。国际市场上 A 产品价格下跌使 B 产品相对价格提高，要素报酬增加，会刺激国内 B 产品生产增加，B 产品生产缩减幅度下降。

可见，对外反倾销导致的"大国"进口替代型增长使国内价格相对变化与国际价格相对变化的方向也正好相反。两种相反的利益变动使得进口国国内生产变得不确定：国内 A 产品价格上升使 A 产品生产增加，国际市场 A 产品相对价格下跌使 A 产品生产下降；国内 B 产品价格相对下跌使 B 产品生产下降，国际 B 产品相对价格上涨使 B 产品生产增加。总的来说，国内 A 产品生产会增加而 B 产品生产会减少，但经济增长也可能使国内 B 产品与 A 产品的生产都会增加。

（2）对外反倾销导致的"大国"进口替代型增长对贸易量的影响。

反倾销导致的进口替代型增长使"大国"贸易量也不确定：一方面，对外反倾销使进口国国内 A 产品价格相对上升，A 产业要素报酬增加，A 产品生产增加而减少进口。国内 A 产品价格相对上升，会刺激更多国家特别是未受到进口国反倾销措施影响的国家对进口国出口，进口增加；另一方面，对外反倾销使进口国国内 B 产品价格下降，B 产业要素报酬下降，B 产业生产缩减而减少出口；国际市场上 A 产品价格下跌使 B 产品相对价格提高，要素报酬增加，国内 B 产品生产增加而扩大出口。

（3）对外反倾销导致的大国进口替代型增长对经济福利的影响。

对外反倾销导致的大国进口替代型增长会增加大国经济福利，而且比

"小国"增加更多。从图3－12可以看到，U₂是对外反倾销导致的进口替代型增长下的"小国"经济福利，U₂′是对外反倾销导致的进口替代型增长下的"大国"经济福利。"大国"经济福利比"小国"增加更多的原因是除了获得了经济增长的经济福利，还获得了国际贸易条件改善的好处。

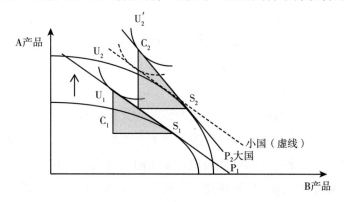

图3－12 对外反倾销导致的进口替代型增长对"大国"的影响

注：（1）反倾销导致国内A产品价格上升，要素报酬增加，A产品生产扩大和进口减少。反倾销使国内B产品价格相对下降，要素报酬下降，B产业生产缩减，出口减少；对外反倾销导致进口替代增长。（2）A产品生产扩大和进口减少，造成国际A产品价格下跌，贸易条件得到改善。国内A产品价格上升和国际A产品价格下跌会刺激进口增加；B产品相对价格提高，刺激国内B产品的生产和出口增加。（3）经济增长和国际贸易条件改善使"大国"经济福利上升到U₂′。

在分析了对外反倾销导致的进口替代型增长对"小国""大国"的影响之后，通过表3－3进行对比。

表3－3　　　　　对外反倾销导致的进口替代型增长影响的比较

影响项目	贸易"小国"	贸易"大国"
贸易条件	不变	改善
出口行业生产	萎缩	不确定
进口竞争产业生产	扩张	增加①
出口量	下降	不确定
进口量	下降	不确定
贸易量	下降	不确定
福利水平	提高②	提高且幅度高于"小国"③

注：①如果存在贸易转移效应，则出口行业生产不确定。②这里福利水平提高是因为经济增长的结果，反倾销则恶化了经济福利。③福利水平提高大于"小国"的原因是贸易条件的改善。

反倾销对进口国长期利益影响分析的结论：反倾销使进口国的产品价格发生相对变化（进口竞争产业产品价格上升，出口产业产品价格相对下降），经济增长出现进口替代型增长。

反倾销导致的进口替代型增长对"小国"的影响：进口替代不改变国际市场价格，贸易条件不变。比较优势削弱，出口数量下降；比较劣势得到一定程度改善，进口贸易量下降，整体贸易量减少。对外反倾销其实恶化了贸易"小国"的资源配置，降低了"小国"的经济效率。政府与国内竞争产业收益增加。

对外反倾销导致的进口替代型增长对"大国"的影响：对外反倾销改变了国际市场价格，贸易条件得到了改善。"大国"进口替代型增长使国内价格的相对变化与国际价格的相对变化的方向也正好相反。两种相反的利益变动使国内生产、贸易量变得不确定。经济增长和国际贸易条件改善使"大国"经济福利上升。

反倾销对进口国长期利益影响分析的结论与倾销基本一致："小国"对外反倾销降低了本国的经济效率，进口反倾销得不偿失。而"大国"对外反倾销改善贸易可能增加本国社会的整体福利，在一定条件下，规制进口倾销是必要的，但效果会受到诸多因素（如贸易转移效应）的制约与影响。

三、反倾销对进口国生产要素收益的影响

（一）倾销对进口国生产要素收益的影响

通过前文分析倾销对进口国利益的影响利益分析[①]，我们可以看到，在一般情况下，倾销使进口国 A 产品的生产者由于价格相对下降而利益受损，使出口 B 产品的生产者由于价格相对上升而利益受益。这里的"生产者"，是一个整体性概念，包括了该部门参与生产的所有要素（劳动力、资本）。"生产者"受益或受损，是否是该产品生产中的所有要素都受益或都受损了呢？这

---

　　① 见图 3 - 1 的分析。对进口"小国"进行倾销后，进口国产品 A 的价格下降为 $(P_a - t)$，产品 B 的相对价格上升。

里将进一步分析倾销对进口国"生产者"中各种生产要素收益的具体影响。

在本章前面的假设中，进口国进口产品 A（生产与进口产品相竞争的产业叫作 A 产业），用 P_a 表示 A 产品的价格，出口产品 B（生产该产品的产业叫作 B 产业），用 P_b 表示 B 产品的价格；生产这两种产品需要且仅需要劳动力（L）和资本（K）这两种生产要素；进口国是劳动力充裕的国家，反倾销对象是资本充裕的国家；进口国的进口竞争产品 A 是劳动密集型产品，出口产品 B 是资本密集型产品。为了分析进口国劳动力（L）和资本（K）生产要素在倾销中的收益变动情况，这里用工资（W）代表进口国劳动力（L）生产要素的收益，用利润（R）代表进口国资本（K）生产要素的收益。

根据经济学理论[①]，工资和利润的形成分别由下列公式表示：

工资（劳动力要素收益）：$W = P \times MP_L$ 　　　　　　　　　　(3.1)

利润（资本要素收益）：　$R = P \times MP_K$ 　　　　　　　　　　(3.2)

其中，P 是要素投入所生产的产品的价格，MP_L 是劳动力（L）生产要素的边际生产率，MP_K 是资本（K）生产要素的边际生产率[②]。

从以上工资、利润的公式可以看到，境外出口厂商的倾销对劳动力（L）生产要素、资本（K）生产要素收益（W、R）的影响体现为两个方面：一方面，倾销引起进口国产品价格 P_a、P_b 的绝对或相对变化。另一方面，倾销导致 MP_K、MP_L 发生改变。

倾销会立即改变进口国进口产品 A 的价格 P_a（下降），影响出口产品 B 的相对价格 $\left(\dfrac{P_b}{P_a}\right)$（上升），在短期内就会对劳动力（L）生产要素、资本（K）生产要素收益（W、R）产生影响；边际要素生产率（MP_K、MP_L）的变动是劳动力（L）生产要素、资本（K）生产要素流动、重新组合所导致的，需要比较长的时间。那么，分析倾销（包括后面的反倾销）对进口国生产要素收益的影响就应该既从短期也从长期进行考察。

---

① 根据经济学理论，在完全竞争的要素市场上，要素收益等于其边际产量（MP）乘以产品的市场价格（P），即边际产量的市场价值（边际产品价值）。

② 要素边际生产率是指增加一个单位的生产要素所增加的产量，即要素的边际产量。边际要素生产率跟要素的投入量有关。一般来说，当一种要素不变时，另一种要素的边际生产率会随着其投入量的不断增加而下降，即"边际要素生产率递减规律"。

1. 对进口国生产要素收益的短期影响

境外出口厂商的倾销，在短期内，改变进口国进口产品 A 的价格 P_a（下降），影响出口产品 B 的相对价格 $\left(\dfrac{P_b}{P_a}\right)$（上升）。而劳动力（L）生产要素、资本（K）生产要素流动、积累、重新组合时间比较长，故短期内假设 MP_K、MP_L 不变。所以在短期内影响劳动力（L）要素、资本（K）要素收益（W、R）的只有价格。

倾销发生后，进口国产品 A 的价格由 P_a 下降为 $(P_a - t)$，产品 B 的相对价格 P_b 相对上升 $\left(\dfrac{P_b}{P_a}\right)$。倾销对进口国的（出口产业）B 产品生产要素收益的短期影响为：

$$W_b(上升) = P_b(相对上升) \times MP_L(劳动边际生产率不变)$$
$$R_b(上升) = P_b(相对上升) \times MP_K(资本边际生产率不变)$$

可见，短期内，倾销使进口国的 B 产业中的所有生产要素都获益。

倾销对进口国 A 产品（进口竞争产业）生产要素收益的短期影响为：

$$W_a(下降) = P_a(下降) \times MP_L(劳动边际生产率不变)$$
$$R_a(下降) = P_a(下降) \times MP_K(资本边际生产率不变)$$

因此，在短期内，倾销使进口国的 A 产业（进口竞争产业）中的所有生产要素都会受损。

倾销对进口国生产要素收益的短期影响的分析结论：

（1）倾销使进口国的 A 产品（进口竞争产业）价格下跌，进口竞争产业所有生产要素都会受损。

（2）使进口国的 B 产品（出口产业）价格相对上升，出口产业所有生产要素都会获益。

2. 对进口国生产要素收益的中期影响

"中期"是指倾销发生后，在短期（要素不流动）和长期（要素完全流动）之间，假设存在着一种过渡状态。在这一阶段，一部分生产要素可以在 A 产业、B 产业之间流动，其余的要素仍然被原有的产业雇佣。一般来说，劳动力（L）的流动速度快于资本（K），在此假设在中期劳动力可以在 A 产业与 B 产业间流动而资本（K）来不及流动。

劳动力（L）、资本（K）生产要素都会向收益高的产业流动。从前文的倾销对进口国生产要素收益的短期影响的分析结论中可以看到，倾销使产品价格发生了相对变化，A 产业、B 产业的生产也会因此而调整。倾销使进口国的 A 产品价格由 P_a 下降为 $(P_a - t)$，A 产业劳动力（L）、资本（K）生产要素都会受损；使进口国的 B 产品相对价格 $\left(\dfrac{P_b}{P_a}\right)$ 上升，劳动力（L）、资本（K）生产要素都会获益。B 产业产品的相对价格 $\left(\dfrac{P_b}{P_a}\right)$ 上升，产量会上升，A 产业价格由 P_a 下降为 $(P_a - t)$，产量会下降。生产 B 产品的出口产业劳动力（L）、资本（K）需求增加，生产 A 产品的进口竞争产业的劳动力（L）、资本（K）需求减少，"中期"劳动力（L）可以在 A 产业与 B 产业间流动而资本（K）还来不及流动，因此，劳动力（L）由 A 产品转向生产 B 产品的出口产业，资本（K）不变。资本（K）不流动而劳动力（L）流动的结果会使 A 产业与 B 产业的资本劳动供给比例发生变化。①

生产 B 产品的出口产业：B 产业资本没有变动劳动力（L）增加，出现劳动力（L）相对过剩，B 产业就会比以前使用更多的劳动力（L）来替代相对不足的资本（K）。生产 B 产品的资本劳动力比例（K_B/L_B）下降，生产 B 产品的出口产业资本（K）边际生产率 MP_K 上升，劳动力（L）边际生产率 MP_L 下降。倾销对进口国生产 B 产品的出口产业生产要素收益的中期影响可以表述为：

生产 B 产品的出口产业：

$$W_b(不确定) = P_b(相对上升) \times MP_L(劳动边际生产率下降)$$

$$R_b(上升) = P_b(相对上升) \times MP_K(资本边际生产率提高)$$

因此，在中期内，倾销使进口国的 B 产业（出口产业）中的不流动要素资本（K）继续受益，流动要素劳动力（L）的收益（P_b 相对上升而 MP_L 下降）不确定。

———————————

① 由于假设经济都处于充分就业状态，没有闲置要素存在，因此，一个行业使用的劳动力增加，另一个行业所使用的劳动力必定减少。

生产 A 产品的进口竞争产业：生产产品 A 的产业由于劳动力（L）减少而出现资本（K）相对过剩，该产业就会比以前使用更多的资本（K）来替代相对不足的劳动力（L），从而使该生产 A 产品的进口竞争产业的资本劳动力比例 K_A/L_A 提高，不流动要素资本（K）的 MP_K 下降，而劳动力（L）的 MP_L 上升。

生产 A 产品的进口竞争产业：

$$W_a（不确定）= P_a（下降）\times MP_L（劳动边际生产率提高）$$
$$R_a（下降）= P_a（下降）\times MP_K（资本边际生产率下降）$$

因此，在中期内，倾销会使进口国的 A 产业（进口竞争产业）中的不流动要素资本（K）进一步受损，流动要素劳动力（L）的收益（P_a 下降而劳动边际生产率 MP_L 提高）不确定。

倾销对进口国生产要素收益的中期影响的分析结论：

（1）在中期内，倾销使进口国的 A 产品价格下跌，进口竞争产业的不流动要素（资本）会进一步受损，流动要素（劳动力）的收益不确定；

（2）在中期内，倾销使进口国的 B 产品价格相对上升，出口产业的不流动要素（资本）进一步受益，流动要素（劳动力）的收益不确定。

3. 对进口国生产要素收益的长期影响

在长期，劳动力（L）、资本（K）可以在 A 出口产业与 B 进口竞争产业之间流动。倾销使进口国的 A 产品价格由 P_a 下降为（$P_a - t$），A 产业劳动力（L）、资本（K）生产要素都会受损，长期内，资本（K）向 B 产业继续变动，A 产业产量会继续下降。B 产业产品的相对价格 $\left(\dfrac{P_b}{P_a}\right)$ 上升，产量会继续上升。

然而，生产 A 产品的进口竞争产业是资本密集型生产，所用的资本/劳动力比例高于生产出口产业 B 产品所用的资本/劳动力比（$K_A/L_A > K_B/L_B$），A 产品继续下降，转移出来的资本（K）生产要素较多，劳动力（L）生产要素较少，生产 B 产品的出口产业是劳动密集型的，B 产业产量生产扩大所需劳动力（L）生产要素较多，资本（K）生产要素较少，这样，资本（K）与劳动力（L）自由流动的结果是资本（K）相对过剩，劳动力（L）则相对不足。

资本（K）相对过剩，使用成本下降，劳动力（L）相对不足，使用成本上升，生产 A 产品的进口竞争产业与生产 B 产品的出口产业更多地用资本（K）生产要素，K_A/L_A 与 K_B/L_B 都比倾销以前上升，A 产业、B 产业的 MP_L（劳动边际生产率）都上升，MP_K（资本边际生产率）下降。

生产 B 产品的出口产业：生产 B 产品的资本劳动力比例（K_B/L_B）上升，资本的边际生产率 MP_K 下降，劳动的边际生产率 MP_L 上升，即：

$$W_b（上升）= P_b（相对上升）\times MP_L（劳动边际生产率提高）$$
$$R_b（不确定）= P_b（相对上升）\times MP_K（资本边际生产率下降）$$

因此，在长期内，倾销使进口国的 B 产业（出口产业）中的密集使用要素受益，非密集使用要素的收益（P_b 相对上升而劳动边际生产率 MP_L 下降）不确定。

生产 A 产品的进口竞争产业：由于劳动力减少而出现资本相对过剩，该产业就会比以前使用更多的资本来替代相对不足的劳动力，使该生产 A 产品的 K_A/L_A 提高，MP_K（资本边际生产率）下降而 MP_L（劳动边际生产率）上升，即：

$$W_a（不确定）= P_a（下降）\times MP_L（劳动边际生产率提高）$$
$$R_a（下降）= P_a（下降）\times MP_K（资本边际生产率下降）$$

因此，在长期内，倾销使进口国的 A 产业（进口产业）中的密集使用要素受损，非密集使用要素的收益（P_a 相对上升而劳动边际生产率 MP_L 提高）不确定。

倾销对进口国生产要素收益的长期影响的分析结论：在长期内，倾销使价格相对上升的产业（出口产业）中密集使用要素（劳动）受益，价格下降的进口竞争产业（A 产业）中的密集使用要素（资本）收益受损。B 产业与 A 产业的非密集使用要素的收益变动不确定。

倾销对进口国生产要素收益影响分析的综合（短期、中期和长期）结论：

$$W_b（上升）= P_b（相对上升）\times MP_L（劳动边际生产率提高）$$

B 产业（出口产业）的劳动收入（W_b）由于 B 产品的相对价格 P_b 相

对上升、MP_L（边际劳动生产率）提高而双重受益；

$$R_a（下降）= P_a（下降）× MP_K（资本边际生产率下降）$$

A 产业（进口竞争产业）的资本收益（R_a）由于产品价格 P_a 下降、MP_K（资本边际生产率）下降而双重受损。

倾销对进口国 B 产业的资本和 A 产业的工人的收益的影响从公式表面上来看是不确定的：倾销对 B 产业的资本收益（R_b）受 B 产品价格 P_a 的上涨而提高，但长期内由于资本边际生产率 MP_K 的下降而减少。那么，B 产业的资本长期收益（R_b）净收益比倾销前是增加还是减少呢？同样的问题也发生在 A 产业的工人的收益上。倾销对 A 产业的工人工资收益（W_a）受 A 产品价格 P_a 的下降而减少，但长期内由于长期边际劳动生产率 MP_L 的提高而上升。短期 A 产品价格下跌和长期边际劳动生产率提高，究竟哪一个起的作用更大呢？

资本（K）要素与劳动力（L）要素在进口国是自由流动的，B 产业（出口产业）的劳动收入（W_b）的上涨、A 产业（进口竞争产业）的资本收益（R_a）的下降会对 A 产业（进口竞争产业）的劳动收入（W_a）、B 产业（出口产业）的资本收益（R_b）产生长期的影响。B 产业劳动收入（W_b）的上涨必然会对 A 产业的劳动收入（W_a）形成吸引力与影响，而且在境外出口厂商倾销发生前，W_a 与 W_b 是相等的，劳动力在 A 产业、B 产业的流动的均衡状态也应该是相等的，倾销发生后，从长期来看，$W_a = W_b$，也就是说，进口国的 A 产业、B 产业的劳动收入 W_a 与 W_b 都会上升。同样的道理，A 产业、B 产业的资本收益 R_a、R_b 流动的均衡状态也应该是相等的，即 $R_a = R_b$，也就是说，A 产业、B 产业的资本收益 R_a、R_b 都会下降。

因此，倾销对进口国生产要素收益的影响的分析结论：生产 B 产品的出口产业中密集要素的报酬提高；生产 A 产品的进口竞争产业中密集要素的报酬降低，即倾销使进口国充裕要素的报酬提高；使进口国稀缺要素的报酬降低。[①]

---

① 这一结论符合经济学家斯托尔珀和萨缪尔森论证的"斯托尔珀 – 萨缪尔森定理"。

4. 对进口国生产要素实际收益的影响

倾销对进口国生产要素收益的影响的分析结论是使进口国的充裕要素的报酬提高；使进口国稀缺要素的报酬降低。但这只是生产要素名义收益的变动，如果只考虑生产要素的名义收益，难以发现倾销对进口国生产要素收益影响的真实情况。倾销对进口国生产要素实际收益或真实收益的影响才是倾销对进口国生产要素利益影响的真实反映。

要素实际收益或真实收益是要素名义收益除以产品价格，也就是要考虑出口产品与进口产品价格的变动影响的要素收益。要素实际收益的变动率为要素名义收益变动率减去产品价格变动率。即：

要素实际收益 = 要素名义收益/产品价格

要素实际收益变动率 = 要素名义收益变动率 - 产品价格变动率

通过要素实际收益变动率的分析，我们可以知道倾销对进口国生产要素实际收益的影响。

在前文的分析中，境外出口厂商的倾销对劳动力（L）生产要素、资本（K）生产要素收益（W、R）的影响体现为两个方面：引起进口国产品价格 P_a、P_b 的绝对或相对变化；导致 MP_K、MP_L 发生改变。这里仍然要从这两个方面来加以探讨。

（1）倾销对进口国出口产业密集使用的生产要素的实际收益的影响。

在前文倾销对进口国生产要素收益的长期影响分析中，倾销对进口国出口产业密集使用的生产要素的报酬为：

$$W_b(上升) = P_b(相对上升) \times MP_L(劳动边际生产率提高) \quad (3.3)$$

出口 B 产品，B 产品价格 P_b 相对上升，劳动边际生产率 MP_L 提高共同使得生产 B 产品的出口产业的工资（劳动力价格，W_b）上升。但其上升幅度应该是多少呢？

假如 B 产品价格 P_b 相对上涨 5%，劳动边际生产率 MP_L 提高 3%，那么：

$$P_b(1 + 5\%) \times MP_L(1 + 3\%) = W_b(1 + 8.15\%) \quad (3.4)$$

也就是说，产品价格 P_b 上涨了 5%，而工资上涨了约 8%，工资上升的幅度约等于价格上涨和劳动生产率提高幅度之和。[1] 工资上升的幅度要大于 B 产品价格上涨的幅度，或者说，生产要素劳动力价格的变动幅度超过了 B 产品价格的变动幅度。那么要素实际收益和要素实际收益的变动率为（假设工资上涨 8%、B 产品价格相对上涨 5% 和 A 产品价格下降 5%）：

以 B 产品价格来衡量：

$$劳动力实际收益 = 劳动力要素名义收益/产品价格$$
$$= (1 + 8\%)/(1 + 5\%) = 102.86\%$$
$$劳动力要素实际收益变动率 = 劳动力要素名义收益变动率 - 产品价格变动率$$
$$= (1 + 8\%) - (1 + 5\%) = 3\%$$

以 B 产品的价格来衡量，劳动力要素的实际收益上升了 2.86%，劳动力要素实际收益变动率为 3%。

以 A 产品价格来衡量：

$$劳动力实际收益 = 劳动力要素名义收益/产品价格$$
$$= (1 + 8\%)/(1 - 5\%) = 113.68\%$$
$$劳动力要素实际收益变动率 = 劳动力要素名义收益变动率 - 产品价格变动率$$
$$= (1 + 8\%) - (1 - 5\%) = 13\%$$

以 A 产品的价格来衡量，劳动力要素的实际收益上升了 13.68%，劳动力要素实际收益变动率为 13%。

（2）倾销对进口国进口竞争产业密集使用的生产要素的实际收益的影响。

在前文倾销对进口国生产要素收益的长期影响的分析中，倾销对进口国进口竞争产业密集使用的生产要素的报酬为：

$$R_a(下降) = P_a(下降) \times MP_K(资本边际生产率下降)$$

进口竞争产业 A 产品的价格 P_a 下降，资本边际生产率 MP_K 下降共同使生产 A 产品的进口竞争产业的资本（资本价格，R_a）下降。但其下降幅度又应该是多少呢？

---

[1] 倾销使 B 行业工人的工资上升，会吸引 A 行业工人的流入，工资会出现一定程度的下降。最终名义工资水平为 5%~8.15%。

假如 A 产品价格 P_a 下降 5%，资本边际生产率 MP_K 下降 3%，那么：

$$P_a(1-5\%) \times MP_K(1-3\%) = R_a(1-6.9\%)$$

也就是说，产品价格 P_a 下降了 5%，而资本收益下降了 6.9%。资本收益下降的幅度要大于 A 产品价格下降的幅度。或者说，生产要素资本收益的变动幅度超过了 A 产品价格的变动幅度。那么资本要素实际收益和要素实际收益的变动率为（假设资本收益下降 6.9%、B 产品价格相对上涨 5% 和 A 产品价格下降 5%）：

以 B 产品价格来衡量：

$$资本实际收益 = 资本要素名义收益 / 产品价格$$
$$= (1-6.9\%)/(1+5\%) = 88.67\%$$
$$资本要素实际收益变动率 = 资本要素名义收益变动率 - 产品价格变动率$$
$$= (1-6.9\%) - (1+5\%) = -11.9\%$$

以 B 产品的价格来衡量，资本要素实际收益下降了 11.33%，资本要素实际收益变动率为 -11.9%。

以 A 产品价格来衡量：

$$资本实际收益 = 劳动力要素名义收益 / 产品价格$$
$$= (1-6.9\%)/(1-5\%) = 98\%$$
$$资本要素实际收益变动率 = 劳动力要素名义收益变动率 - 产品价格变动率$$
$$= (1-6.9\%) - (1-5\%) = -1.9\%$$

以 A 产品的价格来衡量，资本要素实际收益下降了 2%，资本要素实际收益变动率为 -1.9%。

对以上（1）、（2）的分析进行归纳：

如果分别设 $\hat{W}$ 为劳动价格变动率、$\hat{R}$ 为资本价格变动率、$\hat{P}_r$ 为 B 产品（出口产品、劳动密集型产品）价格变动率、$\hat{P}_s$ 为 A 产品（进口竞争产品、资本密集型产品）价格变动率，在以上分析中，其变动数值分别为 8%、5%、-5%、-6.9%，即倾销与进口国要素价格变动和产品价格变动的关系为：

$$\hat{W} > \hat{P}_r > \hat{P}_s > \hat{R}$$

如果倾销使进口国的出口产品 B 的相对价格上升 5%，劳动工资的上升就会超过 5%；如果倾销使进口竞争产品 A 的价格下跌 5%，资本收益的下降幅度就会超过 5%。

倾销会使进口国的充裕要素（劳动）收益（工资）的提高幅度超过产品（劳动密集型产品）价格提高的幅度，从而使进口国充裕要素实际收益（工资）上升。这个效应被称为放大效应（magnification effect），美国经济学家罗纳德·琼斯进一步研究和证明了这种效应。[①] 也就是说，劳动生产要素与生产资本要素的价格（R_a、R_b、W_b、R_b）的变动幅度，大于产品价格（P_a、P_b）的变动幅度。

根据"放大效应"和前文的分析，可以得出以下结论：

因为：
$$\hat{W} > \hat{P}_r > \hat{P}_s > \hat{R}$$

所以：
$$\hat{W} - \hat{P}_r > 0, \quad \hat{W} - \hat{P}_s > 0$$
$$\hat{R} - \hat{P}_r < 0, \quad \hat{R} - \hat{P}_s < 0$$

无论是用产品 B（相对上升）还是产品 A（下降）的价格来衡量，整个社会的实际工资都会增长；整个社会的资本要素实际收益都会下降。

社会的实际工资增长幅度取决于产品 B 与产品 A 在人们经济生活中的重要性及消费结构中的权重。如果产品 A 在人们经济生活中的重要性高及消费结构中的权重大，社会的实际工资增长幅度大；如果产品 B 在人们经济生活中的重要性高及消费结构中的权重大，社会的实际工资增长幅度要小一些。

社会的资本要素实际收益下降幅度取决于是用产品 B 还是产品 A 来衡量。以产品 A 来衡量，资本要素实际收益下降幅度小，以产品 B 来衡量，资本要素实际收益下降幅度大。

如果产品 A 在人们经济生活中的重要性高及消费结构中的权重大，社会的实际工资增长幅度大；如果产品 B 在人们经济生活中的重要性高及消费结构中的权重大，社会的实际工资增长幅度要小一些。

倾销对进口国生产要素报酬的实际收益变动情况分析的结论：进口产

---

① "放大效应"的证明，参见：海闻、P. 林德特、王新奎：《国际贸易》，格致出版社 2003 年版，第 149–155 页。

业产品价格下跌，出口产品的相对价格上升。出口产品的产业生产中密集使用的生产要素的实际收益上升，进口产品的产业中密集使用的生产要素的实际收益降低（见表3-4）。

表3-4　　　　　　倾销对进口国生产要素收益的影响

产业	短期收益	中期收益	长期收益	实际收益
进口竞争产业	受损	不流动要素进一步受损 流动要素收益不确定	本国充裕要素报酬提高；本国稀缺要素报酬降低	密集使用要素降低 非密集使用要素上升
出口产业	获益	不流动要素进一步受益 流动要素收益不确定		密集使用要素上升 非密集使用要素降低

（二）反倾销对进口国生产要素收益的影响

通过前文分析对外反倾销对进口国利益的影响分析中①我们可以看到，在一般情况下，对外反倾销使本国产品 A 的进口竞争产业生产者由于价格上升而受益，使出口产品 B 的生产者由于价格相对下降而利益受损。这里的"生产者"，是一个整体性概念，包括了该部门参与生产的所有要素（劳动力、资本）。"生产者"受益或受损，是否是该产品生产中的所有要素都受益或都受损了呢？这一章节，我们将进一步分析对外反倾销对本国"生产者"中各种生产要素收益的影响。

和分析"倾销对进口国生产要素收益的影响"的假设一样，这里仍然假设进口国进口产品 A，但是用（$P_a - t$）表示反倾销以前 A 产品（t 为倾销幅度，P_a 为正常贸易的国际价格）的价格，假设进口国的反倾销税额正好等于倾销幅度 t；出口产品 B（B 产业），用 P_b 表示 B 产品的价格；生产这两种产品需要且仅需要劳动力（L）和资本（K）这两种生产要素。进口国的进口竞争产品 A 是劳动密集型产品，出口产品 B 是资本密集型产品。为了分析进口国劳动力（L）和资本（K）生产要素在反倾销中的收益变动情况，用工资（W）代表进口国劳动力（L）生产要素的收益，用利润（R）代表进口国资本（K）生产要素的收益。

---

① 见图3-11 的分析。进口小国进行反倾销后，进口产品 A 的价格（$P_a - t$）上升为 P_a，产品 B 的相对价格下降。

工资和利润的形成分别由下列公式表示：

工资（劳动力要素收益）：$W = P \times MP_L$ (3.5)

利润（资本要素收益）：$R = P \times MP_K$ (3.6)

其中，P 是要素投入所生产的产品的价格，MP_L 是劳动力（L）生产要素的边际生产率，MP_K 是资本（K）生产要素的边际生产率。

进口国反倾销对劳动力（L）生产要素、资本（K）生产要素收益（W、R）的影响体现为两个方面：反倾销引起进口国产品价格（$P_a - t$）、P_b 的绝对或相对变化；反倾销导致 MP_K、MP_L 发生改变。

反倾销会立即改变进口国进口产品 A 的价格从（$P_a - t$）上升为 P_a，影响出口产品 B 的相对价格由 $\left(\dfrac{P_b}{P_a - t}\right)$ 下降为 $\left(\dfrac{P_b}{P_a}\right)$，在短期内就会对劳动力（L）生产要素、资本（K）生产要素收益（W、R）产生影响。边际要素生产率（MP_K、MP_L）的变动是劳动力（L）生产要素、资本（K）生产要素流动、重新组合所导致的，需要比较长的时间。那么，分析的反倾销对进口国生产要素收益的影响就应该既从短期也从长期进行考察。

1. 对进口国生产要素收益的短期影响

在短期内，反倾销改变进口国产品 A 的价格，从（$P_a - t$）上升为 P_a，影响出口产品 B 的相对价格，相对价格由 $\left(\dfrac{P_b}{P_a - t}\right)$ 下降为 $\left(\dfrac{P_b}{P_a}\right)$。而劳动力（L）生产要素、资本（K）生产要素流动、积累、重新组合的时间比较长，故短期内假设 MP_K、MP_L 不变。所以在短期内影响劳动力（L）要素、资本（K）要素收益（W、R）的只有价格。

对外反倾销对进口国生产要素收益的短期影响可由以下关系式说明：

生产 B 产品的出口产业：

W_b（相对下降）= P_b（相对价格下降）$\times MP_L$（劳动边际生产率不变）

R_b（相对下降）= P_b（相对价格下降）$\times MP_K$（资本边际生产率不变）

因此，在短期内，反倾销使进口国 B 产业（出口产业）中的所有生产要素都会受损。

反倾销对进口国 A 产品（进口竞争产业）生产要素收益的短期影

响为：

$$W_a（上升）= P_a（上升）\times MP_L（劳动边际生产率不变）$$

$$R_a（上升）= P_a（上升）\times MP_K（资本边际生产率不变）$$

因此，在短期内，对外反倾销使进口国 A 产业（进口竞争产业）中的所有生产要素都会受益。

对外反倾销对进口国生产要素收益的短期影响的分析结论：（1）对外反倾销使进口国的 A 产品价格上升，所有生产要素都会获益；（2）使进口国的 B 产品价格相对下跌，所有生产要素都会受损。

2. 对进口国生产要素收益的中期影响

"中期"是指对外反倾销发生后，在短期（要素不流动）和长期（要素完全流动）之间，假设存在着的一种过渡状态。在这一阶段，一部分生产要素可以在 A 产业、B 产业之间流动，其余的要素仍然被原有的产业雇佣。一般来说，劳动力（L）的流动速度快于资本（K），在此假设在中期劳动力可以在 A 产业与 B 产业间流动而资本（K）来不及流动。

劳动力（L）、资本（K）生产要素都会向收益高的产业流动。从前文的对外反倾销对进口国生产要素收益的短期影响的分析结论中可以看到，对外反倾销使产品价格发生了变化或相对变化，A 产业、B 产业的生产也会因此而调整。对外反倾销使进口国的 A 产品价格（$P_a - t$）上升为 P_a，A 产业劳动力（L）、资本（K）生产要素都获益，产量会上升；使进口国的 B 产品价格相对下跌为 $\left(\dfrac{P_b}{P_a}\right)$，所有生产要素都会受损，产量会下降。A 产业生产会扩大，B 产业生产会缩减。生产 A 产品进口竞争产业的劳动力（L）、资本（K）需求增加，而生产 B 产品出口产业的劳动力（L）、资本（K）需求减少，"中期"假设劳动力（L）可以在 A 产业与 B 产业间流动而资本（K）还来不及流动。劳动力（L）会从生产 B 产品的出口产业部门转向生产 A 产品的进口竞争产业部门，资本（K）不变。资本（K）不流动而劳动力（L）流动的结果会使 A 产业与 B 产业的资本劳动供给比例发生变化。

生产 B 产品的出口产业：生产 B 产品的产业由于劳动力（L）减少而出现资本相对过剩，B 产业就会比以前使用更多的资本（K）来替代相对不足的劳动力（L）从而使该生产 B 产品的资本劳动力比例（K_B/L_B）提高，生产 B 产品的资本劳动力比例（人均资本）上升，资本（K）的边际生产率 MP_K 下降而劳动力（L）的边际生产率 MP_L 上升。反倾销对进口国出口产业生产要素收益的中期影响可以表述为：

$$W_b(不确定) = P_b(相对下降) \times MP_L(劳动边际生产率上升)$$

$$R_b(下降) = P_b(相对下降) \times MP_K(资本边际生产率下降)$$

因此，在中期内，对外反倾销使进口国 B 产业（出口产业）中的不流动要素资本（K）进一步受损，流动要素劳动力（L）的收益（P_b 相对下降而劳动边际生产率上升）不确定。

生产 A 产品的进口竞争产业：生产 A 产品的进口竞争产业资本（K）没有变动而劳动力（L）增加，出现劳动力（L）相对过剩，该产业就会比以前使用更多的劳动力（L）来替代相对不足的资本（K）。生产 A 产品的资本劳动比例（K_A/L_A）下降，不流动要素资本的边际生产率 MP_K 上升，劳动的边际生产率 MP_L 下降。对倾销对进口国进口竞争产业的生产要素收益的中期影响可以表述为：

$$W_a(不确定) = P_a(上升) \times MP_L(劳动边际生产率下降)$$

$$R_a(上升) = P_a(上升) \times MP_K(资本边际生产率提高)$$

因此，在中期内，对外反倾销会使进口国 A 产业（进口竞争产业）中的不流动要素资本（K）进一步受益，流动要素劳动力（L）的收益（P_a 上升而劳动边际生产率 MP_L 下降）不确定。

因此，在中期内，倾销会使进口国 A 产业（进口竞争产业）中的不流动要素资本（K）进一步受损，流动要素劳动力（L）的收益（P_a 下降而劳动边际生产率 MP_L 提高）不确定。

对外反倾销对进口国生产要素收益的中期影响的分析结论：在中期内，价格相对下降的产业（B 产业）中的不流动要素（资本）进一步受损，价格上升的产业（A 产业）中的不流动要素（资本）会进一步受益。A 产业与 B 产业流动要素（劳动力）的收益均不确定。

3. 对进口国生产要素收益的长期影响

在长期，劳动力（L）、资本（K）可以在 A 出口产业与 B 进口竞争产业之间流动。反倾销使进口国的 A 产品价格由（$P_a - t$）上升为 P_a，A 产业劳动力（L）、资本（K）生产要素都会受益，长期内，资本（K）向 A 产业继续变动，生产会继续扩大。B 产业产品的相对价格 $\left(\dfrac{P_b}{P_a}\right)$ 下降，产量会继续缩减，资本（K）也会从 B 产业向 A 产业转移。

然而，生产 A 产品的进口竞争产业是资本密集型生产，所用的资本／劳动力比例高于生产出口产业 B 产品所用的资本／劳动力比（$K_A/L_A > K_B/L_B$）。

当 B 产品生产缩减时，转移出来的劳动力（L）较多而资本（K）相对少一些，而生产 A 产品的进口竞争产业是资本密集型产业，A 产品生产扩大时所需的资本（K）则超过对劳动力（L）的需求。这样，资本（K）与劳动力（L）自由流动的结果是资本（K）相对不足，劳动力（L）则相对过剩。

劳动力（L）相对过剩，使用成本下降，资本（K）相对不足，使用成本上升，生产 A 产品的进口竞争产业与生产 B 产品的出口产业更多用劳动力（L）生产要素。K_A/L_A 与 K_B/L_B 都比反倾销以前下降，A 产业、B 产业的 MP_L（劳动边际生产率）都下降，MP_K（资本边际生产率）提高。

生产 B 产品的出口产业：生产 B 产品的资本／劳动力比例（K_B/L_B）下降，资本（K）的边际生产率 MP_K 上升，劳动力（L）的边际生产率 MP_L 下降。对外反倾销对进口国生产 B 产品的出口产业生产要素收益的长期影响可以表述为：

$$W_b（下降）= P_b（相对下降）\times MP_L（劳动边际生产率下降）$$
$$R_b（不确定）= P_b（相对下降）\times MP_K（资本边际生产率提高）$$

因此，在长期内，对外反倾销使进口国 B 产业（出口产业）中的密集使用要素受损，非密集使用要素的收益（P_b 相对下降而资本边际生产率 MP_K 提高）不确定。

生产 A 产品的进口竞争产业：生产 A 产品的产业由于劳动力增加而出现相对过剩，资本则因为 B 产品生产的萎缩而变得相对不足，该产业就会比以前使用更多的劳动力来替代相对不足的资本从而使该生产 A 产品的资本／劳动力比例下降，资本的边际生产率 MP_K 上升而劳动的边际生产率 MP_L 下降。

生产 A 产品的进口竞争产业：

$$W_a(不确定) = P_a(上升) \times MP_L(劳动边际生产率下降)$$

$$R_a(上升) = P_a(上升) \times MP_K(资本边际生产率提高)$$

因此，在长期内，对外反倾销使进口国 A 产业（进口竞争产业）中的密集使用要素受益，非密集使用要素的收益（P_a 上升而劳动边际生产率下降）不确定。

对外反倾销对进口国生产要素收益的长期影响的分析结论：在长期内，价格相对下降产业（B 产业）中的密集使用要素（劳动力）受损，价格上升产业（A 产业）中的密集使用要素（资本）收益受益。B 产业非密集使用要素（资本）与 A 产业非密集使用要素（劳动）的收益变动不确定。

对外反倾销对进口国生产要素收益影响分析的综合（短期、中期和长期）结论：

$$R_a(上升) = P_a(上升) \times MP_K(资本边际生产率提高)$$

A 产业（进口竞争产业）的资本收益（R_a）由于产品价格上涨、MP_K（资本边际生产率）上升而双重受益。

$$W_b(下降) = P_b(相对下降) \times MP_L(劳动边际生产率下降)$$

B 产业（出口产业）的劳动力收入（W_b）由于产品 B 的相对价格 P_b 相对下降、MP_L（劳动边际生产率）下降而双重受损。

反倾销对进口国 B 产业的资本和 A 产业的工人的收益的影响从公式表面上来看是不确定的：反倾销对 B 产业的资本收益（R_b）因 B 产品价格 P_a 的下降而受损，但长期内由于资本边际生产率 MP_K 的上升而增加。那么，B 产业的资本长期收益（R_b）净收益比倾销前是增加还是减少呢？

同样的问题也发生在 A 产业的工人的收益上。反倾销对 A 产业的工人工资收益（W_a）因受 A 产品价格 P_a 的上升而增加，但长期内由于长期边际劳动生产率 MP_L 的降低而受损。

资本（K）要素与劳动力（L）要素在进口国是自由流动的，B 产业（出口产业）劳动收入（W_b）的下降、A 产业（进口竞争产业）资本收益

（R_a）的上涨会对 A 产业（进口竞争产业）的劳动收入（W_a）、B 产业（出口产业）的资本收益（R_b）产生长期的影响。B 产业劳动收入（W_b）的下降必然会对 A 产业的劳动收入（W_a）形成影响。而且在发起反倾销前，W_a 与 W_b 是相等的，劳动力在 A 产业、B 产业之间流动的均衡状态也应该是相等的，发起反倾销后，从长期来看，$W_a = W_b$，也就是说，进口国的 A 产业、B 产业的劳动收入 W_a 与 W_b 都会下降。同样的道理，A 产业、B 产业的资本收益 R_a、R_b 流动的均衡状态也应该是相等的，即 $R_a = R_b$。也就是说，A 产业、B 产业的资本收益 R_a、R_b 都会上升。

因此，反倾销对进口国生产要素收益的影响的分析结论：生产 B 产品的出口产业中密集要素的报酬下降；生产 A 产品的进口竞争产业中密集要素的报酬上升。也就是说，反倾销使进口国的充裕要素的报酬降低，使稀缺要素的报酬提高。

4. 对进口国生产要素实际收益的影响

对外反倾销对进口国生产要素收益的影响的分析结论是反倾销使进口国的充裕要素的报酬降低，使进口国的稀缺要素的报酬提高。但这只是生产要素名义收益的变动，如果只考虑生产要素的名义收益，难以发现对外反倾销对进口国生产要素收益影响的真实情况。对外反倾销对进口国生产要素实际收益或真实收益的影响才是对外反倾销对进口国生产要素利益影响的真实反映。

要素实际收益或真实收益是要素名义收益除以产品价格，也就是要考虑出口产品与进口产品价格的变动影响的要素收益。要素实际收益的变动率为要素名义收益变动率减去产品价格变动率。即：

$$要素实际收益 = 要素名义收益 / 产品价格$$
$$要素实际收益变动率 = 要素名义收益变动率 - 产品价格变动率$$

通过要素实际收益变动率的分析，我们可以知道对外反倾销对进口国生产要素实际收益的影响。

在前文的分析中，对外反倾销对进口国生产要素收益的影响通过两个方面实现：反倾销引起进口国产品价格（$P_a - t$）、P_b 的绝对或相对变化；反倾销导致 MP_K、MP_L 发生改变。这里仍然要从这两个方面来加以探讨。

（1）对外反倾销对进口国出口产业密集使用的生产要素（本国的充裕要素）的实际收益的影响。

在前文对外反倾销对进口国生产要素收益的长期影响分析中，对外反倾销对进口国出口产业密集使用的生产要素的报酬为：

$$W_b（下降）= P_b（相对下降）× MP_L（劳动边际生产率下降）$$

出口产品 B 的价格 P_b 相对下降，劳动边际生产率 MP_L 下降共同使得生产 B 产品的出口产业的工资（劳动力价格，W_b）下降。但其下降幅度应该是多少呢？

假如 B 产品价格 P_b 相对下降5%，劳动边际生产率 MP_L 下降3%，那么：

$$P_b（1-5\%）× MP_K（1-3\%）= W_b（1-6.9\%）$$

也就是说，产品价格 P_b 下降了5%，而工资下降了6.9%。[①] 工资下降的幅度要大于 B 产品价格上涨的幅度，或者说，生产要素劳动力价格的变动幅度超过了 B 产品价格的变动幅度。那么要素实际收益和要素实际收益的变动率为（假设工资下降6.9%、B 产品价格相对下降5%和 A 产品价格上涨5%）：

以 B 产品价格来衡量：

$$劳动力实际收益 = 劳动力要素名义收益/产品价格$$
$$=（1-6.9\%）/（1-5\%）= 98\%$$
$$劳动力要素实际收益变动率 = 劳动力要素名义收益变动率 - 产品价格变动率$$
$$=（1-6.9\%）-（1-5\%）= -1.9\%$$

以 B 产品的价格来衡量，劳动力要素实际收益下降了2%，劳动力要素实际收益变动率为 -1.9%。

以 A 产品价格来衡量：

$$劳动力实际收益 = 劳动力要素名义收益/产品价格$$
$$=（1-6.9\%）/（1+5\%）= 88.67\%$$

---

① 反倾销使 B 行业工人的工资下降，会导致 B 行业的工人流出，工资会出现一定程度的反弹。

劳动力要素实际收益变动率 = 劳动力要素名义收益变动率 - 产品价格变动率
$$= (1 - 6.9\%) - (1 + 5\%) = -11.9\%$$

以 A 产品的价格来衡量，劳动力要素实际收益下降了 11.33%，劳动力要素实际收益变动率为 -11.9%。

（2）对外反倾销对进口国进口竞争产业密集使用的生产要素（本国的稀缺要素）的实际收益的影响。

在前文对外反倾销对进口国生产要素收益的长期影响的分析中，对外反倾销对进口国进口竞争产业密集使用的生产要素的报酬为：

$$R_a（上升）= P_a（上升）\times MP_K（资本边际生产率提高）$$

进口竞争产业 A 产品的价格 P_a 上升，资本边际生产率 MP_K 上升共同使得生产 A 产品的进口竞争产业的资本（资本价格，R_a）上升。但其上升幅度又应该是多少呢？

假如 A 产品价格 P_a 上升 5%，资本边际生产率 MP_K 上升 3%，那么：

$$P_a(1 + 5\%) \times MP_K(1 + 3\%) = R_a(1 + 8.15\%)$$

也就是说，产品价格 P_a 上升了 5%，而资本的收益上升了 8.15%。资本收益上升的幅度要大于 A 产品价格上升的幅度，或者说，生产要素资本收益的变动幅度超过了 A 产品价格的变动幅度。那么资本要素实际收益和要素实际收益的变动率为（假设资本收益上升 8%、B 产品价格相对下降 5% 和 A 产品价格上涨 5%）：

以 B 产品价格来衡量：

资本实际收益 = 资本要素名义收益/产品价格
$$= (1 + 8\%)/(1 - 5\%) = 113.68\%$$

资本要素实际收益变动率 = 资本要素名义收益变动率 - 产品价格变动率
$$= (1 + 8\%) - (1 - 5\%) = 13\%$$

以 B 产品的价格来衡量，资本要素实际收益上升了 13.68%，资本要素实际收益变动率为 13%。

以 A 产品价格来衡量：

资本实际收益 = 资本要素名义收益/产品价格
$$= (1 + 8\%)/(1 + 5\%) = 102.86\%$$

资本要素实际收益变动率 = 资本要素名义收益变动率 − 产品价格变动率

$$= (1 + 8\%) - (1 + 5\%) = 3\%$$

以 A 产品的价格来衡量，资本要素实际收益上升了 2.86%，资本要素实际收益变动率为 3%。

对前面（1）、（2）的分析进行归纳：

如果分别设 $\hat{R}$ 为资本价格变动率、$\hat{P}_s$ 为 A 产品（进口竞争产品、资本密集型产品）价格变动率、$\hat{P}_r$ 为 B 产品（出口产品、劳动密集型产品）价格变动率、$\hat{W}$ 为劳动价格变动率，在以上的分析中，其变动数值分别为 8%、5%、−5%、−6.9%，即对外反倾销对进口国要素价格变动与产品价格变动的关系为：

$$\hat{R} > \hat{P}_s > \hat{P}_r > \hat{W}$$

如果对外反倾销使进口国的进口竞争产品 A 的相对价格上涨 5%，资本的收益上涨就会超过 5%；如果对外反倾销使出口产品 B 的价格相对下跌 5%，劳动的收益（工资）的下降幅度就会超过 5%。也就是说，生产要素价格的变动幅度会大于产品价格的变动幅度。

反倾销会使进口国的充裕要素（劳动）的收益（工资）的下降幅度超过产品（劳动密集型产品）价格下降的幅度，从而使进口国充裕要素真实收益（工资）下降。这个效应被称为放大效应，美国经济学家罗纳德·琼斯进一步研究和证明了这种效应。[1] 即劳动生产要素与生产资本要素价格（R_a、R_b、W_b、R_b）的变动幅度，大于产品价格（P_a、P_b）的变动幅度。根据"放大效应"和前面的分析，可以得出以下结论：

因为：　　　　　　　　$\hat{R} > \hat{P}_s > \hat{P}_r > \hat{W}$

所以：　　　　　　　　$\hat{R} - \hat{P}_r > 0$，$\hat{R} - \hat{P}_s > 0$

$$\hat{W} - \hat{P}_r < 0，\hat{W} - \hat{P}_s < 0$$

无论是用产品 B（相对下降）还是产品 A（上升）的价格来衡量，整个社会的实际工资都会下降，整个社会的资本要素实际收益都会上升。

---

[1]　"放大效应"的证明，参见：海闻、P. 林德特、王新奎：《国际贸易》，格致出版社 2003 年版，第 149 − 155 页。

　　社会的实际工资下降幅度取决于产品 B 与产品 A 在人们经济生活中的重要性及消费结构中的权重。如果产品 A 在人们经济生活中的重要性高及消费结构中的权重大，社会的实际工资下降幅度大；如果产品 B 在人们经济生活中的重要性高及消费结构中的权重大，社会的实际工资增长幅度要小一些。

　　社会的资本要素实际收益上升幅度取决于是用产品 B 还是产品 A 来衡量。以产品 A 来衡量，资本要素实际收益上升幅度小，以产品 B 来衡量，资本要素实际收益上升幅度大。

　　对外反倾销对进口国生产要素报酬的实际收益变动情况分析的结论：进口竞争产业产品价格上升，出口产品的相对价格下降，出口产品密集使用的生产要素的实际收益下降，A 产品的产业中密集使用的生产要素（本国的稀缺要素）的实际收益上升。

四、反倾销对进口国战略性产业利益的影响

　　下面分析进口国对一种特殊产业——战略性产业进行反倾销时利益的变动。这里首先分析战略性产业倾销对进口国的影响，然后再探讨进口国对战略性产业反倾销的影响。

（一）战略性产业补贴倾销对进口国利益的影响

　　战略性贸易政策[①]认为，如果一个产业具有规模经济效应，而且市场是不完全竞争的，那么，一国（地区）政府可以采取一些出口促进措施，通过本国企业从国际市场上实现垄断利润，利润向本国转移，从而增加本国经济福利水平。战略性贸易政策的目的，就是通过扶持本国企业通过扩大国际市场份额，实现规模经济，从国际市场争夺超额利润。

　　市场份额对具有规模经济效应的产业（企业）至关重要，国际市场

---

　　① 新贸易保护主义主张通过政府补贴等来帮助本国企业在国际竞争中获胜，而企业获胜之后所得的利润会大大超过政府所支付的补贴。在这方面的主要贡献者是加拿大经济学家巴巴拉·斯潘塞（Barbara J. Spencer）和詹姆斯·布朗德（James A. Brander）。通过倾销来使本国企业在国际竞争中获得有利地位，其结果具有一致性。

是实现规模经济的重要战场。寡头垄断市场结构下，哪国的企业具有优势地位，取决于国际市场占有率的高低。战略性贸易政策认为，一国（地区）的政府可以采取补贴等措施促进本国（地区）企业出口，来帮助企业获取更多的国际市场份额，提高企业的国际市场占有率；本国（地区）企业占有国际市场份额高，就可以实现规模经济，就能从国际市场上获得超额利润；只要本国（地区）企业获取的新增超额利润能够抵消政府扶持（补贴等）的成本，政府的扶持就增加了本国（地区）的社会经济福利。

战略性贸易政策的本质就是政府通过本国企业在国际市场上争夺垄断利润。政府通过干预本国企业的贸易活动，改变国际市场结构或格局，获取国际市场份额，夺取更多的利润。

学者常常以空客与波音为例①，说明寡头垄断市场结构中，战略性贸易政策的重要性。基于规模经济形成的分工是偶然的，故而出口国政府对战略性产业的研究与开发进行补贴，使本国企业可以通过倾销打败竞争对手，最终形成有利的分工格局。

1. 图形分析

假设 A 产业属于战略性产业，进口国国内市场符合规模经济和不完全竞争的条件，下面以图 3 - 13 分析出口国政府对 A 产业的研究与开发进行补贴从而形成倾销的影响。

图 3 - 13 中，进口国 A 产业国内市场只有分别来自进口国和出口国的两类（个）厂商，假设产量或销量是进口国和出口国厂商的决策变量。在寡头市场条件下，每个厂商的决策都取决于其对竞争对手情况的判断。这里采用厂商反映曲线来说明寡头市场均衡的决定。图 3 - 13 中的横轴表示境外出口厂商在进口国国内市场 A 产业的销售量，纵轴表示进口国 A 产业国内市场的销售量。曲线 HH′ 与 FF′ 分别表示进口国和出口国厂商的反映曲线。

---

① ［美］Krugman，"Is Free Trade Passe?"，*Journal of Economic Perspectives*，Fall 1987：131 - 141，以及克鲁格曼和 M. 奥伯斯法尔德《国际经济学》（中文版，2002 年）中的有关分析。

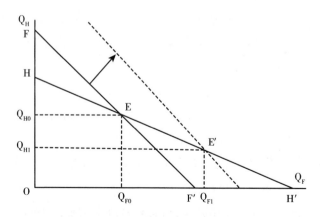

图 3 - 13　战略性产业补贴形成的倾销

　　注：进口国国内市场只有来自进口国和出口国的两个厂商，两个厂商的产量或销售量决策都取决于其对竞争对手情况的判断。曲线 HH′ 与 FF′ 分别表示进口国和出口国厂商的反映曲线，进口国和出口国厂商的均衡销售量分别为 Q_{H0}、Q_{F0}。（1）出口国的厂商希望提高其利润，求助于本国政府进行补贴，厂商实际边际成本将低于其生产边际成本。价格下降导致边际收益降低，但由于边际成本也下降，出口厂商增加出口获得更多利润。（2）进口国厂商为了抵消因价格下降而导致的损失，厂商减少产量与销售量，以促使价格回升。（3）E′ 点是出口国政府补贴后的新均衡点，出口国厂商销售量扩大到 Q_{F1}，进口国厂商销售量减少到 Q_{H1}。（4）补贴后，出口国厂商的利润增加而进口国厂商的利润下降（利润转移）。（5）出口国的福利影响：厂商利润增加与政府支出增加，如果厂商增加利润超出政府补贴，福利将会改善。（6）进口国的福利影响：厂商利润减少；国内价格下降，消费者福利增加。如果厂商利润减少超出消费者福利的增加，福利将会恶化。

　　E 是进口国厂商和出口国厂商的销售量均衡点（Q_{H0}、Q_{F0}）。在 E 点，进口国厂商和出口国厂商都获得一部分超额利润。进口国厂商和出口国厂商的市场份额（或销售量）决定获取利润量。

　　假设出口国的厂商希望提高其利润，但不能依靠市场手段或无法依靠自身的努力提高其利润所得。因为出口国的厂商依靠市场手段扩大销售量，进口国 A 产业国内市场价格会下降。

　　但如果出口国政府对出口厂商进行补贴，进口国 A 产业国内市场价格虽然也会下降，由于出口国政府补贴降低了出口厂商的成本，出口厂商增加出口还是获取了利润；而国内市场价格下降降低了进口国厂商的利润，只得减少销售量，以促使价格有所回升，减少其利润损失。出口国政府的补贴使得出口厂商从进口国厂商那里夺取了更多的市场份额，夺取了更多的利润（具体过程见图 3 - 13）。

出口国政府对战略性产业进行补贴，使得出口厂商能以低价形式在进口国销售。本书称之为"战略性产业补贴倾销"，即由于出口国政府对战略性产业进行补贴而形成的倾销。

战略性产业补贴倾销对出口国的影响：（1）补贴增加了出口国的政府支出；（2）增加了出口厂商利润。如果出口厂商利润的增加额超过出口国政府的补贴支出，出口国整体经济福利提高。

战略性产业补贴倾销对进口国的影响：（1）战略性产业 A 国内价格下降，消费者获得了低价的好处；（2）进口国 A 产业厂商产量减少，利润下降。如果进口国 A 产业厂商减少的利润额超过了增加的消费者福利，进口国整体经济福利下降。

2. 数量分析

下面对出口国政府对进行产业补贴从而形成的倾销的影响进行数量分析。假设（1）进口国厂商与出口国厂商生产 A 产品的技术和能力相近，都有能力生产 A 产品；（2）A 产业具有规模经济；（3）进口国 A 产品国内市场消费者需求有限，进口国厂商与出口国厂商如果同时在进口国生产和销售 A 产品，都会因为无法实现规模经济而发生亏本。

在进口国 A 产品国内市场面前，进口国厂商与出口国厂商都有选择进入或不进入的权利或策略。（1）进口国厂商与出口国厂商都选择"不进入"，没有成本，利润为零；（2）进口国厂商与出口国厂商都选择"进入"，由于市场有限，都无法实现规模经济，都会亏本；（3）进口国厂商选择"进入"、出口国厂商选择"不进入"或进口国厂商选择"不进入"、出口国厂商选择"进入"的情况下，"不进入"的厂商没有成本，利润为零；"进入"的厂商可以实现规模经济，获取超额利润。

如果"进入"的时间有先后，先"进入"的企业获取超额利润，后来的企业的理性选择是"不进入"，因为"进入"就意味着要亏损。

表 3 – 5 排列出进口国厂商和出口国厂商选择"进入"或"不进入"的策略组合，数字为假设收益（以"＋"表示）或亏损（以"－"表示亏损）。

表 3 – 5　　　　　　　　　　　进口国 A 产品国内市场厂商策略

		出口国厂商	
		进入	不进入
进口国厂商	进入	（－10 万美元，－10 万美元）	（100 万美元，0）
	不进入	（0，100 万美元）	（0，0）

现假设出口国政府采取战略性贸易政策，补贴出口厂商 20 万美元生产并出口到进口国 A 产品国内市场。出口国政府补贴政策会对进口国厂商与出口国厂商的选择策略产生重要影响。

在新的情况下（见表 3 – 6），出口国厂商只要出口，就有利润，而不管进口国厂商如何选择。出口国厂商的选择肯定是"进入"，因为"进入"必然产生收益。而进口国厂商的选择策略有两种：一种是"不进入"，让出口国厂商生产，没有利润也不亏损；另一种选择是"进入"，而出口国不会退出，其结果是进口国厂商承担 10 万美元的亏损。在这种情况下，进口国厂商的理性选择自然是退出竞争。结果是，出口国厂商独占市场，获得 120 万美元的利润（博弈的均衡为左下框）。无论对出口国厂商还是对出口国政府来说，这种结果自然是很有吸引力的：政府只支付了 20 万美元的补助，却换来了 120 万美元的总收益，净福利为 100 万美元。

表 3 – 6　　　　　　　　　　　出口国政府补贴后的厂商损益

		出口国厂商	
		进入	不进入
进口国厂商	进入	（－10 万美元，10 万美元）	（100 万美元，0）
	不进入	（0，120 万美元）	（0，0）

从对出口国政府进行产业补贴从而形成的倾销进行数量分析可以看到，出口国政府的补贴可以使出口国企业在进口国 A 产业国内市场竞争中获得占领市场的战略性优势，并使整个国家受益。进口国厂商完全退出国内市场 A 产业竞争，进口国 A 产业国内市场完全被出口国企业垄断，并获得超额利润。

战略性产业补贴倾销对进口国利益影响分析的结论：战略性产业补贴形成的倾销体现了国际贸易参与国家对战略性产业利益的争夺。如果进口国不采取反制措施，会丧失战略性产业的国际竞争力，从而伤害本国的长远利益与整体利益。

（二）反倾销对进口国战略性产业利益的影响

根据上一章节战略性产业补贴倾销对进口国利益影响分析的结论，战略性产业补贴形成的倾销体现了国际贸易参与国家对战略性产业利益的争夺。如果进口国不采取反制措施，会丧失战略性产业的国际竞争力，从而伤害本国的长远利益与整体利益。这里来分析进口国通过对外反倾销所提供的保护对进口国战略性产业利益的影响。

基于规模经济形成的分工是偶然的，出口国政府对战略性产业的研究与开发进行补贴，使本国企业可以通过倾销打败竞争对手，最终形成有利的分工格局同样的原因，战略性贸易政策认为，在战略性产业，一国（地区）政府可以通过提供进口保护（包括反倾销保护），如果保护后，企业新增加的利润能够超过政府提供进口保护的成本，那么实行这种保护就可增加本国的国民净福利。

假设 A 产业属于战略性产业，进口国国内市场符合规模经济和不完全竞争的条件。下面以图 3-14 分析进口国政府通过对外反倾销为本国厂商提供保护产生的影响。

图 3-14 中，进口国 A 产业国内市场只有分别来自本国和出口国（补贴实施国与倾销企业所在国）的两类（个）厂商，假设产量或销量是进口国和出口国厂商的决策变量。在寡头市场条件下，每个厂商的决策都取决于其对竞争对手情况的判断。这里采用厂商反应曲线来说明寡头市场均衡的决定。图 3-14 中的横轴表示境外出口厂商在进口国国内市场 A 的产业销售量，纵轴表示进口国 A 产业国内市场的销售量。曲线 HH′ 与 FF′ 分别表示进口国和出口国厂商的反应曲线。这些假设与前面的分析一样。

第一，假设 F 国出口国政府对出口厂商提供补贴形成了倾销。如图 3-14 所示，补贴形成倾销：出口国的政府补贴将使厂商成本低于其生产成本，

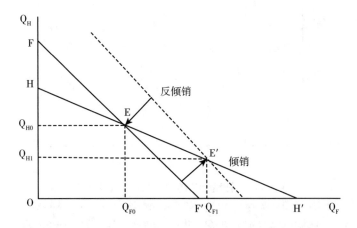

图 3 - 14　反倾销保护对进口国战略性产业利益的影响

注：（1）初始状态：战略性产业 A 在寡头市场条件下，HH′ 与 FF′ 分别表示进口国和出口国厂商的反应曲线，E 是均衡点，进口国和出口国厂商的均衡销售量分别是 Q_{H0} 和 Q_{F0}。（2）补贴形成倾销：出口国的政府补贴使出口厂商获得更多的利润。E′ 是新均衡点，销售量扩大到 Q_{F1}，进口国厂商的销售量减少到 Q_{H1}。（3）进口国政府反倾销：A 产业的国内价格上升，进口国厂商生产增加又回到均衡点 E。对应于 E 点，进口国和出口国厂商的均衡销售量又回到了 Q_{H0} 和 Q_{F0}。

增加出口使出口国厂商获得更多的利润。E′ 是新均衡点，出口国厂商的销售量扩大到 Q_{F1}，进口国厂商的销售量减少到 Q_{H1}。出口国厂商利润增加，进口国厂商利润下降，产生了利润转移行为。如果进口国厂商利润减少超出国内消费者福利的增加，福利将恶化。补贴后，出口国厂商的利润增加。

　　然后，假设进口国政府采取反倾销措施，对进口商品征收反倾销税，限制出口国厂商的产品在进口国市场销售。进口国征收反倾销税与出口国政府对出口厂商提供的补贴形成了抵消影响，出口国厂商边际成本上升，反应曲线向左移动（见图 3 - 14）。出口下降，利润减少（虽然价格上升，但上升部分成为了进口国政府的反倾销税收入，由于销售量下降，利润还是减少了）。

　　进口国征收反倾销税后，A 产业的国内价格上升，进口国厂商增加了 A 产品的生产，所获得的利润也增加了，反应曲线也向左移动，最后又回到了 E 点。进口国和出口国厂商的销售量也回到了 Q_{H0} 和 Q_{F0}。图 3 - 15 分析了反倾销保护对福利的影响。

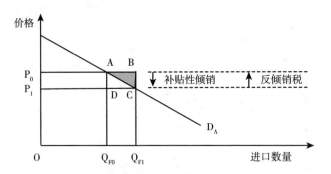

图 3-15　补贴性倾销与反倾销的福利影响

注：（1）出口国没有补贴，进口国 A 产品市场均衡点为 A 点，A 产品市场价格为 P_0，进口量为 Q_{F0}。（2）出口国政府进行补贴 P_0P_1CB，出口价格降低到 P_1，进口国 A 产品进口数量上升到 Q_{F1}，进口国 A 产品消费者获得 P_0P_1CA 利益。（3）进口国征收反倾销税正好等于出口国政府支付的补贴数额 P_0P_1CB，均衡点又从 C 回到了 A，贸易量和价格回到无补贴性倾销与无反倾销情况下的水平。区别是（福利影响）进口国政府通过反倾销税获得了一笔额外收入。

进口国征收反倾销税的结果：如果进口国决定对出口国征收的反倾销税数额正好等于出口国政府支付的补贴数额，均衡点又从 C 回到了 A，贸易量和价格回到无补贴性倾销与无反倾销情况下的水平（进口国在价格 P_0 点上进口 Q_{F0}）。对补贴倾销征收反倾销税的福利影响如表 3-7 所示。

表 3-7　　　　对补贴倾销征收反倾销税的福利变动

移动均衡			福利变动		
政策措施	出发点	到达点	进口国	出口国	进口国和出口国
出口国补贴倾销	A	C	获益 P_0P_1CA	损失 P_0P_1CB	损失 ABC
进口国反倾销税	C	A	损失 ACD	获益 ADCB	获益 ABC
补贴倾销与反倾销税	A	A	获益 P_0P_1DA	损失 P_0P_1DA	零

进口国战略性产业的反倾销保护对出口国福利的影响有两方面：一是出口国厂商的利润下降；二是出口国政府的补贴转移给了进口国政府。出口国政府支付了 P_0P_1DA 的出口补贴却没有达到促进出口的目的。

进口国战略性产业的反倾销保护对进口国福利的影响有三个方面：一是进口国厂商的 A 产业产量上升，利润增加。二是 A 产业国内价格上升，国内消费者福利受损。三是进口国政府通过反倾销税获得了一笔额外收入。如果进口国厂商利润的增加和政府反倾销税收入超出国内消费者福利的损失，那么进口国福利将增加。可见，如果 A 产业是战略性产业，进口国的反倾销可能使整个国家福利增加。

2. 反倾销保护与反补贴保护的关系

倾销与出口补贴会对进口国的同类企业造成伤害。为了防止各国政府政策对国际市场的扭曲和维护国际上的公平竞争，关贸总协定和 WTO 允许各国采取反补贴、反倾销等救济措施。

反补贴针对的是可诉性的补贴，那么出口国家（地区）政府的有些补贴就无法运用反补贴措施来救济，如有些国家对战略性企业的某些研发补贴。出口国政府对战略性产业的研究与开发进行的补贴里面，多数补贴是被 WTO 所允许的，进口国不可以采取反补贴措施。但是这些补贴使出口国企业可以通过倾销，打败进口国竞争对手，以期形成有利的分工格局。

出口国政府对战略性产业的研究与开发进行补贴形成的倾销行为，就只能由反倾销法律来进行规制了，这也说明反倾销法律与反补贴法律相互配合的必要性。

总之，从经济效率角度来讲，对于出口国"战略性产业补贴"中的不可诉补贴（不可以采取反补贴措施）所形成的倾销，进口国应该将之纳入反倾销法律规制的范围。

第二节　对外反倾销的引致效应

进口国（地区）的反倾销管理当局，或为了维护国家安全与经济安全，或为了保护境内进口竞争产业的利益，或为了保护公平竞争秩序，或为了报复歧视性反倾销做法而开展对外反倾销，往往都具有"正当"的理由。上一章节我们分析对外反倾销的利益效应发现，一国（地区）的对外反倾销会引起诸多利益的变动，会给反倾销的目的带来意料之外的结果。实际上，反倾销除了带来直接的利益变动，还会引发、导致一些相关效应。特别是反倾销的对象（境外出口厂商及其所在国），由于贸易利益受损，会主动寻找一些规避反倾销的措施或进行反倾销，降低反倾销的效率①，从而使进口国（地区）反倾销的结果更加具有不确定性。

一、继发性保护效应

进口国（地区）发起反倾销之后，境外出口厂商的产品的贸易成本上升，一般来讲，会减少向进口国（地区）的出口。进口国的反倾销措施，减少了总供给，进口竞争产业产品的市场价格上涨。如果进口竞争产业存在下游产业（以被反倾销的产品为投入品的产业），进口竞争产业产品价格的上涨，会抬高下游产业的成本以及销售价格；如果下游产业也面临着与进口产品进行竞争的问题，就会提请反倾销主管当局发起对外反倾销。这种由于上游产业的反倾销引发的下游产业也要进行反倾销的保护诉求现象，称为反倾销继发性保护效应。

学者研究了上游产业的反倾销引发的下游产业反倾销保护效应问题。鲍德温（Baldwin，1985）、霍克曼和莱迪（Hoekman & Leidy，1992）、范伯格和卡普兰（Feiberg & Kaplan，1993）的研究结果表明对上游产业提供的反倾销贸易保护措施，会延续到同上游产业垂直相关的下游产业。上游产业的保护增加了下游产业的成本，降低了其竞争力，导致下游产业也寻求反倾销保护。② 范伯格（2002）实证研究发现，美国 20 世纪 80 年代的化工行业和金属行业的反倾销，存在继发性保护效应。帕克（2009）研究美国对华反倾销措施时发现，美国对上游产业进行反倾销保护，引发了下游产业的反倾销保护的传递，这一研究为反倾销存在继发性保护效应提供了经验支持。

进口国（地区）反倾销存在继发性保护效应产生的原因有三个方面：

一是上游产品的反倾销措施提升了该产品价格，抬高了下游产业的投入品成本，下游产业产品成本增加，使下游产业产品的市场（包括国际）竞争力降低。如果下游产业也是进口竞争性行业，下游产业厂商也会提

①② 唐宇：《反倾销保护引发的四种经济效应分析》，载《财贸经济》2004 年第 11 期，第 65–69 页。

请发起对外反倾销。例如，我国邻苯二酚的下游产品呋喃酚、TDI 在聚氨酯产业链上的下游产品氨纶、双酚 A 的下游产品环氧氯丙烷、己内酰胺的下游产品尼龙切片分别在上游产品发起反倾销后均提出了反倾销调查申请。

二是上游产业反倾销措施导致下游产业产品成本增加、价格上涨，需求量下降，生产量降低。下游产业产量的降低，将减少对上游产业产品的需求，上游产业产品反倾销保护的效果被削弱，反倾销收益减少。如果下游产业也采取反倾销措施，境内下游产业对上游产业的产品需求量会增加。所以，下游产业发起对外反倾销对上游产业有利。

三是上游产业的反倾销措施使得下游产业产品成本增加、价格上涨，但下游产业进口产品的价格却不受反倾销的影响，进口产品的价格相对降低。进口产品的价格相对降低，会损害下游产业厂商的利益。所以，下游产业厂商也会提请发起对外反倾销。

反倾销继发性保护效应的存在，会在一定程度上加大上游产业实施反倾销措施的成本。除了下游产业生产厂商的成本损失，下游产业的消费者（或以下游产业为投入品的产业）也将产生福利损失。反倾销继发性保护效应的存在，不仅降低了上游产业反倾销的经济效率，也损害了反倾销法律的公平价值目标。

二、贸易转移效应

贸易转移效应（trade diversion）是指进口国（地区）采取反倾销措施后，进口来源从反倾销对象国（地区）转移到非反倾销对象国（地区）或由被指控存在倾销的境外出口厂商，转向未遭受指控的境外出口厂商。或者从裁定倾销幅度较高的境外出口厂商，转向倾销幅度相对较低的境外出口厂商的现象。发生贸易转移效应的根本原因在于反倾销具有歧视性：给予不同国家、企业不同待遇。

反倾销是 WTO 贸易体制非歧视性原则的一种例外。反倾销调查和反倾销措施等都是针对特定进口来源地实施：反倾销具体措施的执行仅针对一部分特定进口来源地的出口厂商，并对这一部分特定进口来源地的出口厂商按照裁定的倾销幅度收取不同的反倾销税。贸易转移效应在某种程度上削弱了反倾销的贸易救济效果。

　　只要进口国对某一商品的反倾销税出现国别差异、地区差异、企业差异，贸易转移就可能发生，进口方向由被征收反倾销税高的国家、地区、企业转向其他未被反倾销或反倾销税低的国别、地区、企业。贸易转移效应产生的原因有三个方面：

　　一是对倾销国家或地区进口来源征收反倾销税，被反倾销的国家或地区出口单位产品收益下降而减少出口，而未被反倾销的国家或地区的税负成本（相对）下降，出口单位产品收益相对上升而增加出口。

　　二是反倾销措施会抬升进口国家或地区该类产品价格，单位产品收益增加，单位产品利润增加会刺激从其他国家（地区）的进口量（见图 3 – 16）。

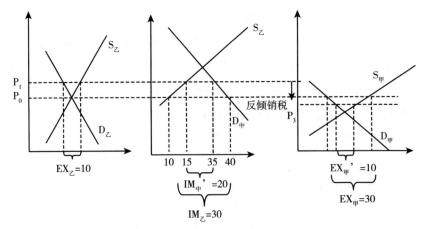

图 3 – 16　对外反倾销的贸易转移效应（国家）

注：S 和 D 分别是各国的供给与需求曲线。（1）假设进口国国内某种产品的进口价格为 P_0，乙国国内价格刚好为 P_0，没有向进口国出口的动力；甲国国内价格低于 P_0，可以通过向进口国出口获得利润。（2）征收反倾销税前，进口国的国内需求量为 40 个单位，国内产量为 10 个单位，从甲国进口 30 个单位。（3）征收反倾销税后，进口国国内该产品的价格上升为 P_1，国内需求量下降为 35 个单位，国内产量为 15 个单位，从甲国和乙国分别进口 10 个单位。甲国的出口单位产品收益为 P_3（$P_3 = P_1 -$ 单位产品反倾销税额），乙国的出口单位产品收益为 P_1。反倾销刺激了以前未向进口国出口的乙国企业对进口国的出口，部分替代了甲国的出口。

　　三是裁定倾销幅度较高的出口厂商单位出口产品收益下降而减少出口，裁定倾销幅度较低的出口厂商单位出口产品收益（相对）相对上升而增加出口。

反倾销贸易转移效应的存在,会在一定程度上抵消进口国家或地区竞争产业从反倾销中获得的利益,从而降低了进口国家或地区反倾销措施的保护效应。

图 3-16 说明了对外反倾销后国家之间贸易转移效应产生的原因,对企业之间的贸易转移效应也同样适用。

以我国丙烯酸酯反倾销案为例。我国曾经先后两次对来自不同国家(地区)的丙烯酸酯提出反倾销指控。如图 3-17 所示,1999 年,我国针对来源地为美国和日本的丙烯酸酯发起反倾销调查,并实行临时反倾销措施,导致从美国和日本进口的丙烯酸酯的数量呈现快速降低的趋势,进口份额的下降幅度超出预料(由 1998 年的 70.45% 下降至 2001 年的 2.74%)。然而,同期从韩国、马来西亚、新加坡以及印度尼西亚进口的丙烯酸酯数量呈现出不断上升的态势(由 1998 年的 13.59% 上升至 2001 年的 66.78%)。

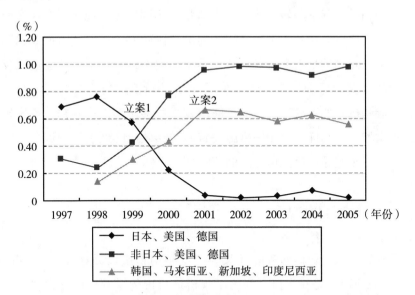

图 3-17 1997~2005 年丙烯酸酯反倾销案进口数量市场份额变化
资料来源:根据海关统计数据整理。

反倾销贸易转移效应的产生,直接影响了反倾销救济效果,导致了针对第一次未被反倾销的国家或地区的再次反倾销(见表 3-8)。在

2001 年，我国针对原产于韩国、马来西亚、新加坡和印度尼西亚的丙烯酸酯发起了反倾销调查，进口份额呈现一定幅度的下降趋势。

表 3 – 8　　　　　　我国对丙烯酸酯产品先后两次反倾销立案

丙烯酸酯	指控对象国	立案 （年 – 月 – 日）	初裁征税 （年 – 月 – 日）	终裁征税 （年 – 月 – 日）
第一次反倾销	德国、美国、日本	1992 – 12 – 10	2000 – 11 – 23	2001 – 06 – 09
第二次反倾销	韩国、马来西亚、 新加坡、印度尼西亚	2001 – 10 – 10	2002 – 12 – 05	2003 – 04 – 10

资料来源：根据海关统计数据整理。

反倾销措施的贸易转移效应使得反倾销的保护作用出现抵消的现象。但即使反倾销的保护效用被抵消了一部分，因为国内产品价格的上升，反倾销措施在一定程度上还可以起到救济效果，对进口竞争产业还是可以起到一定的保护作用。

反倾销措施的贸易转移效应，进口量在不同国家、地区、企业之间发生了替代，使反倾销救济不一定能达到进口国政府或进口竞争产业的预期效果。但反倾销的最大受益者可能并不是境内的进口竞争产业。这同反倾销行动的继发性保护效应一样，也反映了反倾销规则的漏洞与不足。而且，反倾销措施的贸易转移效应可能引发再次甚至多次反倾销，反倾销的成本再次增加。同样，反倾销措施的贸易转移效应降低了反倾销的经济效率，损害了希望通过反倾销达到的贸易公平目标。

三、投资跨越效应

反倾销措施投资跨越效应（又称"反倾销直接投资效应"，antidumping-jumping FDI）是指出口厂商为了规避进口国的反倾销措施，利用直接投资（FDI）的方式，在进口国国内或者第三方国家设立工厂生产产品，替代反倾销前的直接出口方式（见图 3 – 18）。

由于进口方的反倾销是一种贸易保护措施，反倾销措施投资跨越效应就是为应对反倾销措施而采取的应对措施。在实施反倾销措施保护进口竞

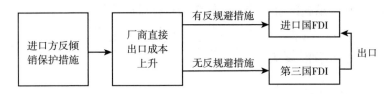

图 3-18 反倾销措施投资跨越效应

注：(1) 进口方的反倾销形成了贸易保护，出口厂商采取 FDI 方式替代直接出口。(2) 进口方采取反倾销措施而没有对规避反倾销的行为进行惩罚的措施，境外出口厂商在第三国投资生产（组装）涉案产品，通过第三国再向进口国出口；(3) 进口方对规避反倾销的行为进行惩罚，境外出口厂商在反倾销方本土投资建厂，直接在反倾销方市场上销售产品。

争产业的同时，进口国如果没有建立起对规避反倾销的行为进行惩罚的反规避制度，被反倾销的境外出口厂商可以在第三国投资生产（组装）涉案产品，通过第三国再向进口国出口。而如果进口国建立了对规避反倾销的行为进行惩罚的反规避制度，被反倾销的境外出口厂商则可以通过在进口国境内投资建厂的方式生产，直接在反倾销方市场上销售产品。当然，影响直接投资的因素有许多（所有权优势、区位优势、内部化优势、固定资本投入规模、FDI 政策等），如哈兰德和伍顿（Haaland & Wooton，1998）、巴雷尔和佩恩（Barrell & Pain，1999）、贝尔德伯斯（Belderbos，1997）和斯洛维根（Sleuwaegen，1998）的研究都得出了进口国采取反倾销措施后，引致直接投资效应的结论。多宁费尔德和韦伯（Donnenfeld S. & Weber，1998）实证检验发现，反倾销发起国的国内产业集中度的高低与反倾销投资跨越效应的大小有关，国内产业集中度高，反倾销投资跨越效应小，反之亦然。布洛尼根（2001；2002；2004）的实证研究发现，（欧盟）肯定性反倾销裁决会大大增加国际直接投资的可能性（从 19.6% 增加到 71.8%），布洛尼根（2004）进一步研究指出，反倾销投资跨越效应，削弱了反倾销效果。

反倾销投资跨越效应的存在，还很有可能在国内市场上引发更加激烈的竞争，进一步恶化竞争环境，背离一国（地区）采用反倾销措施的最初目的。

反倾销措施的投资跨越效应引发了国内市场更加激烈的竞争，说明了反倾销措施保护作用的局限性、救济效果的有限性。同时也可以看出，为了达到采取反倾销措施的目的，应该建立反规避制度，并且需要进口国的外资（FDI）政策相配合，否则反倾销的目标难以达到。

四、反倾销报复效应

一国（地区）实施的反倾销措施，有时是出于报复目的，即报复其他国家（地区）对本国（地区）出口产品实施的反倾销。反倾销报复效应是指一国（地区）对他国进口产品发起反倾销后，他国采取"以牙还牙"方式，对进口国的其他（出口）产品发起反倾销报复措施，通过反倾销来遏制他国滥用反倾销措施以保护本国利益。

布兰德和克鲁格曼（J. A. Brander & P. R. Krugman，1983）最早将反倾销报复行为引入两国贸易政策相互影响范围分析，认为出于报复他国对本国出口产品实施歧视性反倾销的原因，政府、企业发起对外反倾销，从而出现了相互反倾销的局面。芬格（Finger J. M.，1993）的研究发现，国家（地区）之间互相反倾销形成了一种类似"俱乐部"的效果。20 世纪 80 年代，"俱乐部"内部互相反倾销的比例大约为 2/3。反倾销反映了国家（地区）之间的利益争夺，反倾销报复效应体现了国家（地区）之间的利益博弈。进口国的对外反倾销并不存在明显的报复特征。①

假设 A、B 两个国家分别独立决定是否反倾销。无论采取反倾销措施还是不采取反倾销措施，每个国家进行决策时的标准都是使本国利益最大化。双方是否实施反倾销措施的收益与成本用数值进行衡量，其估计的数值如表 3–9 所示。

表 3–9　　　　　　　　　　反倾销博弈矩阵

项目		B 国	
		反倾销	不反倾销
A 国	反倾销	− 50，− 50	− 100，200
	不反倾销	200，− 100	+ 100，+ 100

从表 3–9 中可以看出，A、B 两个国家的本国利益最大化组合是本

---

① 安礼伟、高松婷：《中国对外反倾销现状、效应及对策分析》，载《国际商务（对外经济贸易大学学报）》2016 年第 2 期，第 49–57 页。

国采取反倾销措施而他国不采取反倾销措施，这样本国就能得到 200 利益。所以，A、B 两个国家都希望采取反倾销措施而对方不采取。但如果一方一旦采取了反倾销措施，那么另一方面对（－50，－50）和（－100，200）两种政策选择，也必将采取反倾销措施，以降低自己可能承担的损失。

因此，虽然两国均不采取反倾销措施的这一贸易策略组合（＋100，＋100）是两国贸易政策最优纳什均衡（整体＋200，其他选择都是整体－100）。但如果对方采取了反倾销措施，自己也必将采取反倾销措施，使损失最小化。

反倾销报复效应的存在说明，当一国（地区）发起反倾销措施，对其可能引发的报复效应要给予高度重视。同时也说明贸易自由化需要双边或多边进程，基于本国利益最大基础上的单边贸易自由化不可能实现。贸易转移效应、投资跨越效应、反倾销报复效应示意图如图 3－19 所示。

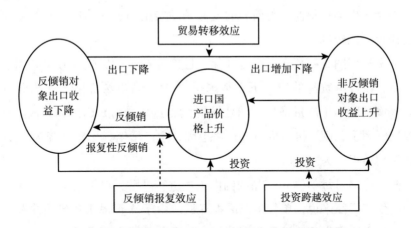

图 3－19　贸易转移效应、投资跨越效应、反倾销报复效应

注：（1）贸易转移效应：进口国（地区）采取反倾销措施后，进口来源从反倾销对象转移到非反倾销对象国或由被指控存在倾销的境外出口厂商转向未遭受指控的境外出口厂商；或者从裁定倾销幅度较高的境外出口厂商转向倾销幅度相对较低的境外出口厂商。（2）投资跨越效应：境外出口厂商为规避反倾销措施，利用投资的方式，在进口国国内或者第三方国家设立工厂生产产品，替代直接出口方式。（3）反倾销报复效应：进口国对他国发起反倾销后，反倾销对象国由于受损而采取"以牙还牙"方式，对进口国的其他（出口）产品发起反倾销报复措施。

第三节　反倾销效应与产业支持效应的比较

通过反倾销限制进口的主要目的是保护国内生产同类商品的工业（进口竞争性产业）。但要实现这一目标，反倾销政策并不是唯一的手段。影响进口的国内经济政策之一是产业政策。产业政策对进口竞争性产业的支持主要是生产补贴。下文分析对进口竞争性产业进行产业支持政策的影响。

对进口竞争性产业进行支持的经济政策旨在降低成本，提高与国外同类产品的竞争能力。这在促进进口竞争性产业的生产上，具有与反倾销政策相似的效果，对进口竞争性产业的支持的经济政策导致资源向效率低的部门流动。对进口竞争性产业的支持的影响主要直接作用于生产部门，不会影响商品的市场价格，贸易是自由的，消费者价格不变，消费量也不变，不会产生消费扭曲。与前面的反倾销政策措施相比，产业政策所付的社会代价会比较低。

下文利用图 3 – 20 来说明这种保护性产业政策的影响。假设某国进口 A 产品。在自由贸易的情况下，某国国内 A 产品市场价格等于国际价格 P_w。该国的国内生产量是 S_1，消费量是 C_1，进口量为 S_1C_1。如果该国政府征收反倾销税，则该国国内市场价格上涨，生产增至 S_2，消费降为 C_2，社会经济利益损失为（$b+d$）。

假设该国对每单位 A 产品的国内生产进行补贴，对于该国单个 A 产品的国内生产厂商来说，单位生产成本降低。由于 A 产品市场供给曲线是所有国内生产厂商供给曲线的总和，每个厂商单位成本降低就相当于市场供给曲线向右移动，新的供给曲线为 s'。每生产一单位产品，国内进口竞争性产业生产厂商现在的所得比以前提高，实际是市场价格（P_w）再加上补贴。对生产的刺激效果和对外反倾销的救济效果一样，该国国内 A 产品生产增至 S_2。可见，政府对生产补贴的结果是：生产者价格提高（P_w + 补贴），国内生产增加到 S_2；消费者的价格不变，等于 P_w，国内消费没有减少，消费量是 C_1。

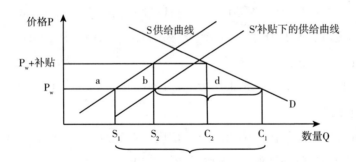

图3-20　对进口竞争性产业进行支持的经济政策的影响

注：假设对每单位 A 产品的国内生产进行补贴，国内生产厂商所得市场价格（P_w）再加上补贴（P_w+补贴），国内 A 产品生产增至 S_2。消费者价格不变，等于 P_w，国内消费不变（C_1）。A 产品生产者盈余增加了 a，消费者利益没有变动。政府总补贴为（a+b）。政府补贴支出减去增加的生产者剩余，社会净损失为 b。而征收反倾销税时的社会净损失是（b+d）。从经济效率角度讲，对进口竞争性产业进行支持的产业补贴政策优于对外贸易保护政策。

该国对进口竞争性产业进行支持的整个社会的利益变动如何呢？国内 A 产品生产厂商得到了好处。在图3-20中，国内 A 产品生产者盈余增加了 a，和对外反倾销的效果一样。国内 A 产品消费者跟没有生产补贴时没有不同，利益没有变动。该国政府则与征收反倾销税时不同，不但没有收入，还要对国内 A 产品生产进行补贴，共生产了 S_2，总补贴为（a+b）部分。政府补贴支出减去增加的生产者剩余，社会净损失为 b。国内 A 产品生产补贴，同样达到了刺激国内产品生产的效果。征收反倾销税时的社会净损失是（b+d），对进口竞争性产业进行支持的社会净损失只有 b。两者产生差异的主要原因是对进口竞争性产业进行支持没有扭曲消费，从而减少了消费者的损失。

因此，从经济效率角度讲，对进口竞争性产业进行支持的产业补贴政策优于对外反倾销贸易保护政策。对于国内生产厂商来说，进口竞争性产业生产补贴可以直接从政府获得，收益比较确定，而在征收反倾销税的情况下，国内生产厂商必须通过提高价格来获得收益，是间接提高收益。相比之下，国内生产厂商也比较喜欢生产补贴。但是，从政府财政角度上来说，对进口竞争性产业生产给予补贴比征收反倾销税要困难得多。

　　总之，对进口竞争性产业进行支持的经济政策与征收反倾销税都可以起到限制进口、增加国内生产的产业保护目的。从整个社会来讲，进口竞争性产业支持政策的经济效率（社会福利）优于对外反倾销的贸易政策。但会给进口方的政府财政带来压力，进口方的政府更愿意使用征收反倾销税的措施来进行保护。

　　因此，虽然从经济效率角度应该使用产业政策，但从进口方的政府角度来说，利用反倾销税保护产业对其更有利。

第四节　对外反倾销的正当性与合理性

　　反倾销法是具有社会成本（外部性）的涉外竞争法，但在实践中演变及表现为贸易保护法，目的是实现本国（地区）社会福利最大化。对外反倾销通过对国内市场公平竞争的维护作用、保护与救济作用，实现资源优化配置，最终实现本国（地区）社会福利最大化目的。

　　通过前文对倾销及反倾销的效应分析可以发现，一国（地区）对外反倾销具有一定的正当性与合理性。对外反倾销的正当性是指其维护贸易公平的作用；对外反倾销的合理性是指其可以实现资源优化配置，实现本国（地区）社会福利最大化的作用，也就是对外反倾销具有维护公平贸易和实现经济效率的功能与作用。

一、出口厂商倾销的经济原因

　　在研究对外反倾销问题之前，应该对境外出口厂商采取倾销行为的经济原因进行分析，寻找其低价行为背后的利益诉求。学界一般从境外出口厂商倾销的动机来分析其分类问题。雅各布·瓦伊纳（2013）最早对倾销进行了分类，他按动机和持续时间来划分倾销的类别，其分类标准与类别如表3－10所示。

表 3 – 10	雅各布·瓦伊纳对倾销的分类	
倾销的动机		持续时间
1. 存货积压处理		突发
2. 出于无意		
3. 维持某个市场关系		短期或间歇
4. 在新市场发展贸易关系、建立信誉		
5. 消除倾销市场上的竞争		
6. 阻止形成竞争局面		
7. 进口倾销进行报复		
8. 使工厂设备充分开工，同时不降低国内价格		长期或持续
9. 获得规模生产利益，同时不降低国内价格		
10. 纯粹出于重商主义思想		

本书认为，按动机和持续时间划分的倾销的类别存在一定问题或缺陷。如按持续时间来划分倾销的类别，往往是一种事后判断，对反倾销救济的时效性产生负面影响，不利于对国内相关产业进行及时的保护；而按动机来划分倾销的类别，则往往是出于贸易救济当局一种主观价值判断而可能出现选择性反倾销，也缺乏采取反倾销进行救济说服力，很容易引起对方的反倾销报复行为。

境外出口厂商在境外市场上销售产品，作为追求利益最大化的市场主体，当然希望自己的单位产品的价格越高越好。而倾销是境外出口厂商以低价的方式出售产品，所以应该对出口厂商采取倾销行为的经济原因进行分析，寻找其低价行为背后的利益诉求。分析行为的经济原因，目的是使对外反倾销立法规制做到有的放矢。境外出口厂商倾销背后的经济原因多种多样，可以从不同的角度进行分析。

（一）出口厂商在短期内的临时市场出清

短期内销售暂时过剩产品，出口厂商临时市场出清。在受到不确定因素的影响时，在一定期限内，出口厂商为了尽量减少经济损失，会在短期内降价销售产品。但是由于本国市场需求弹性小，降价销售产品不会对国内销量产生显著影响，还会扰乱本地市场，因此短期内将存货在进口国市场上以低于其国内的价格销售产品。这种现象国内厂商在国内的生产与经营中也会经常使用。短期内销售暂时过剩产品，也被称为偶然性倾销或突发性倾销。此种类型的倾销对进口国竞争性产业的损害是暂时的，损害可以忽略，对市场及国内生产无伤大雅，而进口国消费者却可以从中获取低价消费的好处。因为其危害是微乎其微的，往往不会被进口国反倾销。

（二）出口厂商为了开拓新市场或推出新产品暂时低价销售产品

出口厂商为了开拓新市场或推出新产品，暂时以低价销售产品争取消费者，待消费者对此产品有一定认知度或产品有一定知名度后，再提升到正常价格。这种销售策略国内厂商在生产与经营中也经常使用。

（三）出口厂商为实现规模经济而扩大境外销售量

在一些具有规模经济的行业，出口厂商为了实现规模经济，突破国内销量限制，同时维持产品在国内的较高价格，获得垄断利益，会在较长的时期内，连续在进口国市场上以低于其国内的价格出售产品。雅各布·瓦伊纳（2013）认为，这类倾销属于持续性倾销。如果对方国家在相似但不相同的产品上也采取这样的做法，就形成了相互倾销。这是国际分工的一种形式，这类倾销的形成原因分析，本书已经在上一章进行了经济分析，是一种最常见的企业提升竞争力的手段，对优化资源配置、提高经济效率具有正面作用。所以，经济学认为倾销的国际价格歧视是出口厂商的正常竞争价格策略，是一种完全理性（企业利润最大化）的行为，会增加全球经济福利，主流的观点是不应该进行反倾销。①

（四）国家鼓励扩大出口政策而形成的倾销

国家鼓励扩大出口而形成的倾销的特点是出口厂商长期以低于国内的价格甚至低于正常成本的价格出口。从重商主义到凯恩斯，都把扩大净出口作为一国（地区）增加财富、扩大国家经济体量的手段。有的国家采用

---

① 雅各布·瓦伊纳认为，对进口国来说，持续性倾销对进口国工业的损害只有一次，即进口国工业在被迫转产之时，进口国消费者从中获得的好处是不断累积的，因而不应受到反倾销法的抵制。

鼓励扩大出口政策，对企业出口进行政策扶持、财政补贴、出口退税等，使出口厂商的出口产品成本低于正常成本，从而出口厂商能够以低于国内的价格出口产品。这种倾销的低价不是市场原因而是政府政策造成的，是一种典型的贸易保护主义措施，会对进口国有关产业的建立和发展造成阻碍、损害或威胁，因而理应受到反倾销法或反补贴法的抵制。

（五）出口厂商恶意竞争性倾销

出口厂商为了争夺国外市场，在一段时间内以低价甚至低于成本的价格出口，通过低价竞争方式将竞争对手排出市场，在独占或获得市场支配地位后再提高价格，赚取垄断利润。这种倾销行为具有明确的掠夺性、时间的非持续性，又被称为"掠夺性倾销""短期倾销"。特征是进口国国内价格波动剧烈，先低后高。进口国国内生产厂商由于自身竞争力不足，或退出该行业，或被竞争对手兼并；国内消费者先获得低价的小甜头，但最终会付出更多的代价。进口国产业、生产厂商、消费者长期而言均会受损，这种行为会招致进口国反倾销措施的惩罚。但是，不论是从实践来看，还是从掠夺性倾销实施所需要的环境和条件来看，掠夺性倾销在现实中很难实现。同时，这类倾销行为在现实中又难以判断定性，因为出口厂商后面的提价还只是一种可能性。反倾销法律对出口厂商恶意竞争性倾销力有不及，需要反垄断法、反不正当竞争法的介入。

（六）战略性产业补贴与研发补贴形成的倾销

战略性产业补贴与研发补贴形成的倾销与国家鼓励扩大出口政策形成的倾销相类似，但国家补贴的原因不一样。国家（地区）对战略性产业进行补贴，是因为战略性产业具有规模经济，战略性产业的国际分工的形成具有偶然性，或者战略性产业的发展具有外溢效应。这是政府对某些"战略性"产业进行支持与贸易保护的目的，是帮助本国垄断企业从全世界获得更多的垄断利润，可以通过补贴形成有利的分工格局，或者获得更多的规模经济和外溢效应。这种倾销的低价是政府政策造成的，而且与国家为鼓励扩大出口政策而形成的倾销相比，对进口国危害更大，因为这种倾销对进口国"战略性"产业的建立和发展会造成损害与阻碍，对进口国的产业未来的国际竞争力、在世界分工体系中的地位产生长久影响，因而更应受到反倾销法或反补贴法的抵制，以及国家产业政策和经济发展战略的配合。

通过对倾销的经济原因的分析，我们得出以下结论：

第一，如果出口厂商倾销的原因是极短期内在进口国市场上以低于其国内的价格抛售产品（偶然性倾销或突发性倾销），其对进口国的危害是暂时的，损害可以忽略，进口国可以不采取反倾销措施。

第二，出口厂商为了开拓新市场，暂时低价销售产品，待消费者对此产品有一定认知度后，再恢复为正常价格。这种暂时低价是企业为了打开市场的一种正常的经营策略行为。事实上，国内厂商为了开拓新市场，也经常以暂时低价销售产品。所以进口国不应该采取反倾销措施。但现实中，这种低价行为难以判断究竟是厂商的正常经营策略还是厂商恶意竞争性倾销行为，要根据销量、持续时间、造成后果进行具体判定。

第三，出口厂商为了实现规模经济，维持产品在国内的高价，在进口国市场上以低于其国内的价格出售产品。对进口国来说，持续性倾销对进口国工业的损害短时间是存在的；进口国可以采取也可以不采取反倾销措施。如果进口国国家在相似但不相同的产品上也采取这样的做法，即存在相互倾销，最后双方应该是互利性的产业分工（协议分工），双方应该在互利的基础上相互予以谅解，均不采取反倾销措施。

第四，出口厂商恶意竞争性倾销（掠夺性倾销），进口国应该采取反倾销措施；但是从反倾销实践来看，这类倾销行为是"动机良好"还是"别有用心"，在现实中难以判断定性也不切实际，不能直接推定出口厂商最后一定会抬高价格。即使出口厂商真的打算这么做，从实施所需环境和条件来说，出口厂商在现实中也难以实现。而且，即使出口厂商真的形成垄断地位后再抬高价格，进口国的保护国内市场竞争的其他法律（如反垄断法、反不正当竞争法等）会对这种行为进行规制。判断出口厂商恶意竞争性倾销只能以其出口价是否低于构成价格的成本以及是否造成损害后果为标准。

第五，国家鼓励扩大出口政策而形成的倾销、战略性产业补贴与研究、开发补贴形成的倾销，是出口厂商所在国家的"以邻为壑"造成的后果。这种倾销对进口国带来的影响不仅是负面的，而且是长期的，进口国理所当然应该采取反倾销措施。

需要注意的是，以上分析的仅是产品（货物）倾销，现实世界中，还存在外汇倾销、运费倾销和服务倾销等目前不受反倾销法规范和约束的倾销。鉴于服务贸易在国际贸易中日益增长的重要性，随着服务贸易自由化进程的加快，外汇倾销、运费倾销和服务倾销可能会更多地表现出来，对此应予以及时的关注和应对。

还应注意的是，由于反倾销法律实施的条件和作用限制，在现实政策上，应对对方的倾销需要反垄断法、反不正当竞争法、反补贴法的介入和国家经济、产业、财政政策的配合，才能达到预期目的。

二、对外反倾销的正当性

根据前文的分析，反倾销法律进行规制的倾销行为应包括三种情形：带有掠夺意图的恶意倾销（低于其正常成本）、出口国政府战略性产业补贴中的不可诉补贴（不可以采取反补贴措施）所形成的低成本倾销、作为贸易保护主义措施的倾销。

第一，带有掠夺意图的恶意倾销。出口国家具有垄断力的企业采取低价产品形式（低于其正常成本）限制竞争、扭曲正当竞争的行为，构成了不正当竞争。这种倾销行为跨越了国界，一国（地区）国内竞争法规制的能力变弱而力不能及，所以需要反倾销法的介入，以抵制域外的不正当竞争，保护本国相关产业的健康发展。

第二，出口国政府战略性产业补贴中的不可诉补贴所形成的低成本倾销。由于政府战略性产业补贴，出口企业的低价格不是其正常生产成本的反映，这种倾销行为也构成了不正当竞争。而由于这种补贴的不可诉性，不可以采取反补贴措施，所以不构成反补贴法的规制对象。在这种情况下，需要反倾销法的介入，以保护本国战略性产业的健康发展，维护本国的长期利益与战略利益。

第三，作为贸易保护主义措施的倾销。出口国基于贸易保护主义思想，以扩大出口、占领他国市场为目的，采用鼓励扩大出口政策，对企业出口进行政策扶持，使出口厂商的出口产品成本低于正常成本而形成倾销。这种低价不是市场原因而是政府"以邻为壑"政策造成的，会对进口国有关产业的建立和发展造成实质性损害或实质性威胁或实质性阻碍，损害了贸易公平，降低了经济效率。在这种情况下，需要反倾销法的介入来抵制不公平贸易，以保护本国的长期利益与整体利益。

前文对反倾销法律进行规制的倾销行为的分析只是站在进口国（地区）通过反倾销保护相关产业利益上的考虑，实际上，一个国家（地区）的价值目标是多元化的，而且往往更关注本国（地区）重视战略利益、长远利益、整体利益。国家参与国际经济贸易活动往往是为了本国整体的、长期的、战略的利益的增加，更重视的是国家安全以及作为国家安全保障物质基础的经济安全，以及本国在国际经济贸易活动中是否被公平对待（关系国家与民族的尊严）。所以，必须更全面地分析进口国（地区）进行反倾销的原因。笔者认为，进口国（地区）还可能基于以下原因对进口产品采取反倾销措施。

第一，基于维护国家安全的特殊产业的反倾销。在关系国家安全的生产重要战略物资的产业面临国际市场低价竞争（倾销）时，防止过于依靠进口，进口国（地区）的政府应特别加以保护，以保持国家经济的独立自主，保障国家安全。① 适用于以国家安全为依据来采取反倾销措施的产业面比较窄，但对进口国（地区）的影响往往具有战略意义。

第二，基于维护国家经济安全的反倾销。如果境外出口厂商的倾销行为损害、危及进口国（地区）的经济安全时，无论出口厂商的倾销行为是否公平贸易、公平竞争，都会采取反倾销措施来消除倾销行为的危害（战略性产业反倾销可以视为其中的一个原因）。国家经济安全是国家经济主权至上理念的体现，基于维护国家经济安全的反倾销是国家经济主权至上理念在反倾销法律制度及实施中的体现。②

第三，基于对歧视性反倾销做法进行报复的反倾销。一国（地区）的出口产品在国际贸易中应该被公平对待，如果出口产品被贸易对象采取了

---

① 见本书第二章"反倾销的法学理论基础"中"国家安全论"的分析。
② 见本书第七章"我国对外反倾销的理念、原则与价值目标"的分析。

歧视性反倾销，进口国（地区）为了保障出口产品的公平权利，根据对等原则，对歧视性反倾销做法采取必要的反倾销措施予以报复或遏制。

进口国（地区）进行基于维护国家安全的特殊产业的反倾销、基于维护国家经济安全的反倾销、基于对歧视性反倾销做法进行报复的反倾销无疑都具有正当性，但也要防止被滥用。

三、对外反倾销的合理性

在符合现行国际反倾销规则规定的情况下，进口国（地区）对以上分析的倾销行为进行反倾销规制无疑具有合法性与正当性。但是从具体情况来分析，从法经济学角度来看，一国（地区）的反倾销还应具有合理性，即反倾销应符合经济效率原则。

通过前文的分析，我们可以发现，进口国（地区）的反倾销在以下情况符合经济效率原则：（1）进口国政府有可能通过征收"反倾销税"而增加经济利益。而且，进口国课征"反倾销税"来提高收益比课征一般进口关税更有优越性，即使是国际贸易的"小国"，征收反倾销税，也有可能获益，另外，因为进口国以一种受害者的姿态出现，可能受到其他国家的同情。[①]（2）贸易"大国"的反倾销可以改变国际市场价格，本国的贸易条件得到改善，从而使得本国的资源配置优化，经济福利增加，经济效率提高。虽然反倾销效果会受到诸多因素（如贸易转移效应、税率的高低、产品的类型等）的制约与影响，但是如果措施适当，还是可能符合经济效率原则的。（3）如果是对战略性产业进行反倾销，国内市场符合规模经济和不完全竞争的条件，积极的政府干预政策可能改变不完全竞争厂商的竞争行为和结果，并使整个社会整体经济福利水平上升。

通过前文的分析，我们还发现，影响进口国（地区）反倾销经济效率的因素是多方面且不确定的。既取决于短期（静态）效应，又受制于长期（动态）效应；既取决于保护产生的生产效应，又受制于保护导致的消费效应；既取决于进口产品的产业类型（是否具有规模经济、是否属于战略

[①]　见本书第二章"反倾销的经济学理论"的分析。

性产业、上下游产业关联性大小），又受制于进口国家的贸易地位（在该产品的国际市场上是贸易"大国"还是"小国"）；既取决于进口国的政策措施（产业政策还是贸易政策、反倾销税率的高低），又受制于对方国家的政策措施（是否进行反倾销报复）与企业行为（是否采取规避措施）。因此，评价反倾销的效应，不能仅考虑短期效应、正面效应、局部效应，还应关注反倾销带来的长期效应、负面效应、整体效应，应从社会的角度综合评价反倾销对社会整体经济福利水平产生的影响。

而且，进口国（地区）反倾销还存在引致效应。反倾销引致效应会削弱或抵消进口国（地区）反倾销的产业救济效果，增加进口国（地区）实施反倾销措施的成本，损害反倾销的贸易公平价值目标，受益的可能是其他境外厂商，可能在国内市场上引发更加激烈的竞争，进一步恶化竞争环境，背离一国（地区）采用反倾销措施的最初目的。

反倾销是否符合经济效率原则可以使用法经济学的经济效率标准来衡量。法经济学的卡尔多—希克斯效率标准可以衡量或权衡进口国（地区）反倾销法律以及反倾销实施中的利弊得失，能够兼顾效率和公平，使反倾销成为趋利避害的措施。法经济学的经济效率标准是对帕累托效率标准的改进，允许反倾销法律在实施中，可以有受益者，同时也可以存在受损者，只要反倾销受益者的所得大于反倾销受损者的所失（补偿原则），即使反倾销的受益者没有补偿反倾销的受损者，这种反倾销也符合效率要求，社会整体福利仍然被改进。

结合本章的分析，笔者认为，进口国（地区）符合经济效率的反倾销的情形应该包括：（1）具有掠夺意图的恶意倾销；（2）出口国政府战略性产业补贴中的不可诉补贴所形成的低成本倾销；（3）作为贸易保护主义措施的倾销。另外，基于维护国家安全目的的特殊产业反倾销、维护国家经济安全的反倾销、对歧视性反倾销做法进行报复的反倾销这三种特殊情形下的反倾销，如果以社会整体利益最大化为目的，那么也符合经济效率原则。

四、反倾销的正当性应符合经济效率原则

本书认为，要保证对外反倾销措施具有正当性与合理性，就必须符合

经济效率原则。从本质上看，反倾销法律体现的首要价值在于维护市场的公平竞争，而公平竞争的直接作用则体现出对进口国竞争产业的保护。在倾销情形下，两国企业的竞争地位是不公平的。需要政府采取反倾销措施，限制或削弱不公平现象的存在。然而，理论上说，反倾销可能会促进贸易公平、竞争公平，但在具体实施中由于受多种因素制约，不一定能达到进口国政府或进口竞争产业的预期效果。

（一）仅强调维护贸易公平难以达到反倾销救济效果

首先，贸易公平本身难以界定。不同国家生产力水平与经济发展阶段的差异，使其难以采用一致的生产标准。不同地区或国家之间的成本差异巨大。[①] 不同地区或国家之间的价格差异也可能只是企业正常的差异化定价策略。[②]

其次，反倾销以维护贸易公平为目的造成新的不公平。通过前面的分析我们可以看到，对外反倾销以维护贸易公平在现实中产生了许多问题：倾销并非一定是不公平竞争的行为，而反倾销并非一定是维护贸易公平竞争的行为。而且，对外反倾销保护了国内竞争产业利益，却损害了出口厂商、国内进口商，产品的下游产业、最终产品的消费者等利益关系方的利益，反倾销以维护贸易公平为名却又损害了其他人的利益，造成了新的不公平。以保护公平竞争为理由进行反倾销或者通过反倾销保护来促进公平竞争，有可能造成更不公平的竞争。

再次，反倾销以维护贸易公平为名很容易遭到对方的反指控、报复。由于贸易公平本身难以界定，有时明知报复措施会使本国损失更大，但为了某种特定的政治利益，仍然会采取报复性反倾销。

最后，"反不公平竞争"可能被国内厂商用来作为反对进口的借口，

---

① 以铁矿石生产为例：中国冶金矿山企业协会估算，国内矿山企业生产完全成本估算低于100美元的占65%（其中80~100美元占20%）；100~120美元/吨的占15%；高于120美元/吨的占20%。中国矿山超过50%的完全生产成本在80美元/吨以上。而据瑞银估计，以品位62%的铁矿石中国到岸价来说，力拓的铁矿石盈亏平衡点在42美元/吨，必和必拓在51美元/吨，淡水河谷在60美元/吨。几大矿山也在不断降低生产成本和海运费，在60美元/吨的价格条件下，四大矿山仍能取得相当的利润。

② 参阅第一章"倾销的经济学理论"的分析。

一些国家的某些行业劳动生产率低下，面对国际竞争不求改进，反怪罪于外国商品，以受害者的姿态出现来进行反倾销保护。

（二） 以经济效率为判断依据可以防止反倾销偏离维护贸易公平的目标

反倾销以维护贸易公平为名，为了保护国内产业利益，很容易偏离贸易公平轨道，反倾销演变为贸易保护的措施，伤害本国的经济效率。这里借助反倾销的政治经济学[①]来说明这个问题。

反倾销的政治经济学以实证分析方法而不是规范分析方法来讨论反倾销政策的制定，讨论的问题是政府为什么会采取反倾销措施的现象，而不再是如何通过对外反倾销来达到本国整体福利最大化的目标（最佳的选择）。反倾销的政治经济学认为利益集团的院外活动会直接影响到反倾销政策的制定以及反倾销保护水平的高低。对外反倾销会影响到一国（地区）的收入分配格局，而不同社会阶层或利益集团对此会有不同的反应，反倾销中受益的一方支持对外反倾销，而反倾销中受损的一方则会反对对外反倾销，各种力量交织在一起最终决定是否对外反倾销。

为了简化分析，假定反倾销中存在的三个利益集团：进口竞争产业集团、出口产业集团和消费者集团。管理反倾销的政府部门（也是反倾销受益方，但反倾销税收入归中央政府财政收入，不归进口管理的政府部门所有）最终选择是否采取反倾销保护政策取决于三个利益集团的力量对比。为了使贸易政策有利于自己，假设三个利益集团通过院外活动的方式来游说政府部门的反倾销政策制定者。利益集团的院外活动需要一定的成本，但是并不是利益集团的每个人都愿意负担这样的成本。

进口竞争产业集团：外国商品的倾销对进口竞争产业集团利益的损害直接而明显，而且进口竞争产业集团的生产者容易集聚，同时，进口竞争产业集团的生产者往往有集团利益的代表即行业协会。

出口产业集团：反倾销对出口产业集团的利益有损害，但损害影响效

---

① 贸易政策政治经济学（the political economy of trade policy or protection）思想：任何一项经济政策都可能会影响到一国的收入分配格局，而不同社会阶层或利益集团对此会有不同的反应，受益的一方会支持这项政策，而受损的一方则会反对这项政策，各种力量交织在一起最终决定了政策的制定或选择。

果间接而且存在一定时间的滞后效应。

消费者集团：倾销使消费者集团利益受益而反倾销使消费者集团利益受损。但进口商品只是消费者集团众多消费品中的一种，每个消费者利益受损程度间接且不显著，而且消费者数量众多，组织成本高昂，难以采取统一行动。

因此，由于利益的影响不同，进口竞争产业集团对限制进口的反倾销措施的需求最为强烈而迫切，而且有能力支付院外活动需要的成本；出口产业集团有能力支付院外活动需要的成本，但反对进口反倾销措施的需求可能并不是很强烈和迫切，反对并不十分强烈；消费者集团没有能力支付院外活动需要的成本，可能对倾销与反倾销都不太关心，进行院外活动的愿望很低。这样，只要游说政府部门政策制定者采取对外反倾销的院外活动成功后的利益高于其院外活动成本，进口竞争产业集团就会积极进行支持反倾销的院外活动；出口产业集团和消费者集团出于各种原因并不会积极反对反倾销政策的出台。这样，政府部门政策制定者最终选择对外反倾销政策，会有利于进口竞争产业集团。

然而，对外反倾销政策的制定可能会偏离国家整体福利最大化（经济效率）这一目标。因为对外反倾销政策只是有利于进口竞争产业集团，而不一定有利于整个国家资源配置的优化与整体福利的提高。

政府部门政策制定者反倾销政策制定过程中，如果是以本国整体福利最大化为目标，以经济效率为判断依据则可以防止这种偏离。

五、对外反倾销正当性与合理性的判断标准

对外反倾销正当性与合理性的判断标准亦即反倾销经济效率的判断标准。法经济学将卡尔多—希克斯效率标准视为实现社会福利最大化目标的有效工具。在卡尔多—希克斯效率标准中，对现状进行的某种改变，允许受益者与受损者都可以存在，但是这种改变带来的收益，只要能够大于损失，那么这种改变仍然是符合效率要求的，而且卡尔多—希克斯效率标准并不要求补偿必须发生。

通过对反倾销的经济效应的分析我们发现，对外反倾销既有受益者也

有受损者。对外反倾销具有经济效率的标准就是受益者的所得是否大于受损者的所失，即判断一国（地区）进行对外反倾销经济是否会增加本国（地区）社会的经济福利。或者说，对外反倾销的收益是否大于对外反倾销的成本。[①] 反倾销效应是一个在时间上持续的过程，必须考虑时间的价值。反倾销收益与成本（货币化）的现在价值称为现值（present value），将来值（future value）是现值与时间价值之和。对外反倾销经济效率的判断依据是其经济影响的净现值（反倾销收益减去反倾销成本，net present value，NPV）。将对外反倾销存在期（或计算期）内每一年发生的反倾销收益和反倾销成本，按预先一定的贴现率贴现到进行进口反倾销的时间上，反倾销存在期现值的总和称为项目的净现值。

对外反倾销受益方主要是国内生产厂商（价格与产出变动）、政府（反倾销税收收入）。国内受损方主要是国内进口商（反倾销税纳税义务人）、产品的下游产业（中间投入品价格）和最终产品的消费者（反倾销税转嫁）。另外还有发起反倾销申请、调查、裁决及监督、税收收取等与反倾销相关的直接成本等。

设进口国的反倾销收益为 CI，反倾销成本为 CO，i 是贴现率。[②] 对外反倾销经济影响的净现值（NPV）为：

$$NPV = \sum_{t=0}^{n} (CI - CO)_t (1 + i_0)^{-t}$$

或：

$$NPV = \sum_{t=0}^{n} CI_t (1 + i_0)^{-t} - \sum_{t=0}^{n} CO_t (1 + i_0)^{-t}$$

[①] 三种特殊反倾销情形分析：基于维护国家安全的特殊产业的反倾销不能纳入分析框架，但从战略的角度考虑，基于维护国家安全的反倾销仍然是为了本国的社会整体利益最大化，也符合反倾销的经济效率价值目的。对境外的歧视性反倾销做法进行报复的反倾销也是一种特殊情况，不能纳入分析框架，但从全面的（考虑出口产品的利益）角度考虑，对境外的歧视性反倾销做法进行报复的反倾销仍然是为了本国的社会整体利益最大化，也符合反倾销的经济效率价值目的。基于经济安全的反倾销从长期来看，不能偏离经济效率，需要使用经济效率标准来保障选择反倾销保护的幼稚产业的正确性时，可以使用经济效率标准判断。

[②] 贴现率 i 一般应等于资本市场中长期贷款的利率。或反倾销产业的中长期贷款的实际利息率，可能会受国家贷款产业优惠利率的影响。

对外反倾销经济效率的判断准则为：

NPV ≥ 0　可对外反倾销；

NPV < 0　不对外反倾销。

NPV 等于零时，表示反倾销收益等于反倾销成本。只有 NPV 大于零时，即反倾销收益现值大于反倾销成本现值时，反倾销才能增加本国经济福利，或对外反倾销是有经济效率的，可以或应当发起对外反倾销（还应当符合发起反倾销的其他条件）。当 NPV 小于零时，即反倾销收益现值小于反倾销成本现值时，反倾销会损害本国经济福利，或对外反倾销没有经济效率，不应发起反倾销。

第五节　小结

本章的对外反倾销效应的法经济学分析，包括对外反倾销的利益效应、对外反倾销的引致效应、反倾销效应与产业支持效应的比较、反倾销的正当性与合理性四个部分。

第一部分是对外反倾销的利益效应，即对外反倾销所产生的利益影响，包括对进口国短期利益、长期利益、生产要素收益、战略性产业利益的影响。为了更好地理解反倾销产生的利益效应，从进口国（地区）角度，将倾销的利益影响与反倾销的利益影响进行对比分析。

短期利益影响分析的结论。"小国"反倾销将降低社会整体经济福利水平，缺乏经济效率；倾销与反倾销对进口"大国"产生的经济福利水平的影响不确定。贸易"大国"进行对外反倾销有可能符合经济效率原则。

长期利益影响分析的结论。出口"小国"从境外出口厂商的倾销行为中获得了经济福利，提高了经济效率；倾销对出口"大国"的影响不确定，一般情形下会增加经济福利但增加幅度会小于"小国"，特殊情形下，可能出现"福利恶化增长"。反倾销使进口国经济增长出现"进口替代型"增长。进口"小国"反倾销恶化资源配置，降低经济效率，得不偿失。进口"大国"反倾销可能优化资源配置，提高经济效率，增加社会整体经济福利水平。在一定条件下，贸易"大国"对进口反倾销是必要的，但效果会受到诸多因素（如贸易转移效应、税率的高低、产品的类型等）的制约与影响。

生产要素收益影响分析的结论。进口国的反倾销，从长期来讲，导致出口产业密集要素实际收益下降，进口竞争产业中密集要素的实际收益上升。

反倾销对进口国战略性产业利益的影响分析的结论。战略性产业补贴形成的倾销体现了国际贸易参与国家对战略性产业利益的争夺，如果进口国不采取反制措施，会丧失战略性产业的国际竞争力，从而伤害长远利益与整体利益。进口国政府对战略性产业积极的干预政策（反倾销、反补贴），可能改变不完全竞争厂商的竞争行为和结果，并使整个社会整体经济福利增加。因其所在国政府的战略性补贴（除"绿箱"补贴外）形成的境外出口厂商倾销行为，进口国政府应该通过对外反倾销法律来进行规制。反倾销法律与反补贴法律具有相互配合的必要性。

第二部分是对外反倾销的引致效应，即由对外反倾销所引发、导致的效应，包括继发性保护、贸易转移、投资跨越、反倾销报复等削弱反倾销保护作用的主要引致效应。反倾销继发性保护效应、贸易转移效应的存在，增加了进口国反倾销的成本，降低了经济效率，损害了反倾销法律的公平价值目标；投资跨越效应会削弱进口国家反倾销政策的国内产业保护作用的救济效果，还可能在国内市场上引发更加激烈的竞争，进一步恶化竞争环境，背离一国（地区）反倾销的最初目的；反倾销引发报复效应则会进一步加大进口国（地区）的成本。

第三部分是反倾销效应与产业支持效应的比较，对比分析反倾销贸易政策与产业经济政策对进口竞争性产业进行支持的经济效率（社会福利）。从经济效率角度讲，对进口竞争性产业进行支持的产业补贴政策优于对外反倾销贸易保护政策。国内生产厂商也比较喜欢生产补贴。

第四部分是反倾销的正当性与合理性。带有掠夺意图的恶意倾销；出口国政府战略性产业补贴中的不可诉补贴（不可以采取反补贴措施）形成的倾销；作为贸易保护主义措施的倾销这三种倾销应该被规制。基于维护国家安全目的的特殊产业反倾销、维护国家经济安全的反倾销、对歧视性反倾销进行报复的反倾销都具有正当性。符合经济效率的进口国（地区）反倾销的情形应该包括：具有掠夺意图的恶意倾销；出口国政府战略性产业补贴中的不可诉补贴所形成的低成本倾销；作为贸易保护主义措施的倾销。另外，基于维护国家安全目的的特殊产业反倾销、维护国家经济安全的反倾销、对歧视性反倾销做法进行报复的反倾销这三种特殊情形下的反倾销，如果以社会整体福利最大化为目的，那么也符合经济效率原则。反倾销的正当性应符合经济效率原则。反倾销经济效率的判断标准为卡尔多—希克斯效率标准（反倾销收益现值大于反倾销成本现值，社会整体经济福利最大化）。

第四章
Chapter 4

我国对外反倾销的发展
历程及现状

本章首先分析我国对外反倾销规制的对象，简单介绍对外反倾销法律制度的变迁与现行规定，最后分析我国实施对外反倾销的现状。

第一节　我国对外反倾销的规制对象

根据前文的分析结论，我国应该进行反倾销规制的情况包括以下几方面。

第一，境外对我国进行的带有掠夺意图的恶意倾销，这种采取低价产品形式（低于其正常成本）的倾销，限制了竞争、扭曲了正当竞争行为，构成了不正当竞争。而且，这种倾销行为跨越了国界，我国国内竞争法规的制约能力变弱而力不能及，所以需要反倾销法的介入，以抵制域外的不正当竞争，保护我国相关产业的健康发展。

第二，出口国政府战略性产业补贴中的不可诉补贴（不可以采取反补贴救济措施）形成的对我国进行的低成本倾销，由于政府战略性产业补贴，出口企业的低价格不是其正常生产成本的反映，这种倾销行为也构成了不正当竞争。而由于这种补贴的不可诉性，不可以采取反补贴措施，所以不构成反补贴法的规制对象。在这种情况下，需要反倾销法的介入，以保护我国战略性产业的健康发展，维护我国的长期利益与战略利益；出口国政府战略性产业补贴中的不可诉补贴形成的低成本倾销。

第三，作为贸易保护主义措施的倾销。出口国基于贸易保护主义思想，以扩大出口、占领他国市场为目的，采用鼓励扩大出口政策，对企业出口进行政策扶持，使出口厂商的出口产品成本低于正常成本而对我国进行的倾销。这种低价不是市场原因而是政府"以邻为壑"政策造成的，对我国有关产业的建立和发展会造成损害、威胁、阻碍，损害了贸易公平，降低了经济效率，在这种情况下，需要反倾销法的介入来抵制不公平贸易，以保护我国的长期利益与整体利益。

在符合现行国际反倾销规则规定的情况下，我国对贸易对象的这三种倾销行为进行反倾销规制无疑是合法的、正当的。但是从具体倾销情况来分析，从法经济学角度来看，还要保证我国的反倾销措施具有合理性，即采取反倾销措施应符合经济效率原则：通过征收"反倾销税"可以增加经济利益；或者我国在国际市场上是该产品（产业）贸易"大国"，反倾销可以改变国际市场价格，改善我国的贸易条件，优化本国的资源配置，从而使整体经济福利增加；或者该产品（产业）是战略性产业，国内市场符合规模经济和不完全竞争的条件，反倾销可能改变不完全竞争厂商的竞争行为和结果，并使整个国家福利增加。

以上对反倾销的正当性与合理性的分析主要是一种理论探讨。现实中，是否发起进口反倾销，还取决于反倾销受益方（国内生产厂商、政府）与国内受损方（国内进口商、产品的下游产业、最终产品的消费者）的利益博弈、反倾销行政当局的政策偏好与政策制定机制、与贸易对象的外交关系以及对方是否可能采取报复措施、对方采取报复措施的影响等诸多因素的制约。仅从我国国内来看，受到倾销威胁的国内受损行业会努力游说甚至施压于反倾销行政当局，要求采取进口反倾销措施；而倾销受益的国内进口商、产品的下游产业会反对采取进口反倾销措施。

另外，如果境外出口厂商的低价竞争行为对我国的一些关系到国家安全的特殊产业构成了威胁，或低价竞争行为损害了我国的经济安全甚至经济主权，或境外对我国的出口产品采取了歧视性反倾销做法，我国也应该发起对外反倾销予以抵制或报复。但是，基于维护国家安全目的的特殊产业反倾销、维护国家经济安全的反倾销、对歧视性反倾销做法进行报复的反倾销这三种特殊情形，从长期、战略与全面的角度看，也应符合经济效率原则，也就是最终还是必须以我国整体利益最大化为目的。

第二节 我国对外反倾销法律制度的变迁与现行规定

我国的对外反倾销法律制度历经了从如何应对出口被反倾销、境内企业产生对外反倾销需要、政府初步确立反倾销法律救济条款，到初步形成法律体系（反倾销和反补贴合并立法，1997），再到单独立法的过程。

一、改革开放前没有反倾销法律制度

一项制度的产生有其供给与需求的土壤。在传统的计划经济体制背景下的高度集中的外贸管理体制，没有反倾销法律制度产生的供给与需求。

改革开放以前，我国实行的是对外贸易统制政策，贸易保护是关税壁垒和非关税壁垒并重的多重贸易保护。对外贸易统制政策以直接行政干预，尤其以计划管理为特征，并以"计划"为核心来开展进出口贸易，对外贸易实行国家垄断经营，实行国家财政统负盈亏的外贸财务管理。

也就是说，对外贸易统制政策下，对外贸易活动全部围绕计划展开。国家统包盈亏，通过指令性计划和行政干预对外贸易活动，只有国家利益，包括反倾销法律在内的规范企业、个人对外贸易活动的制度都没有存在的必要，没有制度需求。

在新中国诞生前夕，毛泽东指出："人民共和国的国民经济的恢复和发展，没有对外贸易的统制政策是不可能的"[1]，随后，《共同纲领》[2] 明确规定："实行对外贸易管制，并采用保护贸易政策。"1956～1978 年，对外贸易统制政策制度成为法定的对外贸易的正式制度。

所以，传统的计划经济体制背景下的高度集中的外贸管理体制，没有反倾销法律制度产生的供给与需求，不具备产生的土壤。

---

[1] 参见《在中国共产党第七届中央委员会第二次全体会议上的报告》。毛泽东在报告中指出："对内的节制资本和对外的统制贸易，是这个国家在经济斗争中的两个基本政策。"

[2] 1949 年 9 月中国人民政治协商会议第一届会议通过的《中国人民政治协商会议共同纲领》具有临时宪法作用。

二、改革开放后首先是应对被反倾销

1979 年实行的对外开放政策使我国的对外贸易得到迅猛发展。我国企业第一次遭遇了来自外国的反倾销指控——1979 年 8 月欧共体对我国糖精、钠和闹钟发起反倾销调查。所以，我国对反倾销法律制度的最初认识，来自境外对我国出口产品发起的反倾销。

随着改革开放的扩大和深入，境外频繁运用反倾销措施，对我国出口产品发起的反倾销越来越多，出口产品逐步成为了被反倾销的重点。由于屡次被反倾销，改革开放之后逐步实现对外贸易自主经营、自负盈亏的企业感受到了切肤之痛，国家利益也遭受了惨重损失。利益变动刺激了应对反倾销的制度需求与供给。在这种形势下，原对外经贸部发布了两个规定[1]，为我国出口企业应对被反倾销提供了一定制度保障。

三、对外反倾销法律的制度制定与变迁

我国的巨大市场特别是未来的增长潜力吸引了境外厂商把我国作为其扩大市场份额的目的地，同时，我国也成为了世界上许多产品的进口"大国"。随着改革开放的逐步深入，出现了境外出口厂商恶意低价倾销，损害我国产业利益的现象。

境外出口厂商低价的行为很容易引起我国一些消费者的欢迎。但具有掠夺性意图的倾销将来可能会是垄断高价；扰乱国家正常经济秩序，进而威胁国家经济主权。境外厂商通过滥用自己的经济地位，以谋求在我国更多的市场份额和利润。

国外产品的倾销，造成国内企业经营惨淡，开工不足，工人失业，而刚脱胎于计划经济体制的国内企业没有招架之功；由于我国还没有对外反倾销法律制度，国内企业也没有还手之力。当我国的一些企业准备利用法

---

[1]　《关于中国出口产品在国外发生反倾销案的应诉规定》及《关于处罚低价出口行为的暂行规定》。

律武器发起对外反倾销时，才发现根本无法可依。利益变动同样也刺激了对外反倾销的制度需求与供给。我国面临的倾销与反倾销的现实、经济体制的改革、外贸体制的改革都需要社会主义反倾销法律制度的出现。

（一）建立反倾销法律制度是市场经济体制的要求

市场经济是法治经济，反倾销法律制度是社会主义对外贸易法律制度的有机组成部分。随着我国社会主义市场经济体制的逐步建立与完善，特别与 GATT 贸易规则和 WTO 制度逐步对接，需要运用法律措施作为基础性手段，维护我国正常的进出口贸易市场秩序，规范我国国际贸易中经营主体（包括进口与出口两个方面的经营主体）的行为，为经营主体提供行为准则，保障国际贸易经营主体的合法、正当经济权益，防止不正当竞争行为对本国进出口贸易市场秩序和经营主体造成破坏与损害，防止对外贸易管理部门行政权力的滥用。反倾销法律制度正是规制境外出口厂商、我国进口竞争厂商、我国反倾销管理部门等反倾销利益相关方行为的正式制度安排，是对企业国际贸易经济行为、政府反倾销行政手段的规范。

（二）建立反倾销法律制度是适应国际反倾销规则的需要

我国在加入 WTO 的谈判过程中，以及《中华人民共和国加入 WTO 议定书》承诺的履行，都需要我国订立和完善反倾销法。并且在加入 WTO 后，作为其成员，我国反倾销法律制度的制定及实施，都必须符合 WTO 反倾销规则。遵守包括反倾销规则在内的 WTO 国际贸易规范是我国的承诺与义务。因此，我国建立遵守国际反倾销规则的反倾销法律制度，依法采取对外反倾销措施，既是我国作为 WTO 成员的义务，又是我国合法进行贸易救济的权利。

（三）建立反倾销法律制度是维护我国对外贸易正当权利的需要

国际贸易领域充满了国家（地区）之间的利益争夺，国际贸易利益的分配也不是完全公平的。我国的巨大市场特别是未来的增长潜力，吸引了许多境外出口厂商把我国作为其扩大市场份额的理想目的地，一些境外出口厂商（以及其所在国家或地区的政府）采取不公平、不合理的倾销措施来抢占或挤占我国的市场；同时，一些国家（地区）的政府和企业对我国的出口产品采取歧视性反倾销措施来进行不公平竞争，我国的许多行业（企业）深受境外出口厂商倾销行为之害，饱受境外歧视性反倾销措施之苦，正当贸易利益遭受了严重损失。我国必须通过建立反倾销法律制度、采取反倾销措施来保护国家、产业和企业的正当经济利益，维护公平竞争，规制来自境外的不公平、不合理的倾销行为，反击境外的歧视性反倾销措施。

从我国反倾销法律制度的渊源来看，我国反倾销法律制度主要来源于国际法，即关于反倾销问题的国际条约（协定），尤其以主要是 WTO（GATT）的相关规定为范本，当然也参照了一些主要国家（地区）的反倾销法律。在我国反倾销法律的制度制定与变迁中都体现了这一点，体现了制度变迁的路径依赖特征。

四、对外反倾销法律制度体系

我国对外反倾销法律制度以《中华人民共和国对外贸易法》（以下简称《对外贸易法》）为基本法，以《中华人民共和国反倾销条例》（以下简称《反倾销条例》）为核心法，以部门规章为配套法，形成了一个完整的对外反倾销法律体系。我国现行对外反倾销法律体系如图 4－1 所示。

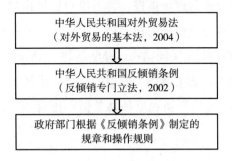

图 4－1　我国反倾销法律制度体系

注：（1）1994 年《对外贸易法》中首次写入了对外反倾销条款，现行的《对外贸易法》是 2004 年的修订版。（2）2002 年《反倾销条例》是对外反倾销的单独立法（1997 年的《反倾销和反补贴条例》为反倾销与反补贴合并立法），现行《反倾销条例》是 2004 年的修订版。（3）有关部门还根据新的《反倾销条例》制定了许多规章和操作规则。

（一）反倾销基本法——《对外贸易法》

《对外贸易法》是规制我国对外贸易领域的相关活动的基本法律规定，而对外反倾销是我国参与国际贸易过程中的一种救济措施，所以《对外贸易法》自然也就是我国对外反倾销的基本法。

为了适应发展社会主义市场经济及大力发展对外贸易的需要，1994 年《对外贸易法》制定并实施。1994 年《对外贸易法》中首次写入了我国的对外反倾销条款（第三十条、第三十二条）①，首次对我国的对外反倾销问题做出了原则性规定，开始了我国的对外反倾销立法。2004 年，根据"入世"的形势需要，第十届全国人大常委会修订了《对外贸易法》。现行的2004 年《对外贸易法》，与反倾销有关的主要条款是第四十一条、第四十二条、第五十条、第六十六条。②

但是，《对外贸易法》毕竟是我国对外贸易的基本法，是对外贸易的框架性立法，维护公平的对外贸易秩序只是其立法原则之一，该法的对外反倾销条款规定是概括的，没有也不可能充分地反映我国对外反倾销的制度内容，需要制定相应的操作规范和细则。

（二）反倾销核心法——《反倾销条例》

随着我国改革开放的逐步推进，为了应对境外出口厂商在我国市场肆意倾销、对我国产业造成伤害的新形势，为我国企业提供维护自身正当利益的法律武器，1997 年《反倾销和反补贴条例》颁布实施。《反倾销和反补贴条例》的颁布，标志着我国反倾销的法律体系初步形成。

值得一提的是，《反倾销和反补贴条例》出台当年，出现了我国历史

---

① 参见 1994 年《中华人民共和国对外贸易法》第三十条的规定。
② 2004 年《对外贸易法》与反倾销有关的主要条款：第四十一条重申了 1994 年《对外贸易法》第三十条内容；第四十二条增加了请求第三国代为采取反倾销措施的规定；第五十条为我国制止规避反倾销措施行为的规定；第六十六条规定了对外贸易管理行为（包括反倾销措施）的行政复议和行政诉讼制度。

上第一起对外反倾销案例，立法效果开始显现。①

2001 年 12 月，中国正式加入世界贸易组织（WTO）。为解决《反倾销和反补贴条例》在实施中出现的问题，以及应对入世以后的新情况②，国务院颁布《反倾销条例》③，并于 2002 年起施行。2002 年《反倾销条例》的颁布实施，标志着我国对反倾销问题单独立法的开始。现行的《反倾销条例》是 2004 年 6 月修订版本，对 2002 年《反倾销条例》进行了微调（见表 4 - 1）。④

表 4 - 1　　《中华人民共和国反倾销条例》（2004 年）的主要内容

章序	章名	规定内容
第一章	总则	反倾销条例立法宗旨，调整的法律关系范围
第二章	倾销与损害	相关术语定义，倾销与损害界定，明确反倾销调查主管机关
第三章	反倾销调查	反倾销调查范围、展开调查程序、实施调查方法、申请书要求、保密资料以及调查结果的处理
第四章	反倾销措施	临时反倾销措施、价格承诺和反倾销税的实施方式和适用条件
第五章	反倾销税和价格承诺的期限与复审	价格承诺履行期限、反倾销税征收时限、复审程序
第六章	附则	行政复议、诉讼、商务部相关权利，条例生效日期

――――――――――

①　《中华人民共和国反倾销和反补贴条例》于 1997 年 3 月 25 日由国务院颁布实施，这是我国关于反倾销的第一部专门法规。根据这一条例，应国内 9 家造纸企业申请，原外经贸部于 1997 年 12 月 10 日对自美国、加拿大和韩国进口的新闻纸发起我国历史上的首例反倾销调查。参见高虎城《依法实施反倾销措施 维护公平贸易秩序——中国反倾销立法与实践十周年回顾和展望》。1997 年 10 月 16 日，在国内新闻纸行业占 85.8% 份额的中国九大新闻纸厂家对国外新闻纸在中国进口倾销造成损害一事，向中华人民共和国对外经济贸易合作部提交了要求进行反倾销调查的申请。

②　乌拉圭回合谈判达成的《关于履行 1994 年关税与贸易总协定第 6 条的协议》规定包含两个方面的内容：其一，各成员国在制定其本国反倾销法和采取反倾销措施时，应遵循世贸组织反倾销协议的基本原则和制度，并不得与之相抵触；其二，采取反倾销措施不仅是各国保护其本国利益的必要手段，而且应当成为各成员国维护全世界正常贸易秩序、促进全球贸易向前发展的应尽义务。

③　共六章 59 条，包括总则、倾销与损害、反倾销调查、反倾销措施、反倾销税和价格承诺的期限与复审、附则。

④　修订主要有三个方面：（1）2004 年《反倾销条例》确定我国的反倾销主管部门是商务部，负责反倾销调查及复审；（2）增加了征收反倾销税和接受价格承诺应当符合公共利益的规定；（3）增加了有利于追溯征税措施的规定。

《反倾销条例》制定和完善的过程中，遵循 WTO 反倾销协议相关规定，借鉴欧美国家先进经验，参照国际惯例，坚持适度保护，不歧视、无差别待遇等原则。在反倾销法律制度具体规则方面，实体规则与程序规范，与 WTO《反倾销协议》总体相符。

（三）反倾销配套法——部门规章

在《反倾销条例》颁布以后，原对外贸易经济合作部、原国家经贸委、最高人民法院陆续根据《反倾销条例》制定了许多部门规章和操作办法，以有效地配合《反倾销条例》的具体实施。

五、对外反倾销具体措施（见表 4-2）

表 4-2　　　　　　　　　　我国反倾销措施的规定

措施	措施内容	时间	备注
临时反倾销措施	征收临时反倾销税或要求提供保证金、保函或者其他形式的担保	临时反倾销公告规定实施之日起 4 个月，特殊情况延至 9 个月	反倾销案件所采取的临时反倾销措施均为保证金形式
价格承诺及期限	如果国外出口经营者承诺采取改变价格或者停止以倾销价格出口的承诺，消除倾销的损害性影响，则可中止或终止调查	5 年	不采取临时反倾销措施或者征收反倾销税
反倾销税	肯定性终裁后，可征收反倾销税，并可对临时反倾销措施的期间追溯征收	不超过 5 年	终裁反倾销税追溯征收高于初裁的临时反倾销金额，差额部分不予收取；低于初裁的临时反倾销金额，差额部分予以退还或者重新计算税额
日落条款及复审	反倾销税的征收期限		复审确定终止征收反倾销税有可能导致倾销和损害的继续或者再度发生的，征收反倾销税的期限可适度延长

六、对外反倾销实施程序

根据《反倾销条例》的规定，我国对外反倾销的程序包括申诉、立案、调查、初裁、终裁等阶段，实施程序如图4－2所示。

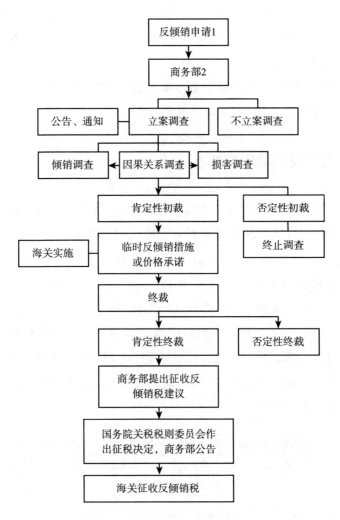

图4－2　中国对外反倾销实施程序

注：（1）商务部在特殊情形下可以自行决定立案调查；

　　（2）涉及农产品的国内产业损害调查，商务部会同农业农村部进行。

资料来源：根据《中华人民共和国反倾销条例》（2004年）绘制。

第三节　我国对外反倾销的现状

随着关税作用逐渐被削弱，WTO 成员纷纷运用 WTO 允许的合法手段之一的反倾销措施来保护本国产业。当本国产业受到损害和威胁时，我国应采取合适的对外反倾销措施，将损害减少到最低限度，以保护我国的产业利益，维护我国的经济安全。1997 年《反倾销和反补贴条例》出台以后，1997 年 12 月第一起反倾销案立案，启动了我国对外反倾销的进程。我国对外反倾销法的实施具有以下几个特征。

一、对外反倾销增长迅速

对外反倾销相对应的反倾销立案数较少，但增长迅速。1995～2022年，中国对外发起的贸易救济案件中，反倾销 297 起，占比 93.99%，反补贴 17 起，占比 5.38%，保障措施 2 起，占比 0.63%。同期，境外对中国发起的贸易救济案件中，反倾销 1576 起，占比 70.08%，反补贴 202起，占比 8.98%，保障措施 382 起，占比 16.99%。①

可见，1995～2022 年，全球对中国发起的贸易救济案件中，反倾销1576 起，相比起来，外国对我们国家的反倾销调查数量更多，为我国发起数量的 5.3 倍。截至 2022 年 12 月，我国对外反倾销申诉调查案件统计的具体情况如表 4-3 所示。

表 4-3　　我国对外反倾销申诉调查案件统计（1997～2022 年）

年份	反倾销调查案件数量（件）	肯定结案（件）	肯定结案比例（%）	否定结案（件）
1997	3	3	100	0
1998	0	0	0	0
1999	7	6	85.7	1
2000	6	5	83.3	1

① 数据基于中国贸易救济信息网数据库数据生成。来源于中国贸易救济信息网。

续表

年份	反倾销调查案件数量（件）	肯定结案（件）	肯定结案比例（%）	否定结案（件）
2001	17	11	64.7	6
2002	30	26	86.7	4
2003	22	20	90.9	2
2004	27	19	70.4	8
2005	24	13	54.2	11
2006	10	10	100	0
2007	4	4	100	0
2008	14	13	92.9	1
2009	17	12	70.6	5
2010	8	7	87.5	1
2011	5	4	80	1
2012	9	9	100	0
2013	12	9	75	3
2014	7	5	71.4	2
2015	11	11	100	0
2016	5	5	100	0
2017	24	24	100	0
2018	16	12	75	4
2019	14	11	78.6	3
2020	4	3	75	1
2021	0	0	0	0
2022	2	—	—	—

资料来源：中国贸易救济信息网，经笔者加工整理所得。

从表4-3来看，我国发起反倾销调查案件的趋势总体呈现出先上升后下降的趋势。1997～2002年是我国反倾销的第一个阶段，即加入WTO前期，案件总数不断上升。2002～2005年进入发起反倾销调查的高峰期，反倾销申诉保持着较高水平。从2006开始有降有升，2020～2022年，受全球新冠疫情流行影响，反倾销几乎停滞，3年共发起6件，2021年未发起调查。

根据整理的数据可知，1997～2022年，我国对外反倾销调查共297件，除了一件正在调查中外，无措施结案49件，肯定结案比例为约83.5%，说明我国对外反倾销措施的实施是有一定作用的，而且总体上呈慎重倾向。

"入世"后我国对外反倾销的数量明显增多，说明我国越来越注重反倾销措施的运用，在符合 WTO 规则的情况下，我国的反倾销力度进一步加强，这也与 2002 年 1 月 1 日起施行《反倾销条例》强化了可操作性有关。

二、涉案行业比较集中

我国对外反倾销案件所涉及的行业比较集中。截至 2014 年底，对外反倾销立案考察所涉及的产品，虽然包括石化、造纸、冶金、纺织等行业，但是石化行业是反倾销最集中的一个行业，我国对外反倾销的案件中，针对石化行业产品的反倾销案件所占的比重约为 50%。

我国对外反倾销案件所涉及的行业比较集中。1997 ~ 2015 年我国对外反倾销的申诉案件中，主要涉及了化学产品、塑料产品、皮革制品、纸制品、贱金属制品、纺织制品、植物产品以及医疗仪器 8 个行业。通过进一步观察可以看到，反倾销申诉案件中，主要集中在化工行业，仅这一个行业就占了我国对外反倾销案件总数的一大半。另外，多种化工产品在不同年份重复出现，说明反倾销战略已经成为化工企业进行国际竞争的强有力的武器。主要是因为化工产业集中程度较高，容易立案；并且以往化工产品的申诉大都以肯定结案告终，从而激发了化工企业以反倾销手段维护自己的合法利益的信心；化工产业是我国基础产业或未来产业结构调整的重要产业，其下游产业较多，关联度大。1995 ~ 2013 年我国对外反倾销的行业分布如表 4 - 4 所示。

表 4 - 4　　　　1995 ~ 2013 年我国对外反倾销的行业分布

行业	化学工业	塑料及其制品	木浆及纸制品	贱金属及制品	精密仪器	矿产品	纺织原料制品	车辆、船舶及相关设备
指控数	119	39	16	16	6	4	4	2
制裁数	89	36	10	13	4	4	3	2

资料来源：WTO 网站。

我国对外反倾销产品主要集中在石化行业，可能的原因有以下四方面。

第一，国际上石化产品市场的竞争愈加激烈。从全球市场的角度来看，石化行业总体上生产供给大于消费需求，石油石化生产能力总体过剩。我国消费市场快速增长，自然成为国际石化产品的主要竞争目标，出口厂商往往采用倾销石化产品的方式迅速抢占市场。我国高附加值的石化产品，起步较晚，处于成长发展期，原材料进口依存度较高，进口产品为了争夺市场，存在较强的倾销动机。

第二，石化产业的产业特征决定了生产企业可以以低价进行销售。石化产业是典型的规模报酬递增行业，只有在较大的生产规模的情况下才能达到最高收益，只要销售价格高于产品可变成本（VC），企业就可以出售商品，以维持规模生产，容易诱发倾销行为。

第三，石化产业的关联性强，产品价格波动涉及的利益明显而且广泛，倾销行为可以被产业链的企业迅速感知，呈现出整个行业共同发起反倾销的态势，利益驱动的反倾销直接而且强烈。

第四，我国石化产业比较集中，行业进入壁垒较高，企业相对较少，但规模较大，各企业产量及市场份额较大，容易组织起来，石化产业大企业经过联合就可以满足反倾销起诉所要求的国内产业的代表性，易于发起起诉。

三、国别地区分布集中

对外反倾销被诉国具有较强的国别（地区）分布集中性。1997～2015年，我国共向20多个国家和地区（涉案欧盟成员都已经合并到欧盟中）发起共232起（见图4-3）反倾销申诉。从图4-3中分析可知，日本、韩国、美国、欧盟四个国家或地区是我国对外反倾销申诉中案件最多的国家（地区）。对外反倾销申诉主要以亚洲地区为主，这是我国对外反倾销的一个重要特征。

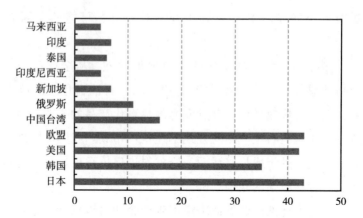

图 4 – 3　1997 ~ 2015 年我国对外反倾销申诉案件统计

资料来源：中国贸易救济信息网，经加工整理所得。

我国对外反倾销的实践虽然从 1997 年底才正式开始，反倾销的实践只有 20 多年，但是迅速成为了世界上发起对外反倾销的主要国家之一[①]，这说明我国的进口竞争企业逐步重视利用反倾销的法律手段来捍卫自己的合法利益，并取得了一定的成效。当然，我国对外反倾销工作也存在不容忽视的问题，被诉国地区分布的集中性、被诉案件行业的集中性都可能引起贸易对象的反倾销报复；被诉案件行业的集中性也说明其他多数产业对外反倾销意识还比较薄弱，救济效果还有待改进。相对于应对反倾销，我国对外反倾销工作才刚刚展开，缺乏经验，反倾销法律制度也不尽完善。因此，我国需要通过研究欧美等发达国家反倾销的成功案例和反倾销法律制度，借鉴经验以不断改善、提高并创新我国的对外反倾销法律制度。

第四节　小结

第一，我国对外反倾销具有正当性与合理性。应该对外反倾销的情况包括：（1）具有掠夺意图的恶意倾销；（2）出口国政府战略性产业补贴中

---

① 我国对外反倾销的具体案件情况参见本书的附录。

的不可诉补贴（不可以采取反补贴救济措施）形成的低成本倾销；（3）作为贸易保护主义措施的倾销。基于维护国家安全目的的特殊产业反倾销、维护国家经济安全的反倾销、对歧视性反倾销做法进行报复的反倾销这三种特殊情形下的反倾销也必须以我国整体利益最大化为目的。

第二，我国面临的倾销与反倾销的现实、经济体制的改革、外贸体制的改革都需要社会主义反倾销法律制度的创设。我国对外反倾销法律制度以《对外贸易法》为基本法，以《反倾销条例》为核心法，以部门规章为配套法，形成了一个完整的对外反倾销法律体系。

第三，我国对外反倾销工作存在不容忽视的问题，被诉国地区分布的集中性、被诉案件行业的集中性都可能引发报复性反倾销；被诉案件行业集中，多数产业对外反倾销意识还比较薄弱。对外反倾销缺乏经验，反倾销法律制度也不尽完善。

第五章
Chapter 5

我国对外反倾销的实施
效果分析

上一章分析了我国实施对外反倾销的数量、行业、国别（地区）的基本情况，但是反倾销的救济效果究竟如何，还需要进一步的分析。反倾销实施效果体现在诸多方面，本书选用具有代表性的产品（产业）与国家（地区）来进行展开研究，并分析我国对外反倾销法律制度及反倾销实践中的不足。

第一节　对外反倾销产品（产业）实施效果

本章节以我国对进口甲苯二异氰酸酯产品开展的对外反倾销为案例来分析我国对外反倾销的实施效果。选择对甲苯二异氰酸酯开展反倾销来分析我国对外反倾销实施效果的原因有三个：石化行业是我国对外反倾销的重点领域和集中行业（也是单一产品多次对外反倾销最为集中的行业），甲苯二异氰酸酯属于石化类产品，具有行业代表性；进口甲苯二异氰酸酯产品在肯定裁决后仍存在倾销行为，从而被我国的反倾销主管部门期中复审并调整（提高）反倾销税率的石化类产品；进口甲苯二异氰酸酯产品也是在我国的反倾销主管部门进行日落复审后，决定继续采取反倾销措施的产品。

一、背景与案件经过

甲苯二异氰酸酯（toluene diisocyanate，TDI）属于有机化学中的含氮基化合物项下的异氰酸酯类，是制备高分子新材料聚氨酯的主要原料。20世纪90年代之前，国内需求的TDI产品全部依赖进口，来源主要为原产于美国、日本、韩国的TDI。本反倾销案申请人为成立于1996年的沧州大化TDI有限公司（以下简称"TDI公司"）。2000年该公司生产装置建成投产，主要产品为甲苯二异氰酸酯（TDI），设计生产能力为2万吨。TDI公司加上甘肃一家企业，两家企业构成了国内的TDI产业，年生产规模4万吨，实际年产量2万多吨。2000年的TDI产业与国外相比没有竞争力，在国内是典型的幼稚产业。

21世纪初，TDI产品大量低价进口，对尚处于成长期的我国TDI产业造成了严重影响，全行业大幅亏损。因此，2002年4月17日，沧州大化TDI公司代表中国TDI产业向原对外贸易经济合作部正式提交申请，请求对原产于日本、韩国和美国的进口TDI产品进行反倾销调查。

原对外贸易经济合作部审查后决定自2002年5月22日起对TDI产品进行反倾销立案调查。经调查机关的调查认定：自日本、韩国和美国进口的TDI产品存在倾销，而且倾销行为对国内相关产业造成了实质性损害。2003年11月22日，商务部发布第61号公告，决定对日本、韩国和美国的进口TDI产品实施五年最终反倾销措施，适用反倾销税税率为3%~40%。

案件裁决后的一年里，日韩对华TDI产品出口势头不但没有减弱，反而有所加剧。2004年12月20日，TDI公司依WTO规则，向商务部提出对原产于日本和韩国的TDI进口产品所适用的反倾销措施进行倾销及倾销幅度期中复审申请。TDI公司认为终裁后一年时间里，日韩生产商和出口厂商向中国出口的TDI产品倾销幅度加大，超过了终裁确定的反倾销税率，请求计算过去一年日本及韩国的生产商和出口厂商倾销幅度，并相应修改反倾销税税率。经期中复审，2006年1月10日商务部公布公告，决定对日本和韩国相关企业所适用的反倾销税率进行调整，相应提高了有关企业的个别税率和普遍税率。

2008年9月1日，沧州大化TDI公司和山西蓝星化工公司代表中国TDI产业向调查机关提交期终复审申请（以下简称"日落复审"）。2008年11月21日，商务部发布年度第84号公告，决定对原产于日本、韩国和美国的进口TDI产品所适用的反倾销措施进行期终复审调查。2009年11月

20 日，商务部发布年度第 92 号公告，公告认为，如果终止反倾销措施，原产于日本、韩国和美国的进口 TDI 产品对中国的倾销可能继续，并对中国国内 TDI 产业造成的损害有可能再度发生。因此，继续对原产于日本、韩国和美国的进口 TDI 产品实施 5 年期的反倾销措施。

这样，进口 TDI 产品原审的反倾销措施 5 年期、日落复审继续反倾销措施 5 年期，加上 1 年期的终复审调查，我国的 TDI 产业共获得了 11 年的保护期。

二、总体救济效果

我国对进口甲苯二异氰酸酯产品采取反倾销措施后，国内 TDI 产业得以明显恢复，并出现高速发展态势。

（一）国内 TDI 产业迅速壮大

2003 年 11 月 22 日，商务部第 61 号公告对国内 TDI 产业采取反倾销措施以来，国内 TDI 产能规模迅猛扩大。[①] 2003 ~ 2010 年，全国 TDI 总产能、总产量和总消费量三项指标均大幅增长。总产能增长了 10 倍，总产量增长了 7.5 倍，总消费量增长了 1 倍多，国内需求缺口也由 2003 年的 18.18 万吨减至 2010 年的 12.5 万吨，进口依存度由 2003 年的 81.38%降至 2010 年的 26.15%。同时，2003 ~ 2010 年，国内 TDI 生产企业也由 2 家发展到 6 家（见表 5 -1）。

表 5 -1　　2003 ~ 2010 年国内 TDI 总产能、总产量及总消费量统计　单位：万吨

项目	2003 年	2004 年	2005 年	2006 年	2007 年	2008 年	2009 年	2010 年
总产能	4.00	4.00	8.50	18.00	27.90	28.40	29.00	44.60
总产量	4.16	4.68	6.00	15.22	21.86	24.90	28.60	35.30
总消费量	22.34	28.49	29.00	30.86	33.86	33.20	44.50	47.80

资料来源：中国海关统计。

---

① 2003 年商务部第 61 号公告附件：《中华人民共和国商务部关于对原产于日本、韩国、美国的进口甲苯二异氰酸酯（TDI）（型号为 TDI 80/20）反倾销调查的终裁决定》。

（二）进口量总体下降但是有一定波动

2002～2009 年，国内 TDI 产品进口量经历了一个先高后低的过程，峰值出现在 2004 年。当年进口量达到 245733.860 吨。随着国内产能和产量的不断扩张，进口量逐年递减。2007 年进口量为 128434.97 吨，2008 年降为 96754.712 吨。2009 年进口量又增至 130127.925 吨（见表 5-2）。

表 5-2	2002～2009 年我国 TDI 进出口数量统计		单位：吨
年份	进口量	出口量	净进口量
2002	191041.320	1427.030	189614.3
2003	183862.977	2034.352	181828.6
2004	245733.860	7597.285	238136.6
2005	237491.018	7532.664	229958.4
2006	162551.430	6091.916	156459.5
2007	128434.97	8362.670	120072.3
2008	96754.712	14390.651	82364.06
2009	130127.925	4980.396	125147.53

资料来源：中国海关统计。

由图 5-1 进口波动率可见，自 2003 年 TDI 反倾销政策实施后，2004～2007 年，救济效应得以逐步发挥，进口数量下行，表现出了明显的进口限制效应，反倾销救济措施对我国遭受倾销损害的产业起到了显著的救济作用。

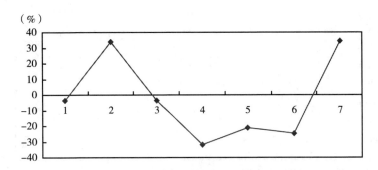

图 5-1　国内 TDI 反倾销后产品进口波动率

从美国、日本、韩国三个反倾销对象国来看，进口量自 2004 年开始呈下降趋势。从 2004 年的 19.54 万吨降至 2008 年最低点的 6.44 万吨，2009 年进口量有所增加，但仍处较低水平，占全国 TDI 进口总量由 2004 年的 79.52% 降至 2009 年 60.11% 的历史最低份额（见表 5-3）。

表 5-3　　　2003～2009 年自美国、日本、韩国三国 TDI 进口统计

年份	进口量（公吨）	进口金额（美元）	进口价格（美元/公吨）	占总进口比重（%）
2003	130517.02	196839.74	1512.33	70.79
2004	195367.00	302915.00	1550.33	79.52
2005	167687.32	286883.83	1710.83	70.60
2006	102977.79	205143.97	1992.12	63.36
2007	91909.49	253534.00	2758.52	71.57
2008	64408.81	186779.34	2899.90	66.58
2009	78226.61	172548.08	2205.75	60.11

资料来源：中国海关统计。

（三）进口均价总体上升

2003 年原审终裁后，TDI 产品的进口量不仅没有减少，反而同比大幅增长 50.19%，而同期进口价格微升 0.11%。主要原因是对日本、韩国部分企业的反倾销税率偏低。这也是 TDI 公司提起期中复审的根本原因。2006 年 1 月期中复审裁决后，进口价格开始逐渐大幅回升。如图 5-2 所示，2006 年进口均价升至 2169.18 美元/吨，同比增长 23.29%，2007 年进口均价为 3056.72 美元/吨，同比增长 40.92%，2008 年进口均价为

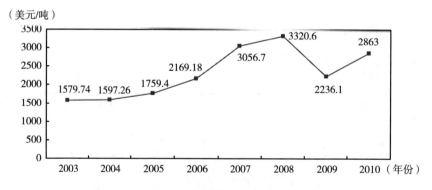

（美元/吨）

图 5-2　2003～2010 年国内 TDI 进口价格走势

资料来源：中国海关统计。

3320.39 美元/吨，同比增长 8.63%。2009 年受国际金融危机影响，国内需求萎缩，进口均价又回落到 2246.20 美元/吨，同比大降 32.35%。2009 年 11 月期终复审裁决后，2010 年上半年进口均价又升至 2863 美元/吨，同比增长 43%。

另外，自美国、日本、韩国三个反倾销对象国的 TDI 进口价格走势与全国平均水平基本一致，也是自 2006 年后大幅上升，最高升至 2008 年的 2899.90 美元/吨，比 2003 年最低水平的 1512.33 美元/吨上升了 91.75%。

三、企业救济效果

我国对进口甲苯二异氰酸酯产品采取反倾销措施后，国内企业（TDI 公司）救济效果总体产生了良好影响。

（一）经济效益向好

2003 年本案原审终裁后，特别是 2006 年 1 月期中复审裁决后，提高了日韩部分企业的原审反倾销税率，TDI 公司的经济效益逐年增长。虽然 2009 年公司亏损，但主要是受全球金融危机及其他因素的影响。2010 年公司保持了产销基本稳定运行态势，基本实现扭亏为盈。

（二）销售价格总体上升

2002 年 TDI 反倾销立案后，TDI 公司产品销售价格逐年上升，2003 年超过 15000 美元/吨，到 2007 年达到最高值，超过 30000 美元/吨，自 2008 年开始，受全球金融危机等多重因素的影响，销售价格开始回落（见图 5 - 3）。

2010 年上半年，TDI 公司销售 15242.11 美元/吨，销售价格与上年同期相比有较大幅度的上涨。平均单价为 20747.04 美元/吨（含税价格为 24274.04 美元/吨），比上年同期的 17044.16 美元/吨（含税价格为 19941.67 美元/吨）增加 3702.88 美元/吨，但销价上升主要是由于原材料等综合成本的大幅上升。

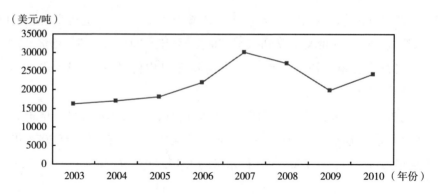

图 5 – 3　2003 ~ 2009 年国内 TDI 销售价格（含税）走势

资料来源：TDI 反倾销案贸易救济效果跟踪报告。

（三）企业规模扩大，实力壮大

在总体效益大幅增长的同时，TDI 公司的实力和规模也在不断壮大。反倾销原审终裁后，特别是期中复审裁决后，相应提高了部分日韩企业的反倾销税率，使得 TDI 进口量逐年相对下降。由于国内需求的迅速增长，TDI 公司产能不断扩大。通过产能改造、投资新建，TDI 公司的生产能力将达 18 万吨，是最初 2 万吨生产能力的 9 倍。同时由于该公司独家代表国内 TDI 产业赢得反倾销的肯定性裁决，在市场中和业界产生了广泛的影响力，无形资产增值。

四、产生其他影响

我国对进口甲苯二异氰酸酯产品采取反倾销措施后，也产生了一些其他方面的影响。

（一）产能扩张速度快于需求增长速度

TDI 装置的建设或意向建设覆盖了包括东北、华北、华东、西南和西北在内的中国大部地区。采取反倾销措施后，外资大量进入 TDI 产业，建设超大规模一体化工程；国内资本转向 TDI 产业；国内各地的化工园区也将 TDI 产业作为发展方向。2009 年，国内新增甲苯二异氰酸酯产能 15 万吨，总产能达 44.6 万吨，较 2008 年增长 53.79%。国内总需求量从

2008 年的 38.5 万吨增长到 2009 年的 44.5 万吨，增长 15.58%，产能增长速度已超过需求增速。市场基本达到供需平衡后，国内产能仍在大幅扩张。

（二）下游行业需求下降

房地产业和软体家具业是 TDI 的两个主要下游行业。国内房地产企业开工波动影响 TDI 的需求；欧元区债务危机使软体家具需求下降和美国对我国家具反倾销的双重影响，我国软体家具出口数量大幅下降，家具行业对 TDI 的需求也下降。

（三）市场价格下降、盈利能力下滑

TDI 由精细化工产品变成大宗化工产品，市场价格下降，行业的盈利能力呈下滑趋势。

（四）走私活动增加

据业内人士分析，走私产品主要经由越南等地进入广东和福建两省，走私产品的价格较市场价格每吨低 6000 元左右，扰乱国内市场秩序，给国内生产企业带来冲击。

（五）下游产品相继提起反倾销调查

在上游产品 TDI 发起反倾销后，在聚氨酯产业链上的下游产品（氨纶）也提出了反倾销调查申请，具有继发性保护效应。

五、分析结论

以上对外反倾销产品实施效果验证了本书在第三章对反倾销所做的分析的结论。

第一，倾销在短期内对产品消费者有利，对国内竞争产业不利。

第二，国内竞争产业会寻求政府的帮助。

第三，反倾销在短期内对国内竞争产业有利，对产品消费者不利。

这三条结论效果明显，不言而喻，无须赘述。

第四，出现了贸易转移效应。出现了进口来源从反倾销对象国（地区）转移到非反倾销对象国（地区）或由被指控存在倾销的境外出口厂商，转向未遭受指控的境外出口厂商；或者从裁定倾销幅度较高的境外出口厂商转向倾销幅度相对较低的境外出口厂商的现象；或者刺激了未遭受指控的潜在的出口方的出口，这在一定程度上降低了反倾销的产业保护效应。本案例中，美国、日本、韩国三国是我国对外反倾销的对象，占我国TDI进口总量由2004年的79.52%降至2009年60.11%的历史最低份额，也就意味着未被反倾销指控国家或地区向我国的TDI出口量上升（由20.48%上升至39.89%，上升幅度近100%），而且搭反倾销"便车"抬高了出口价格。我国的TDI反倾销保护效果与反倾销预期目标发生了部分偏离。

第五，反倾销保护引发的直接投资效应。进口方的反倾销保护措施，对境外的出口方而言就是建立了贸易壁垒，提高了境内市场价格，形成了一个比较有利可图的市场，这样，遭到反倾销调查的国家的出口厂商为突破贸易壁垒、未遭到反倾销调查的国家为了利润都可能到进口方直接投资。本案例中，我国对进口TDI产品采取反倾销措施后，征收反倾销税的措施抬高了TDI的国内市场价格，这诱使国内资本纷纷投向TDI产业，也吸引了大量外资进入TDI产业，使TDI产业的产能增长速度超过了需求增速。即使市场基本达到供需平衡后，国内TDI产业的产能仍在大幅扩张。反倾销保护引发的直接投资效应在很大程度上削弱了反倾销对国内产业的保护作用，加强了进口方国内产业的竞争，这同样也在一定程度上降低了反倾销的产业保护效应，反映了反倾销措施保护作用的局限性。

第六，反倾销保护引发了继发性保护效应。反倾销的继发性保护效应的存在，增加了将上游产品作为投入品的下游产业的生产成本，从而降低了下游产业的竞争力，也增加了下游厂商对保护的需求，下游产业也进行了反倾销申诉。案例中，TDI的产业链较为清晰，上下游联动效应明显，上游TDI产品采取反倾销措施后，TDI在聚氨酯产业链上的下游产品氨纶原有的利益格局被打破，提高了原料成本，给国外产品倾销进口创造了条件。

第七，反倾销保护的倾销税税率问题。理论上，最优反倾销税税率是指征收反倾销税时其边际成本等于边际收益时的最优税率。但是在现实中，最优反倾销税税率很难确定。需要进行大量的调研，在确定进口需求函数、进口需求价格弹性后才可能得出。案例中，案件裁决后的一年里，日韩对华 TDI 产品出口势头不但没有减弱，反而有所加剧。经 TDI 公司提出适用的反倾销措施进行倾销及倾销幅度期中复审申请，商务部相应提高了有关企业的个别税率和普遍税率，进口价格才开始逐渐大幅回升，遏制了第一次裁决后，日韩对华 TDI 产品出口势头不但没有减弱，反而有所加剧的势头。另外，案例中对 TDI 这个中间产品（行业）采取反倾销措施，对我国下游产业的保护、关税的有效保护率都产生了相反的作用。所以在我国的反倾销实践中，如果涉及对中间产品采取反倾销措施一定要多考虑其可能产生的负面影响。

第八，反倾销保护后可能产生恶性竞争问题。研究表明，反倾销措施对上游产业产生的救济作用要强于下游产业。通过对上游倾销产品征收反倾销税，国内上游产业的产量提高约 102%，并且这种产业救济作用具有显著的持续性。[①] 结果是 TDI 产业上游竞争原材料，抬高甲苯价格，生产成本大幅增加，下游竞争需求市场，压低价格，销售收入相对下降。国内 TDI 产业产能却仍在大幅扩张。反倾销保护后可能产生的过度竞争问题可能大大违背了最初的保护目的。

第九，慎用对一种产品的多次反倾销措施。尽管长时间对外反倾销为国内涉案产业赢得了较长的保护和发展时间，但是对于像 TDI 产业这种生产关联性很强的行业来说，长时间对外反倾销给涉案产业下游以及整个产业链的协调生产的负面影响很大。因此，对于多次使用反倾销措施应审慎对待。

第十，进行反倾销保护时还应注意其他问题。规范市场秩序，积极引导产业良性竞争。适当控制产业规模，促进企业的技术创新，进行差异化竞争；加大打击走私工作，巩固反倾销措施的效果等都是政府部门在进行反倾销保护时还应考虑的问题。

---

① 苏振东、刘芳：《中国对外反倾销措施的产业救济效应评估——基于动态面板数据模型的微观计量分析》，载《财贸经济》2009 年第 10 期，第 83 页。

第二节　对外反倾销国家（地区）实施效果

前文分析的是国内产品（产业）反倾销实施效果分析，是一种比较静态的描述性分析；下面主要用计量的方法从反倾销对象角度来考察我国对外反倾销的影响。下面用计量的方法以我国对韩国的反倾销案件为代表来分析实施救济国家（地区）的贸易转移效应。本书仅对贸易转移效应进行考察，以此为代表来讨论我国对外反倾销的实施效果。

一、数据说明与统计分析

本书以我国对韩国的反倾销案件为例，选取了我国对韩国在 1997 ~ 2012 年立案调查而且已经做出裁决的 33 个案件为研究对象。其中，27 起以征收反倾销税结案，2 起为无损害调停，3 起因为撤诉而终止立案，1 起对被诉企业征收保证金。我国的 GDP 数据源自于世界银行的统计数据。[①]

每一个涉案商品全部取连续 5 年的数据，即立案前一年、立案前两年、立案当年及立案后一年、立案后两年。为消除商品贸易绝对数量造成的差异而带来的分析上的不方便，本书选用的是各年度韩国出口货物总金额占其总出口总金额的百分比进行统计。主要数据的统计分析如表 5 - 4 所示。

表 5 - 4　　　　　　　　　　主要数据的统计描述

项目	均值	标准差	样本数
t - 2 期占比	0.3694	0.2254	33
t - 1 期占比	0.4140	0.2200	33
t 期占比	0.3990	0.2373	33
t + 1 期占比	0.3765	0.2365	33
t + 2 期占比	0.3720	0.2668	33

资料来源：联合国商品贸易统计网。

---

① 涉案产品的税则号、各案的裁决结果和征收反倾销税税率的高低均来源于中国贸易救济信息网商务部公布的反倾销公告。中国对韩国商品的进口额以及韩国的出口总额贸易数据都来自联合国商品贸易统计网。产品采用 HS 编码 6 位级产品进口数据，其中进口金额单元为美元。

为说明反倾销立案前后商品的进口金额有无显著差异，可以进行成对样本的假设检验。

H0：立案后一期总体均值大于等于立案前一期总体均值。

H1：立案后一期总体均值小于立案前一期总体均值。

构建检验统计量：$t = \dfrac{\bar{d} - D}{S_d / \sqrt{n}} \backsim t(n-1)$

其中，$\bar{d} = \dfrac{\sum(X_{t+1} - X_{t-1})}{n}$，$S_d^2 = \dfrac{\sum(d_i - \bar{d})^2}{n-1}$，$D = 0$

由于 $t < t_\alpha$，则有充分的理由拒绝原假设，即第 $t+1$ 期商品进口额占韩国出口总额的比重小于第 $t-1$ 期商品进口额占韩国出口总额的比重，出口转移效应显著。

为说明反倾销立案后两年出口转移效应是否具有持续性，同样可以进行成对样本的假设检验。

H0：立案后一期总体均值等于立案后两期总体均值。

H1：立案后一期总体均值不等于立案后两期总体均值。

构建检验统计量：

$$t = \frac{\bar{d} - D}{S_d / \sqrt{n}} \backsim t(n-1)$$

其中，

$$\bar{d} = \frac{\sum(X_{t+1} - X_{t+2})}{n},$$

$$S_d^2 = \frac{\sum(d_i - \bar{d})^2}{n-1}, \quad D = 0$$

由于 $|t| > t_{\alpha/2}$，则有充分的理由拒绝原假设，即第 $t+1$ 期商品进口额占韩国出口总额的比重小于第 $t+2$ 期商品进口额占韩国出口总额的比重，出口转移效应具有一定的持续性，且立案后两年出口转移效应的影响作用大小基本相同。

我国海关统计数据显示，对韩国反倾销立案前后我国进口额占韩国出口总额的比重变化为：二氯甲烷、不锈钢冷轧薄板、赖氨酸盐、新闻纸、涤纶短纤维、丁苯橡胶、聚酯切片、铜版纸、聚氯乙烯、非色散位移单模光纤、未漂白牛皮箱纸板、双酚 A、二甲基环体硅氧烷、氨纶在反倾销立案当年韩国出口向中国的商品金额占其出口总金额的比重就开始下降。其中二氯甲烷、二甲基环体硅氧烷在立案的后一年我国进口量占韩国出口总量的比重上升。聚酯薄膜、邻苯二甲酸酐、丙烯酸酯、三氯甲烷、苯酚、双酚 A、水合肼、环氧氯丙烷、丙酮、太阳能级多晶硅在立案后一年韩国出口向中国的商品金额占其出口总金额的比重就开始下降，也具有明显的出口转移效应。聚苯乙烯、甲苯二乙氰酸酐、MDI、冷轧板卷、核苷酸类食品添加剂、三元乙丙橡胶、辛醇立案当年及立案后一年韩国出口向中国的商品金额占其出口总金额的比重均没有下降，市场转移效应不明显。关于被解释变量、解释变量的表示内容和预期符号及说明如表 5 – 5 所示。

表 5 – 5　　　　　　　　　　　　主要变量内容及预期符号

变量	含义	预期符号	理论说明
Y_{it}	我国的进口第 i 种商品金额占韩国出口总额的比重		利用比重消除不同商品交易量的差异
X_{it-1}	立案前一年我国进口第 i 种商品金额占韩国出口总额的比重	+	代表了该种商品贸易的初始规模，初始规模越大，之后的交易量应该越大
X_{2i}	$X_{2i} = X_{it-1}/X_{it-2}$ 案例 i 中立案年度前一期较之前两期的出口增长	–	用以表示未受反倾销影响的正常情况下出口的年度变化率
$lnGDP_t$	第 t 期我国人均国内生产总值的自然对数	+	人均 GDP 越大，国内对商品的需求越旺盛，进口额越大
D_i	虚拟变量，当征收反倾销税或签署价格承诺协议时取 1，否则取 0	–	代表中国对该国家实施反倾销措施，征收反倾销税或签订价格承诺协议，将阻碍进口贸易
T_1、T_2	滞后时间变量，当 t 取相同时间节点时为 1，否则为 0	–	说明立案后连续两个年度出口的变动趋势

二、模型构建与数据处理

这里应用 EViews 5.0 对数据进行处理，建立如下的多元线性回归方程：

$$Y_{it} = \beta_0 + \beta_1 X_{it-1} + \beta_2 X_{2i} + \beta_3 \ln GDP_t + \beta_4 D_i + \beta_5 T_1 + \beta_6 T_2 + \mu_i$$

主要变量的统计描述如表 5-6 所示。

表 5-6　　　　　　　　　　　主要变量的统计描述

变量名称	均值	标准差	样本数
Y_{it}	0.3821	0.2449	99
X_{it-1}	0.4140	0.2178	99
X_{2i}	1.4131	1.4079	99
$\ln GDP_t$	12.0380	0.4464	99

资料来源：联合国商品贸易统计网。

三、回归结果分析

在利用 EViews 5.0 对数据进行估计的时候，由于采用的是动态面板数据，回归时采用截面加权的形式，表示允许不同截面之间存在异方差现象。以其残差的绝对值的倒数为权重，选用广义最小二乘法进行估计。估计结果如表 5-7 所示。

表 5-7　　　　　　　　　　　主要变量的回归结果

解释变量	OLS	广义最小二乘法
X_{it-1}	0.9672 *** (0.0581)	0.9646 *** (0.0169)
X_{2i}	-0.0305 *** (0.0085)	-0.0297 *** (0.0012)
$\ln GDP_t$	0.0068 * (0.0035)	0.0067 *** (0.0004)
D_i	-0.0493 (0.0344)	-0.0438 *** (0.0047)
T_1	-0.0210 (0.0295)	-0.0264 *** (0.0048)
T_2	-0.0265 (0.0297)	-0.0274 *** (0.0045)
样本数	99	99
修正判定系数	0.7633	0.9982

注：括号内为标准误差；＊、＊＊、＊＊＊分别代表 10%、5%、1%的显著性水平。

估计结果显示，D_i 的偏回归系数为负且在 1% 的显著性水平上是显著的，表示实行反倾销立案当年韩国出口向中国的货物占其出口额的比例开始下降，反倾销立案当年出口额占其出口总额的比重下降 4.38 个百分点，这是因为反倾销立案使得进口货物的价格上升，国外厂商在中国的竞争优势下降，国内消费者更多选取国产商品，进口货物在国内市场的份额减少。T_1 和 T_2 的偏回归系数都为负，这说明我国对韩国实行出口反倾销导致两年内，韩国原先出口向中国的商品被转移到了其他国家，T_1 和 T_2 两个变量在 1% 的显著性水平下是显著的，偏回归分别为 − 0.026412 和 − 0.027403，表示我国在实行反倾销立案的两年中，韩国出口向中国的商品额占其出口总额的比例分别下降 2.64 个和 2.74 个百分点，出口转移效应在立案后两年间的表现显著，并且影响作用大小基本相同，这说明出口转移效应具有一定的持续效应，这是由于外贸合同一旦订立不能随意更改，改变进口货物的数量和金额需要一定的时间。

四、稳健性检验

现实世界的经济现象和影响结果是客观存在的，不可能随着经济模型的改变而改变。由于模型中的变量赋值具有偶然性，因此可以改变模型中参数的赋值，再进行回归分析。本章主要关注反倾销立案后贸易额的变化情况，因此对 T_1 和 T_2 重新赋值。T_1 和 T_2 同样说明立案后连续两个年度出口的变动趋势，当 t 取相同时间节点时为 0，否则为 1。回归结果如表 5 − 8 所示。

表 5 − 8　　　　　　　　　主要变量的回归结果

解释变量	OLS	广义最小二乘法
X_{it-1}	0.9706 *** （0.0581）	0.9695 *** （0.0162）
X_{2i}	− 0.0310 *** （0.0085）	− 0.0306 *** （0.0011）
$\ln GDP_t$	0.0025 * （0.0041）	0.0013 ** （0.0008）

续表

解释变量	OLS	广义最小二乘法
D_i	−0. 0493 (0. 0344)	−0. 0411 *** (0. 0049)
T_1	−0. 0241 (0. 0289)	−0. 0317 *** (0. 0046)
T_2	−0. 0289 (0. 0286)	−0. 0331 *** (0. 0043)
样本数	99	99
修正判定系数	0. 7643	0. 9978

注：括号内为标准误差；＊、＊＊、＊＊＊分别代表10％、5％、1％的显著性水平。

估计结果显示，各变量的偏回归系数与预期相同，T_1 和 T_2 的偏回归系数分别为 − 0. 031669 和 − 0. 033110，在 1% 的显著性水平下是显著的，表示我国在实行反倾销立案的两年中，韩国出口向中国的商品额占其出口总额的比例分别下降 3. 17 个和 3. 31 个百分点，出口转移效应在立案后两年间的表现显著，并且影响作用大小基本相同，这说明出口转移效应具有一定的持续效应。对比表 5 − 7 与表 5 − 8 的回归结果可以看出，多元线性回归方程的估计结果具有稳健性。实证结果不随着参数设定的改变而发生变化，如果改变参数设定，结果发现符号和显著性没有发生改变。

五、计量分析结论

前文对 1997 ~ 2012 年我国对韩国实行反倾销立案并作出裁定的 33 个案例作为分析对象，利用 EViews 5. 0 软件对数据进行广义最小二乘回归，分析了我国对韩国实行对外反倾销韩国的出口转移效应，分析结果如下。

第一，我国对韩国实行反倾销立案的连续两个年度，韩国出口向我国的商品金额占出口总额的比重下降是显著的，原本出口到我的那部分产品出口到了其他国家和地区，市场转移效应明显。

第二，我国对韩国实行反倾销立案的连续两个年度，韩国出口向我国的商品金额占出口总额的比重在实行反倾销立案的第一年与第二年基本相同并都显著小于立案前一年韩国出口向我国的商品金额占出口总额的比重，说明市场转移效应具有一定的持续性。

第三，有未征收反倾销税的商品也发生了市场转移效应，如赖氨酸盐、双酚 A、二甲基环体硅氧烷。这意味着，无论是否征收反倾销税，只要对某一件商品实行反倾销立案，该种商品就会有市场转移效应产生。这是由于出口厂商对反倾销立案的应诉反应不积极，只要立案，出口厂商宁愿放弃这一部分市场，转而出口到其他国家和地区。

六、分析结论

对外反倾销国家（地区）贸易效果分析的结论：我国反倾销的产业保护作用具有不确定性。经过计量经济分析发现，一旦我国对进口商品实行反倾销立案调查，而不论反倾销仲裁的结果究竟如何，会导致转移效应的产生，从而使我国从反倾销对象进口的该种商品的数量大大减少，这可能有利于我国关于此商品企业的发展，但是，反倾销市场转移效应的产生，使得反倾销的保护作用被抵消或部分抵消，虽然对我国的进口竞争性产业还是可以起到一定的保护作用，但反倾销的最大受益者可能并不是境内的进口竞争产业。

反倾销还很有可能在我国国内市场上引发更加激烈的竞争，进一步恶化竞争环境，背离我国采用反倾销措施的最初目的。

我国反倾销的产业保护效应具有不确定性。进口竞争产业通过保护获取了利润，但价格上升又抑制了进口竞争产业的下游产业的发展，减少了进口竞争产业的产品需求，进口竞争产业产品价格的上升也抑制了最终消费者需求，受保护产业的利益变得具有很大的不确定性，市场转移也降低了反倾销的保护效应。

我国反倾销对整体利益的影响具有不确定性。进口竞争性产业可能获得了短期利益，但也可能损害长期利益（损害产业竞争力）；如果进口竞争性产业具有规模经济或属于战略性产业，保护的成本与代价可以通过受保护产业成长后的收益补偿，否则，这种保护就是得不偿失的，会降低我国的整体利益。如果引发反倾销报复，我国反倾销的成本会进一步加大。

所以，进口竞争性产业如果是我国具有规模经济的幼稚产业或属于战略性产业，政府应对外国出口至我国的相同产品或替代品征收反倾销税，从而给我国的幼稚产业或属于战略性产业一个发展成熟的缓冲时间；但是，对于我国具有较强竞争力的进口竞争性产业，在他国无恶意倾销的情况下，我国政府不应进行反倾销调查，出口国外对我国产业所造成的竞争，能激发我国进口竞争性产业的潜力，促使国内企业优化生产结构，革新技术，从而提高实力，增强进口竞争性产业的国际竞争力。

第三节　对外反倾销法律制度及实践中的不足

从上一章对我国《反倾销条例》形成过程的分析中我们可以看出，与西方国家相比，我国反倾销立法研究尚处于起步阶段。改革开放以前，我国首先实行的是与传统计划经济体制相符合的高度集中外贸管理体制，对外贸易实行国家垄断经营，以计划为核心来开展进出口贸易，是一种全面的贸易保护，不需要贸易救济措施，没有反倾销法律制度产生的供给与需求。改革开放以后，我国首先面临的是被反倾销，出于保护我国出口产品利益的需要，我国出台了一些应对反倾销的制度。随着改革开放的逐步深入，出现了境外出口厂商恶意低价倾销，损害我国产业利益的现象。当我国的一些企业准备利用法律武器发起对外反倾销时，才发现根本就无法可依。1994 年生效的《对外贸易法》首次出现了对外反倾销条款，相比加拿大 1904 年国际首次设立反倾销法，晚了整整 90 年，而且，《对外贸易法》中反倾销条款的规定没有反倾销的操作规范和细则；1997 年 3 月《反倾销和反补贴条例》开启了我国真正意义上的反倾销立法实践；2002 年 1 月颁布实施《反倾销条例》，开始了我国对外反倾销的单独立法，我国现行的主要反倾销法律是 2004 年修订后的《反倾销条例》。

我国反倾销立法总体上以引进为主。我国现行反倾销法律主要遵循 WTO 反倾销协议相关规定，部分借鉴欧美国家先进经验，结合我国具体情况而制定。我国的反倾销法律制度总体上是引进为主，对外反倾销立法自主进行研究的时间并不长，与西方国家相比，我国反倾销立法研究尚处于起步阶段，需要更深入地结合我国具体情况改进和完善我国的反倾销法律制度，以更好地规范反倾销实践工作，保护我国的正当利益。

我国对外反倾销实践时间短。中国运用自己的反倾销法来保护本国产业的第一次实践，始于 1997 年 12 月新闻纸产业对于来自韩国、美国和加拿大等国家新闻纸提出的反倾销调查申请，其各项运行规则难免存在一定缺陷，研究我国对外反倾销法律制度及反倾销实践中的不足是十分必要的。

结合上一章的分析，通过本章前两节我国对外反倾销效果的分析，本章节分析我国对外反倾销法律制度及实践中的不足。

一、相对忽视对外反倾销的作用

对外反倾销的 20 多年实践，对外反倾销相对应对被反倾销立案数较少，但增长迅速，我国迅速成为反倾销的主要国家之一，说明对外反倾销维护了本国的产业发展权利。相对于应对反倾销，我国对外反倾销工作才刚刚展开，缺乏经验，反倾销法律制度也不尽完善。和应对出口产品被反倾销相比，我国相对忽视对外反倾销的作用，对外反倾销作用没有很好地发挥。

我国对外反倾销工作虽然取得了一定进展，但和反倾销工作成熟的西方国家与地区相比，仍有较大的差距。

对外反倾销与被反倾销比例严重失调。据统计数据，1995~2022 年，我国发起对外反倾销调查 297 起，而同期被反倾销调查 1576 起，被反倾销调查数为发起反倾销调查数的 5.3 倍。2020~2022 年，我国对外发起反倾销数量为 6 起，年均 2 起；而同时却遭受反倾销 170 起，年均近 57 起。[1]

我国的对外反倾销也过于谨慎。2001~2012 年，我国对外反倾销的败诉率为 22%，而同期，作为发达国家（地区）的美国、欧盟，其对外反倾销的败诉率为 46%，就是同为"金砖"的巴西，对外反倾销的败诉率也达到了 36%。过于谨慎使得我国的对外反倾销没有发挥其应有作用[2]，也加

---

① 根据中国贸易救济信息网统计查询数据计算得出。

② 安礼伟、高松婷：《中国对外反倾销现状、效应及对策分析》，载《国际商务（对外经济贸易大学学报）》2016 年第 2 期，第 49－57 页。

剧了我国出口产品被反倾销愈演愈烈的形势。表 5 - 9 为 1995 ~ 2014 年被发起/发起反倾销调查对比。

表 5 - 9　　　　　　1995 ~ 2014 年被发起/发起反倾销调查对比

对比项目	中国	印度	欧盟	美国
被发起反倾销调查	1052	192	108	266
发起反倾销调查	218	740	468	527
被发起/发起	4.83	0.26	0.23	0.50

资料来源：根据 WTO 网站数据计算而得。

我国多数产业对外反倾销意识比较薄弱。对外反倾销行业过于集中性，1997 ~ 2015 年我国对外反倾销的申诉案件中，主要集中在化工行业，仅仅这一个行业就占了我国对外反倾销案件总数的一大半。另外，多种化工产品在不同年份重复出现，说明反倾销战略已经成为化工企业进行国际竞争的强有力的武器，而行业过于集中只能说明我国多数产业的对外反倾销意识还比较薄弱，还没有引起足够的认识。表 5 - 10 为 1995 ~ 2014 年被采取/采取反倾销措施对比。

表 5 - 10　　　　　　1995 ~ 2014 年被采取/采取反倾销措施对比

对比项目	中国	印度	欧盟	美国
被采取反倾销措施	759	109	74	162
采取反倾销措施	176	534	298	345
被发起/发起	4.31	0.20	0.25	0.47

资料来源：根据 WTO 网站数据计算而得。

一些倾销行为损害巨大、影响长久、后果严重。2001 年加入 WTO 以来，由于我国关税削减等原因，大量的外国产品纷纷进军国内市场。一些境外出口厂商大肆倾销，企图挤垮我国本土产业，垄断我国国内市场。作为一个发展中国家，我国的许多产业，尤其是一些战略性产业，尚属于幼稚产业，应对境外贸易倾销行为冲击的能力有限。而这些产业的发展关系到我国未来的整体发展潜力、经济的可持续发展能力、产业的国际竞争实力、经济抵御境外冲击的能力、不受外来经济势力的掠夺和剥削的能力。如果放任境外出口厂商的低价倾销行为，会冲击我国国内市场，损害国内竞争产业，影响经济的可持续发展，损伤我国的整体经济竞争力，给我国带来长期而严重的后果，甚至危及我国经济主权的独立性。

二、相对忽视对外反倾销经济效率目标

我国反倾销立法总体上以现行国际反倾销规则为蓝本，而从本书绪论的分析中可以看到，现行国际反倾销规则是贸易保护主义的产物，主要是为了保护进口竞争产业的产业利益。我国反倾销的立法价值目标难免同样存在一定的偏差，相对忽视了经济效率价值目标，立法价值目标如果出现偏差，处理方式和效果也就会产生负面效果。

在本章第一节中，通过分析进口甲苯二异氰酸酯产品反倾销的效果可以看出，我国反倾销保护的甲苯二异氰酸酯产品（国内竞争产业）利益增加（受益），产业链上的下游产品利益受损，产品消费者利益受损。

而且，从长期看，我国反倾销保护的实施效果部分偏离了预期目标，表现为：（1）采取反倾销措施后，短期内，反倾销措施使国内相关产品价格上升，市场好转，利润增加；刺激了进口竞争产业企业竞相产能扩大，部分国内资本也转向投资进口竞争产业，同时还诱导外资也大量进入进口竞争产业（反倾销引致效应—直接投资效应），使产能增长速度超过需求增速，即使市场基本达到供需平衡后，国内产能仍在大幅扩张，导致产能的增长超过社会实际消费需求量的增长，反倾销措施最后不仅没有起到保护进口竞争产业的作用，甚至还更加恶化了竞争环境，使国内的进口竞争产业的企业面临更残酷的竞争困境。（2）采取反倾销措施后，国内相关产品价格上升，进口竞争产业的下游行业成本增加，对进口竞争产业的需求下降，又使得反倾销的国内相关产品市场价格下降，进口竞争产业企业盈利下滑。（3）采取反倾销措施后，国内相关产品价格上升，使得进口来源可以由被指控存在倾销的出口厂商转向未遭受指控的其他出口厂商；或者从裁定倾销幅度较高的出口厂商转向倾销幅度相对较低的其他出口厂商；或者刺激了未遭受指控的潜在的出口方的出口（反倾销引致效应—贸易转移效应），对外反倾销措施的真正受益者可能更是那些未遭到反倾销调查的其他国家的出口厂商或被征收低反倾销税的境外出口厂商。对外反倾销保护的实施效果部分偏离了我国反倾销保护的预期目标。

　　我国的商务部产业损害调查局对聚酯切片产业的反倾销措施效果跟踪也发现，采取反倾销措施后，同样也存在国内产能增长过快、下游行业需求低迷、国内聚酯切片产品市场价格下降、产业竞争环境比开展对外反倾销措施前更加恶化，部分企业经营环境十分困难的问题。[①] 有的学者（苏振东和邵莹，2014）研究结果甚至表明，在一些行业，我国的对外反倾销措施，"显著降低"受保护的进口竞争产业企业的总体生存率。

　　经济活动必然是以追求经济效率为目的。而对外反倾销产业保护效果说明，我国相对忽视了反倾销经济效率目标，从反倾销的结果来看，我国的对外反倾销措施也许在短期内具有经济效率，但从长期看是缺乏经济效率的，而且还可能损害整体经济福利水平。

三、评价标准不完善损害了对外反倾销公平与效率目标

　　如果反倾销利益评价标准不完善、不公平，会直接损伤反倾销法律的效率与公正问题，实践中法律效力会大打折扣，法律的权威性也会受到质疑。同样由于我国反倾销立法总体上以现行国际反倾销规则为蓝本，而现行国际反倾销规则主要是为了保护进口竞争产业的产业利益，我国反倾销立法自然也就更多地倾向于保护国内竞争产业的生产者利益；保护利益存在的一定偏颇，导致我国反倾销利益评价标准不完善。

　　对外反倾销把维护公平的贸易环境作为立法宗旨，从法律维护公平与正义的原则来说，这无疑是正确的。我国反倾销立法维护公平的目标存在一定缺陷，造成新的不公平。公平是一个抽象的、比较模糊的、难以界定、没有统一标准的价值目标。而且，反倾销的负面效果是多方面的，反倾销以维护贸易公平之名，保护了国内竞争产业利益，却又损害了国内进口商、产品的下游产业及最终产品消费者的利益，造成了新的不公平。反倾销直接关系到利益的再分配问题，一方的获利一定是建立在另一方甚至几方利益受损的基

---

　　① 如聚酯切片产业，2003 年采取贸易救济措施之后，国内聚酯产能增长过快，下游需求低迷，聚酯行业效益大幅下滑，开工率普遍不高。聚酯切片的市场价格 2005 年全年呈下降趋势，从年初的 11600 元/吨，一路下降至年底 10100 元/吨，下降 12.03 个百分点。部分企业生产经营环境处于十分困难的境地。商务部产业损害调查局：《反倾销措施效果跟踪情况汇总》。

础之上的。我国的反倾销立法倾向更多地保护国内竞争产业的生产者利益，却损害了其他利害关系方尤其是消费者的利益。反倾销立法利益评价标准不是从国家与社会的整体利益出发，而是偏向了产业的局部利益。

反倾销利益评价标准不完善损害了对外反倾销的公平与效率目标的实现。根据中华人民共和国商务部产业损害调查局的反倾销措施效果跟踪情况显示，虽然我国对外反倾销在维护国内市场公平竞争、保障国内产业正当权利、对受损产业进行救济方面取得了一定成绩，但对外反倾销存在的负面影响、反倾销法律制度的不完善也必须引起足够的重视。特别是我国对进口的中间投入品、原料型产品实施的反倾销措施，影响了我国相关产业的正常发展。[①] 从对进口甲苯二异氰酸酯产品的反倾销的实施效果中可以看到，我国对进口甲苯二异氰酸酯产品的反倾销，增加将进口甲苯二异氰酸酯产品作为投入品的下游产业的生产成本，从而降低了下游产业的竞争力；上游的反倾销措施抬高下游产品氨纶的价格，给国外氨纶产品向我国大规模出口创造了条件，下游产品也提出反倾销调查申请，引起了"继发性保护效应"加大了进口方实施反倾销措施的成本；用保护公平竞争为理由进行反倾销，或者通过反倾销保护来促进贸易公平，有可能造成更加不公平的后果。

四、对外反倾销救济效果不尽如人意

对外反倾销保护引发的贸易转移效应抵消或部分抵消了我国反倾销的保护作用。以对进口甲苯二异氰酸酯产品反倾销的实施效果，以及对外反倾销国家（地区）贸易效果分析中可以看到，反倾销保护引发了贸易转移效应。反倾销的贸易转移效应使得反倾销的保护作用被抵消或部分抵消，

[①] 2003 年 6 月 6 日，商务部终裁认定，原产于日本、比利时、德国等国家的进口己内酰胺存在倾销，并对国内产业造成实质性损害，决定对涉案产品征收 5%～28% 的反倾销税。征收反倾销税大幅度提高了锦纶企业生产成本，使行业陷入全面亏损境地，同时使高速纺切片生产企业采购高品质己内酰胺遇到困难，降低了产品质量和市场竞争力。实施反倾销措施后，己内酰胺产业发展良好，但是由于技术等方面的原因，在品质方面也不能全面满足下游的要求。2005 年终止调查后，锦纶行业已经陷入全面亏损局面，原 14 家锦纶案申请企业已有 6 家破产或停产。商务部产业损害调查局：《反倾销措施效果跟踪情况汇总》。

虽然对我国的进口竞争性产业还是可以起到一定的保护作用，但真正受益的可能不是我国的进口竞争产业。

反倾销直接投资效应削弱了我国反倾销对国内产业的保护作用。反倾销措施抬高了国内市场价格，形成了一个比较有利可图的市场，遭到反倾销调查国家的出口厂商为突破贸易壁垒、未遭到反倾销调查的国家为了利润都可能到我国进行直接投资，有可能在国内市场上引发更加激烈的竞争，进一步恶化竞争环境，背离我国采用反倾销措施的最初目的。案例中，除了国内资本投资进入受反倾销保护的国内产业，外资也大量进入，即使市场基本达到供需平衡后，国内产能仍在大幅扩张。反倾销保护引发的直接投资效应削弱了反倾销对国内产业的保护作用，甚至最终还激化了国内产业的竞争。

对外反倾销保护引发的继发性保护效应加大了反倾销保护国内产业的成本。案例中，我国对上游产品（TDI）采取反倾销措施后，增加了将上游产品作为投入品的下游产业（氨纶）的生产成本，降低了下游产业的竞争力，增加了下游厂商对保护的需求，下游产品在上游产品发起反倾销后也提出反倾销调查申请。反倾销继发性保护效应的存在，加大了我国反倾销保护国内产业的成本，尤其对于最终消费者而言，将承受更高的价格和更大的福利损失。

另外，从反倾销实践来看，我国的对外反倾销主要集中在石化等中间产品行业，这对我国下游产业保护的方向应该起到了相反的作用，使关税的产业保护效果打了折扣①；被诉国地区分布的集中性、被诉案件行业的集中性都可能引发报复性反倾销（效果分析中没有反倾销报复效应，但不排除该可能性）。

五、对外反倾销运转效率较低

对外反倾销运转的效率较低是我国反倾销救济体系的一个缺陷。以反倾销案件调查时间为例，申请到立案、立案到初裁、立案到终裁我国耗时

---

① 见本书第二章"反倾销税对产业有效保护率的影响"的分析。

普遍偏长。① 据统计，平均调查期限达近 500 天，比《反倾销条例》规定的一般调查期限 12 个月多 100 多天。主要原因在于初裁进度缓慢，平均约 11 个月，延缓了案件的总体裁决进度。裁决期限落后加拿大 200 多天，裁决效率不到其一半；落后巴西 70 多天，裁决效率为其 3/4。② 时间过长不利于提高效率，增加了企业的时间成本，无法运用反倾销工具来适时维护自身合法利益；同时也提供给境外出口厂商充足的应对余地（贸易转移、投资跨越等）和缓冲时间，降低了产业救济效果。我国反倾销程序时间规定过长，不仅不利于反倾销机构提高效率，耗费了时间和成本，而且不利于保障我国产业的利益。我国反倾销案件调查时间如表 5-11 所示，部分国家（地区）的反倾销案件调查时间如表 5-12 所示。

表 5-11　　　　　　　　我国反倾销案件调查时间

项目	申请到立案	立案到初裁	立案到终裁	实施期限
条例规定	60 天	12 个月	18 个月	5 年
实际均值	51 天	326 天	471 天	5 年

表 5-12　　　　　　部分国家（地区）的反倾销案件调查时间

国家	申请到立案	立案到初裁	立案到终裁	实施期限
墨西哥	30 天	130 天	210 天	5 年
澳大利亚	20 天	60 天	115 天	5 年
美国	20 天	160 天	287 天	5 年
欧盟	45 天	9 个月	15 个月	5 年
加拿大	45 天	135 天	225 天	5 年

资料来源：中国贸易救济信息网。

六、《反倾销条例》存在不足之处

我国现有反倾销法律制度的核心是《中华人民共和国反倾销条例》

---

①　我国《反倾销条例》中规定，商务部应当自收到申请起 60 天内决定是否立案；反倾销调查初步裁定应当自立案起 12～18 个月内结束；实施临时反倾销措施时间为 4～9 个月。

②　陈清萍、鲍晓华：《中国对外反倾销：实施、测度及趋势》，载《上海经济研究》2018 年第 5 期，第 111 页。

（2001 年 11 月国务院颁布），为了适应入世的形势，经过 2004 年的修订，《反倾销条例》虽然有了很大改善，但还是显得比较原则和抽象，也尚存在含糊不清与漏洞。[①] 我国《反倾销条例》与 WTO《反倾销协定》进行比较来看，我国对外反倾销法律制度及实践中尚存在一定不足之处（见表 5 - 13）。

表 5 - 13　　　《反倾销条例》与 WTO《反倾销协定》比较

内容	《反倾销条例》	《反倾销协定》	《反倾销条例》存在的不足之处
正常价值确定	第 4 条	第 2.2 条	过于简单、原则，操作性较差。"该同类产品的价格、数量不能据以公平比较的"未明确规定。《反倾销协定》还规定了"低于成本销售"的情况 *
出口价格确定	第 5 条	第 2.3 条	如何认定价格"不可靠"无明确规定
倾销幅度确定	第 6 条	第 2.4 条	比较笼统，没有列举影响价格可比性的因素；没有货币兑换相关规定
因果关系确定	第 8 条	第 3.5 条	"非倾销因素"规定不明确
实质损害威胁	第 8 条	第 3.7 条	笼统、不明确，缺乏可操作性

注：* WTO《反倾销协定》第 2.2 条。

　　"征收反倾销税应当符合公共利益"[②] 的规定缺乏细化规定，难以落实。我国"征收反倾销税应当符合公共利益"虽然有规定，但是如果没有配套的反倾销公共利益评价规则，对反倾销公共利益评价的程序、标准、评价结论与反倾销措施的关系等问题做出规定，为调查机关落实公共利益问题提供法律依据，在实践中就不能作为评判的标准，也容易引起争议，产生异议。所以，"为了使公共利益原则在反倾销法中落到实处，既要明确公共利益的概念、考量因素、适用范围，同时，也要完善公共利益原则的认定程序"。

　　"反倾销规避"条款不完善，使我国的反倾销救济效果大打折扣。我国对进口甲苯二异氰酸酯产品的反倾销实施效果，以及对外反倾销国家（地区）贸易效果分析中可以看到，对外反倾销保护引发的贸易转移效应

[①]　翟中玉、周迈、李新建：《我国反倾销法中公共利益原则的重构》，载《现代管理科学》2015 年第 3 期，第 92 页。

[②]　2004 年 3 月 31 日，国务院发布的《国务院关于修改〈中华人民共和国反倾销条例〉的决定》，提出我国征收反倾销税"应当符合公共利益"。

抵消或部分抵消了我国反倾销的保护作用；直接投资效应不仅削弱了我国反倾销对国内产业的保护作用，还有可能在我国国内市场上引发更加激烈的竞争，进一步恶化竞争环境，背离我国采用反倾销措施的最初目的；继发性保护效应加大了我国反倾销保护国内产业的成本，尤其对最终消费者而言，将承受更高的价格和更大的福利损失。由于我国具体的反规避不完备，无法进行有效的反规避，一部分反倾销的效果正随着倾销企业反规避行为的出现而减弱、甚至丧失①，"反倾销规避"条款问题应引起我国高度重视。

第四节　小结

第一，选用具有代表性的产品（甲苯二异氰酸酯）分析我国对外反倾销产品（产业）的实施效果。分析结论如下：（1）倾销在短期内对产品消费者有利，对国内竞争产业不利。国内竞争产业会寻求政府的帮助。（2）反倾销在短期内对国内竞争产业有利，对产品消费者不利。（3）贸易转移效应，降低了反倾销产业的保护效应。（4）反倾销保护引发的直接投资效应。（5）反倾销保护引发的继发性保护效应。（6）反倾销保护的倾销税税率存在问题。（7）反倾销保护后可能产生的恶性竞争问题。（8）慎用对一种产品的多次反倾销措施。（9）规范市场秩序，积极引导产业良性竞争，适当控制产业规模，促进企业的技术创新，进行差异化竞争；加大打击走私工作，巩固反倾销措施的效果等都是政府部门在进行反倾销保护时还应考虑

---

①　我国在开展二氯甲烷反倾销案件中，一些国外企业和我国经销商采取通过未列入仲裁名单的第三国的自己公司进口；或者委托第三国以非本公司的名义进口等各种规避措施，以躲避制裁。在光纤反倾销案件中，某些日本企业在向中国出口光纤产品时，改 G652 单模"裸"光纤为 G652 单模"着色"光纤。商务部调查的对象仅仅是前者，而事实上二者之间，只是多了一个简单的着色工序，并未有实质的改变，但却因此规避了我国的反倾销处罚。我国对原产于美国、日本和德国的进口丙烯酸酯裁决实施反倾销措施以来，三家国内产业北京东方、上海高桥、吉联石化已经取得了明显的反倾销补偿，但本案终裁后，规避反倾销措施的问题逐渐暴露出来，涉案的被诉倾销的部分企业在海外投资全资子公司、控股公司继续向中国出口，造成对中国市场的倾销和对中国丙烯酸酯产业的损害。可见，对于我国来讲，反规避问题不仅是一个理论的问题，更是一个棘手的现实问题。

的问题。以上对外反倾销产品实施效果基本验证了本书在第二章对反倾销所做的分析的结论。

第二，用计量方法以对韩国反倾销为代表分析实施救济的国家（地区）的贸易转移效应。市场转移效应明显，有一定的持续性；有未征收反倾销税的商品也发生了市场转移效应。对于我国的幼稚产业，政府应对外国出口至我国的相同产品或替代品征收反倾销税，但对于我国的具有较强竞争力的企业，在外国无恶意倾销的情况下，不应进行反倾销调查。

第三，对外反倾销法律制度及反倾销实践中的不足：相对忽视对外反倾销的作用、相对忽视对外反倾销经济效率目标、评价标准不完善损害了对外反倾销的公平与效率目标、对外反倾销救济效果不尽人意、对外反倾销运转效率较低、《反倾销条例》存在不足之处。

第六章

我国对外反倾销的国际借鉴

反倾销属于国际贸易领域的共性问题，各国（地区）之间的情况总体差别不大，而且 WTO 成员制定或修订反倾销法律均以国际反倾销规则《WTO 反倾销协议》为依据。在对外反倾销立法与实践中，为了避免走弯路，我国应该注重借鉴作用。本章讨论我国对外反倾销立法与实践对 WTO 反倾销规则，美国、欧盟以及部分金砖国家的反倾销做法的借鉴问题。WTO 反倾销规则是其成员制定或修订反倾销法律的蓝本；而美国、欧盟的反倾销立法与实践历史久远，经验丰富，做法成熟；我国与其他金砖国家的经济发展水平接近，产业保护面临着共同的任务，故本章在研究我国对外反倾销的国际借鉴时选择这些国际组织、国家或地区。因为本章讨论的仅是我国的借鉴问题，所以并不对这些国际组织、国家或地区的倾销立法与实践展开详细讨论，对相同或相似立法、做法也不予赘述。

第一节 "替代国" 做法的借鉴

"正常价值"的确定对"倾销"是否存在、倾销幅度、反倾销力度等具有极为重要的影响。在"正常价值"的确定上，目前有两种标准，一种是"市场经济国家"标准，适用于市场经济机制比较健全的国家（地区）；另一种是所谓的"非市场经济国家"标准，适用于市场经济机制不是很健全或处于经济调节机制、资源配置方式处于向市场经济"转轨"中的国家。WTO 反倾销规则只是"原则性"地承认"非市场经济国家"标准①，而美国和欧盟的反倾销法律制度，则明确规定了这两种标准，而且在反倾销实践中经常使用"非市场经济国家"标准。金砖国家中的巴西、印度反倾销法对不属于市场经济的"正常价值"确定也作出了相应规定。

如果被认为是"非市场经济国家"（含"转轨"型国家），那么，出口产品在被反倾销的时候，其关于产品的"正常价值"确定时，往往被贸易对象采取"替代国"价格。而我国在对外反倾销立法与实践中，对来源于不同经济类型国家（地区）与经济制度的进口产品的正常价值的确定，一律同样对待，采用一种统一的标准，这种做法缺乏主动性与灵活性。

反倾销规则在确定"正常价值"上采用"市场经济国家"和"非市场经济国家"两种标准的依据是：在"市场经济国家"里，因为存在资本、商品和劳务等要素的充分竞争市场，出口产品的价格是在供求关系充分竞争环境下形成的，这种价格能够真实反映产品的生产成本，所以，"市场经济国家"出口产品在被反倾销的时候，关于其产品的"正常价值"确定时，可以采用该产品的国内市场销售价格作为出口产品的正常价值②；在"非市场经济国家"里，由于存在大量的政府干预行为，原材料、能源、工资的价格大多数情况下是扭曲的，国内产品销售价格未能反映产品的真实（正常）价值，所以，应该采用一个"替代国"（相同产品）或"类比国"（类似产品）的价格来反映"正常价值"。在选择"替代国"

---

① 《1994 年反倾销守则》附件九对第 6 条第 1 款的解释和补充规定，虽然没有明确以"替代国"方式决定可比价格，但也阐明了用替代方式决定可比价格的客观性和合理性。一般认为，这一解释实际上是世贸组织对"替代国"做法的一种默认。

② 市场经济国家"正常价值或公平价值的价格"标准：美国商务部把某一产品在美国（作为进口国）和出口国的零售价作为基价，分别推算其出厂价。按美国零售价或批发价推算出的出厂价作为"美国价格"，将商品在出口国的零售价格推算出的出厂价作为"外国市场价值"，即"公平价值或正常价值"，如果推算出的进口国的出厂价低于出口国的"正常价值或公平价值"，则符合倾销的价格条件，其中的低价幅度则被视为"倾销幅度"。将这一标准与"损害"标准结合在一起，可判定是否构成倾销。欧盟关于正常价值的确定，在市场经济的国家是以"在正常贸易方式下在出口国或原产地国消费相同数量的某一产品实际支付的可比价格，为产品的正常价值"。正常贸易是针对"非正常贸易方式"而言的，按现行《欧盟反倾销条例》的规定，可能有联营关系或补偿协议的当事人之间进行的贸易被视作"非正常贸易方式"下的贸易。目前世界各国对"正常价值"的表述比较统一。

（相同产品）或"类比国"（类似产品）的价格时，为了保护本国（地区）的产业利益，反倾销当局往往采用原材料、能源、工资价格较高的国家（地区），相同或类似产品的价格往往很高，大大增加了"非市场经济国家"出口产品"倾销"存在的可能性，也可能大大增加裁定"非市场经济国家"出口产品的"倾销"幅度和反倾销制裁的力度。

美国、欧盟反倾销法规定，"非市场经济国家"的生产和出口在大多数情况下是受政府控制的，其产品价格没有反映生产的真实成本，所以，对"非市场经济国家"（包括转型性国家）的出口产品"正常价值"的确定，可以设置"替代国"制度，以一个"市场经济国家"的第三国的相同（类似）产品构成价值，"替代"（相同产品）或"类比"（类似产品）的价格来确定反被反倾销调查国的"正常价值"。①

在反倾销主管部门如何确定"替代国"的问题上，美国强调国家的"可比性"而欧盟更注重市场的"竞争性"。美国反倾销法强调"替代国"的经济发展水平，要与被反倾销调查的国家（地区）具有可比性，这里的"经济发展水平"主要考量的指标是这两个国家（地区）人均国内生产总值是否相近，还有就是国家（地区）基础设施是否基本相同；欧盟更注重市场竞争状态，强调所选择的"替代国"市场应该具有充分的竞争性，并要求反倾销主管部门在选择"替代国"的时候不应采取"不合理"的方法，应采取"适当②的方法"。③

金砖国家的类似规定。金砖国家中，印度与巴西的相关规定与美国、欧盟的反倾销规则相似。为了适应世界经济贸易发展的需要，印度在对反倾销规则的修订④中，在原来的基础上，增加了"非市场经济国家"的相

---

① 美国将结构价作为确定倾销幅度基准价时，要求在原材料成本、生产成本和其他费用基础上，外加不低于成本10%的综合费及占上述成本和综合费8%的利润额。欧盟则视具体情况加一定企业管理费用和利润，无固定百分比。

② "适当"在实践中是指应考虑以下几点：（1）产品的类似性；（2）市场的竞争性；（3）产品的制造过程结构。

③ 在表述上，美国法律研究的倾销幅度是依照美国售价与"公平价值"之间的差价确定，欧盟则是依据向欧盟出口价与"正常价值"之间的差价来确定。这种表述上的不同，反映出美国人更注重形式上的机会均等和公平。

④ 1997~2003年：印度进行过5次对反倾销规则的修订。

关规定，确定了相关标准。[1] 巴西反倾销规则对不属于"市场经济导向国家"的"正常价值"的确定也做了类似的规定。[2]

我国在对外反倾销立法与实践中对正常价值的确定没有提及"非市场经济国家"标准。对来源于不同经济类型国家（地区）与经济制度的进口产品的正常价值的确定采用一种统一的标准。我国在反倾销的理论界与实务中，一般认为，对出口产品正常价值的确定实行"市场经济国家"和"非市场经济国家"两种标准是一种歧视性做法，因为我国长期以来不被欧美等发达国家（地区）承认为市场经济国家，是"非市场经济国家"和"替代国"做法的最大受害者。

我国正在通过政府间谈判、WTO 争端诉讼等途径积极解决不被欧美等发达国家（地区）承认为"市场经济国家"的问题。与此同时，我国加入WTO 以后，关税的产业保护作用大大降低，国际经济日趋激烈，我国国内市场同样面临进口产品的低价倾销威胁和损害，如果对所有国家（包括转型国家和地区）的产品进行反倾销调查时，对正常价值的确定采用一种统一的标准，缺乏主动性与灵活性，也难以全面保障国内企业在反倾销诉讼中的合法的、正当的权益。

所以，我国可以借鉴美国、欧盟的关于"正常价值""非市场经济国家"的规定，以及金砖国家中印度与巴西"非市场经济国家"的相关规定，采取"替代国"做法，把握对外反倾销的主动性，增强对外反倾销的灵活性，保障对外反倾销的公平性。

而且，我国反倾销采取"替代国"做法具有充分的、正当的法律依据，我国《入世议定书》中有专门条款规定来说明价值可比性问题。[3] 我国加入 WTO 时的《入世议定书》，是我国与 WTO 其他成员商定的协议，经我国立法机构（人大）批准后，其法律效力高于国内的一般法律，我国在对外反倾销中采取"替代国"做法，其实只是遵守了《中国加入世界贸

---

① 杜宇、雷结斌：《中、印反倾销法律制度比较研究》，载《特区经济》2010 年第 8 期，第256 页。

② 李罗莎、郭岩：《巴西反倾销立法与实践及对我国的启示》，载《开放导报》2002 年第 5期，第 9 页。

③ 参见《中国加入世界贸易组织议定书》第 15 条关于反倾销价值可比性问题的规定。

易组织议定书》以及 WTO 的相关规则。

第二节　公共利益条款的借鉴

公共利益原则是反倾销中的公共利益制度安排，反倾销中的公共利益条款是反倾销措施的安全阀，也是反倾销中竞争的维护器和反倾销中利益的平衡器。[①] 反倾销中的公共利益原则的内涵是一国（地区）在通过对外反倾销措施来保护本国（地区）相关产业利益时，尽可能不损害社会的整体福利水平，也尽可能把与被反倾销调查出口商品所在国（地区）之间的经贸关系的损害降到最低。

一国（地区）发起反倾销，固然对国内（地区内）进口竞争产业可以起到一定保护作用。然而，正如本书第三章的分析，反倾销相关方的利益变动并不确定，损害了多方利益，反倾销的最终效果可能不尽如人意，影响了出口厂商及其所在国（地区）的整体利益。公共利益条款有助于防止反倾销救济被滥用为贸易保护主义措施，有助于避免反倾销措施对社会整体福利水平造成损害，有助于纠正实施反倾销措施中带来的偏差，有助于实现反倾销规则经济效率价值目标。

本部分的借鉴考察对象包括 WTO《反倾销协议》、欧盟《反倾销条例》关于公共利益的规定、南非的相对方会议制度、巴西反倾销裁决对公共利益的保护。[②]

一、《反倾销协议》中公共利益的规定

WTO《反倾销协议》中没有明确"公共利益"的条款，但规定其成员发起反倾销应该符合"公共利益原则"。《反倾销协议》的一些条款在某种程度上体现了"公共利益"原则的精神。

---

① 范晓波：《多哈回合规则谈判之反倾销公共利益议题》，载《中国政法大学学报》2011 年第 4 期，第 108 – 117 页。

② 美国一般按倾销幅度严格确定反倾销税的征收数额。

　　WTO《反倾销协议》第 6 条第 12 款是公共利益问题的具体化。根据《反倾销协议》①　规定，反倾销主管当局在反倾销调查中应给予产品工业用户、具有代表性的消费者组织提供信息的机会。

　　WTO《反倾销协议》"低税原则"的规定也体现了反倾销的公共利益原则，WTO《反倾销协议》第 9 条第 1 款的规定体现了反倾销应"能不征税则不征税，能少征税则少征税"的思想。②　这一条款没有强制性，目的是鼓励各成员反倾销主管当局在符合征反倾销税的条件下应不征税或减幅征税。虽然 WTO《反倾销协议》的"低税原则"把是否征反倾销税以及是否减幅征反倾销税的权利，赋予了成员反倾销主管当局来自由裁量，没有强制约束力，但是在一定程度上也体现了反倾销中的公共利益原则。

　　由于 WTO 成员各方的利益博弈，2001 年启动的多哈回合谈判中，反倾销的公共利益问题尽管被再次提出，但未取得实质性进展，使 WTO 公共利益原则难以落实，实施效果大打折扣，其本质仍然没有脱离重在产业保护的出发点。③

二、欧盟公共利益原则与实践

　　由于欧盟（EU）本身是世界上发起对外反倾销最多的地区，就目前来说，其"公共利益原则"条款相对完善，而且，在反倾销实践中，也是目前所有国家与地区中，最重视"公共利益原则"落实的地区，所以，该原则也起到了比较令人满意的效果。目前，欧盟发起进口反倾销，已经把符合"公共利益原则"纳入了其反倾销相关法律制度之中，作为发起对外反倾销的要件之一，与 WTO《反倾销协议》规定的另外三个要件一起，构成了欧盟发起进口反倾销的四个要件，足见欧盟对"公共利益原则"的重视程度。欧盟的《反倾销条例》中，对"公共利益"的规定明确而详

---

①　参阅《反倾销协议》第 6 条第 12 款。

②　参阅《反倾销协议》第 9 条第 1 款。

③　公共利益问题在乌拉圭回合谈判中被提出并讨论，但最终没能纳入 WTO《反倾销协定》中；多哈回合谈判在公共利益问题上未取得实质性进展。

细①，包括反倾销的利益相关方（进口商、进口产品的用户以及进口产品的消费者等）利益的表达、理由的陈述、程序的实施等方面都有相关规定，保障发起进口反倾销时，欧盟的"公共利益"能得到体现与实施。

欧盟（EU）在发起进口反倾销的实践中也在两个方面落实了其《反倾销条例》中对欧盟的"公共利益"进行保护的条款。第一，欧盟把"公共利益"作为"否决"性条件，要求反倾销必须符合"公共利益原则"，即使发起进口反倾销的另外三个条件（"倾销""损害""因果关系"）均已达到，但如果不符合欧盟的"共同利益"，也不能对进口产品征收反倾销税。② 比如，1998 年 9 月，在进口硅铁反倾销案中，欧盟反倾销主管部门复审时，对硅铁的用户与欧盟的硅铁进口商利益给予了充分分析，认为如果征收反倾销税，不符合欧盟的"共同利益"，从而裁决终止对进口硅铁产品征收反倾销税。③ 第二，欧盟在进口反倾销的实践中，也使用了"低税原则"，欧盟反倾销主管部门在裁决反倾销案件中，会综合考虑欧盟内部进口产品的消费者、进口产品的下游用户、进口竞争产业的利益，只要征收的反倾销税"足以"消除境外出口厂商倾销行为对欧盟境内相关竞争性产业的损害，反倾销税税率应当低于（欧盟反倾销主管部门通常也是这样做的）进口产品在欧盟的"倾销幅度"。④

三、南非对利害关系方的利益协调

南非设立"相对方会议制度"是为了在其实施的对外反倾销中，协调所涉及的利益相关方的利益，体现南非反倾销法律制度中维护"公共利益原则"的独特制度。

南非的相对方会议制度，详细规定了在反倾销过程中，通过申诉和听证会等意见信息沟通交流的方式来实现或保护南非的"公共利益"。根据

---

① 参见欧盟第 384/96 号《反倾销条例》第 21 条第 1 款。
② 邵桂兰等：《反倾销应诉和诉讼中应引起重视的几项条款》，载《当代财经》2002 年第 6 期，第 43 页。
③ 陈有志：《国际反倾销中公共利益问题及其启示》，载《国际贸易问题》2002 年第 11 期，第 63 页。
④ 李炼：《反倾销：法律实务》，中国发展出版社 1996 年版，第 106 页。

该制度的规定，南非在对进口产品采取反倾销措施的过程中，对所涉及的反倾销所有的利益相关方，无论是在进口反倾销调查的初步阶段，还是在反倾销调查的最终阶段，如果有问题不能通过书面材料说清楚，可以向南非的反倾销调查机关提出申请，邀请反倾销中的立场与本方相对的另外一方举行相对方会议。[①] 因为双方对是否采取反倾销措施的立场相左，故称为"相对方会议制度"。

根据"相对方会议制度"的规定，在反倾销的初步调查阶段或最终阶段，在获知"相对方"对于是否实施反倾销的意见后，反倾销利益相关的另一方在规定时间内（7天），可以向南非的反倾销调查机关提出举办"相对方会议"的申请。反倾销所涉及的南部非洲关税同盟厂商，均有资格被邀请参加相对方会议制度。被邀请的反倾销利害关系方在规定时间内（也是7天），决定是否参加"相对方会议"。"相对方会议"上，各方对反倾销的诉求与表达被制成文字材料，除了保密文本外，均对外公开，供有关方面进行查阅或研究。

可见，南非设置"相对方会议制度"的目的，就是在对进口产品实施反倾销调查过程中，把反倾销的利益相关方中立场不一致甚至是相对的各方召集起来，面对面地进行交流和沟通，表达己方对是否实施反倾销的立场，陈述支持反倾销或者反对实施反倾销的理由，通过这种直接的方式，把反倾销的利弊与损益充分表达出来，尽量降低因实施反倾销措施而产生的负面影响，尽量避免反倾销措施对南非的"公共利益"造成损害。[②]

四、巴西对公共利益的保护

巴西反倾销裁决对公共利益的保护，体现在强调产业保护政策的灵活运用上。巴西的反倾销政策规定，对外反倾销裁决需要综合考虑巴西的公共利益。反倾销裁决由代表各方面利益的外贸委员会做出最终决定，在采取对外反倾销措施时，反倾销主管当局应把巴西的国家利益、公共利益置

---

① 在公告初裁60天后，调查机关将不考虑举行相对方会议申请，90天后将不举行相对方会议。如果会议会影响初裁或终裁的及时完成，调查机关有权拒绝举行相对方会议。

② 宋利芳：《南非反倾销政策及其特点》，载《西亚非洲》2007年第1期，第78页。

于优先位置。在运用政策提供产业保护时，巴西政府应综合考虑贸易政策与产业政策产生的效应。对于具体的反倾销案件，如果采取反倾销措施将可能导致整体利益受损，巴西政府最终可以不采取反倾销措施，而是可以采取产业保护政策。[①]

我国于 2001 年实施的《反倾销条例》中，没有对"公共利益"原则方面作出规定。由于缺乏相关的规定，我国对外反倾销中对"公共利益"的保护就无法可依，没有法律依据来要求对外反倾销主管部门在裁决反倾销案件时，必须权衡进口竞争产业利益、进口产品下游用户利益、消费者利益之间的大小得失。[②] 也就无法实现我国反倾销对"公共利益"的保护。随着"公共利益"问题日益引起国际社会的关注，我国 2004 年修订的《反倾销条例》也写入了公共利益条款，第三十七条规定"征收反倾销税应当符合公共利益"。[③]

然而，由于我国尚未建立起比较完整的反倾销利益相关方利益的区分、利益相对方诉求的表达、利益相关各方利益的协调机制，缺乏利益集团代表行业或企业利益，削弱了反倾销的实际效果，反倾销措施有误伤我国更重要利益的可能。[④] 这些使落实公共利益条款存在诸多困难与问题。

因此，为了尽量避免我国的反倾销措施对"公共利益"造成损害，我国应改进与"公共利益"的相关规定，落实对外反倾销中的"公共利益"条款，并通过反倾销"公共利益"的司法审查保护来予以落实。我国有必要借鉴 WTO《反倾销协议》的公共利益的规定，反倾销主管当局在反倾销调查中，应给予产品工业用户、具有代表性的消费者组织提供信息的机会，并借鉴南非相对方会议制度对反倾销关系方的利益进行协调的做法，建立反倾销利益相关方的区分机制、利益相对方诉求的表达机制、反倾销相关各方利益的协调机制；我国的《反倾销条例》应当引入 WTO《反倾销协议》反倾销

---

① 李罗莎、郭岩：《巴西反倾销立法与实践及对我国的启示》，载《开放导报》2002 年第 5 期，第 11 页。

② 陈有志：《国际反倾销中公共利益问题及其启示》，载《国际贸易问题》2002 年第 11 期，第 63 页。

③ 2002 年底，当时的国家经济贸易委员会发布的《反倾销产业损害调查与裁决规定》的第 18 条规定是我国反倾销立法中最早对公共利益原则进行的规定。

④ 翁国民：《贸易救济体系研究》，法律出版社 2007 年版，第 367 页。

使用税率的"低税原则"，这些措施都有利于我国对外反倾销中的公共利益保护。另外，还应借鉴欧盟反倾销中关于公共利益保护的相关规则和经验，界定反倾销法中公共利益的内涵、明确公共利益调查利益关联方的权利，确立公共利益的适用情形，建立公共利益调查的程序机制，加强公共利益审查的独立性建设；借鉴巴西反倾销裁决对公共利益的保护，从国家整体利益、公共利益角度来灵活运用贸易政策与产业政策来达到产业保护的目的。

第三节　反规避措施的借鉴

由于反倾销措施只是针对被诉的特定国家（地区），其实施效果很容易被出口企业所规避。本书在对反倾销的引致效应的分析中提到，反倾销中受损的生产商或出口厂商出于保护自身利益的目的，会采取各种相应措施来削弱（或规避）反倾销的影响。规避，又称为反倾销规避，是指在一国（地区）的出口产品，在被进口方征收反倾销税的情况下，为了减少或避免被反倾销所产生的损失，境外出口厂商通过各种方式、手段来减少或避免被课征反倾销税的行为。反倾销的贸易转移效应、投资跨越效应（直接投资效应）等规避行为削弱了进口方的反倾销保护作用，弱化了反倾销措施对进口竞争产业的救济效果，加大了进口方实施反倾销的成本，降低了反倾销的效率，造成了进口方的福利损失。规避行为不仅会对进口方的进口竞争产业继续造成损害，还可能引发更加激烈的竞争，进一步恶化进口竞争产业的竞争环境，背离反倾销措施的目的。反规避措施就是对这种规避行为采取的预防或惩罚措施。

在反规避立法上，欧盟的反规避立法、美国的反规避立法内容较为完善，且对 GATT（WTO）的反规避立法进程影响较大。一些金砖国家的反规避法律制度，一方面，主要以《邓克尔草案》[①] 为蓝本来创设，另一方

---

① 乌拉圭回合部长会议《决定与宣言》"反规避决定"规定：注意到反倾销措施中的规避问题虽然是《关于实施 1994 年关税与贸易总协定第 6 条的协议》达成之前谈判的一部分，但谈判人员未能达成具体文字，注意到在该领域尽快适用统一规则的可取性，决定将此问题提交根据该协议设立的反倾销措施委员会加以解决。

面，也借鉴吸收了一些欧美反规避立法的经验与做法。所以，本书对反规避措施的考察对象包括欧盟的反规避立法、美国的反规避立法以及邓克尔草案中的反规避条款。

一、欧盟的反规避立法

"改锥条款"是欧盟反倾销法律制度中反规避的专门性条款。在 20 世纪 70 年代后期，欧盟的前身欧共体专门对以零件倾销（parts dumping）[1] 的方式来规避欧共体反倾销制裁的现象制定了相应的管理条例，这是国际上首先出现的反规避法律条款。欧共体于 1987 年制定了世界上第一个反规避的法律第 176/87 条款（第 13 条第 10 项，即著名的"改锥条款"），该条款被修改后全部被纳入欧共体理事会条例。[2] 最新的《欧洲共同体反倾销规则》对"改锥条款"作了较大修改，在适用范围、实质要件和程序方面进行了更加明确和完善的规定。[3] 目前欧盟最新的、规制反倾销规避行为最核心的条款是《欧洲共同体反倾销规则》。[4]

欧盟反倾销法律制度中的反规避条款，总的来说，主要内容包含与反倾销规避行为最为密切的原产地、组装、反吸收这三项规则。

（一）原产地规则

原产地规则与反倾销的规避问题密切相关。征收反倾销税针对特定国家（地区），反倾销税率的高低是依据境外出口厂商的不同倾销程度来确定的。在海关征收反倾销税时，根据特定原产地标准来确定进口货物的原产地，按确定的反倾销税率，对进口倾销产品实施有差别的反倾销税征收待遇。

---

① 通过相同产品的零部件或原材料出口到进口国，在进口国进行组装或生产出相同产品再进入商业流通领域，或者把上述产品的零部件出口到第三国进行组装、加工成产品后，再由第三国出口到原来进口国的方式以达到规避反倾销税的目的。

② 欧共体 1988 年第 2423/88 号理事会条例。

③ 王家兵：《反规避立法的国际比较与借鉴》，载《经济与社会发展》2006 年第 7 期，第 105 页。

④ 1995 年"欧共体理事会关于抵制非欧共体成员国倾销进口的第 3283/95 规则"。

欧盟的原产地规则，对境外出口厂商采取措施来规避欧盟反倾销税的行为具有较强的限制作用。现行的欧盟原产地规定[①]与其他国家和地区的原产地规定，在贸易货物原产地的"实质性改变标准"[②] 的要求这一规则是一致的。欧盟的原产地规则对于反倾销规避行为判断的主要特点，表现在零部件是否原产欧盟的规定上。零部件是否认定为欧盟原产，欧盟的原产地规则以零部件在欧盟当地的价值增值百分比为判断依据，判定的负责机构是欧盟委员会。零部件是否为欧盟原产的判定依据与结论如表 6 - 1 所示。

表 6 - 1　　　　　　　零部件是否为欧盟原产的判定

零部件欧盟当地增值比例	判定结论
50% 或更高	承认为欧盟原产地产品
45% ~ 50%	可视为欧盟原产地产品，但欧盟当地增值比要高于其他国家的价值，欧盟委员会原产地规则专家出面审议
40% ~ 45%	视情况而定，但可能不会被认为是欧盟原产地产品
小于 40%	拒绝承认为欧盟原产地产品

（二）组装规则

欧盟反规避组装规则针对的是被反倾销出口厂商在"进口国组装"规避欧盟征收反倾销税的情况，征税对象是在欧盟内部及在"第三国"（欧盟组装规避和第三国组装规避）用原出口厂商所在国的零部件组装成的制成品。

欧盟反规避组装规则措施的适用条件有两个：一是要求"规避"具有产生破坏欧盟正在实施的反倾销救济效果的后果；二是在采取"规避"行为后，类似产品依然存在倾销的情况。

对在欧盟内部组装规避的产品采取反规避措施须符合下列三个条件。

---

① 欧盟反规避立法中的原产地规则主要体现在欧共体理事会条例 2913/92 号的第 22 ~ 26 条。
② 实质性改变标准是指使用进口的原材料在出口国（地区）内制造、加工的货物，并由于在该出口国（地区）内的制造和加工程序，改变了它们原有的特征并达到了实质性的改变。经过多种加工、制造程序，利用进口原材料生产的制成品在性质、形状或用途上已经产生了不同于进口原材料的永久性和实质性变化。

（1）规避行为的主体。按照欧盟反规避组装规则规定，在欧盟内部组装产品的当事人与被征收反倾销税产品的境外出口厂商存在关联；而目前规避行为的主体在实践中已经扩大，只要符合判断条件，即使与被征收反倾销税产品的境外出口厂商不存在关联，也会被欧盟反规避组装规则的反规避措施所惩罚。

（2）规避措施的时间。在欧盟内部组装业务大量增加的时间，是欧盟对境外出口厂商的进口产品进行反倾销调查或将进行反倾销调查的时间。

（3）价值要求。组装制成品零配件来自被征收反倾销税国家的价值超过总价值（一般采用出厂价计算）的60%（组装制成品零配件组装中增值且超过制成品生产成本25%的除外）。[①]

对在第三国组装规避的产品采取反规避措施，也必须符合下列三个实质要件。

① 规避的时间要求。在第三国境内进行组装业务规避的时间要求与在欧盟内部组装规避的产品的时间要求一样。

② 价值要求。组装制成品零配件来自被征反倾销税国家的价值超过总价值（一般采用出厂价计算）的60%，除非在组装或完成业务中零件的增值超过总成本的25%。

③ 后果要求。反规避组装规则措施正在破坏欧盟实施的反倾销救济效果的后果，有证据证明组装产品依然存在倾销情况。

（三）反吸收规则

"吸收"与"反吸收"：境外出口厂商实施倾销行为提高了在进口国家（地区）的市场占有率，实施倾销行为的产品被进口国家（地区）征收反倾销税规制后，进口国家（地区）的进口商是反倾销税的直接纳税人，从境外出口厂商那里进口的产品成本上升。为了保住以前的市场份额，提高进口商继续进口该货物的积极性，境外出口厂商采取措施（如直接降低出口价格）来补偿进口商因被征收反倾销税而增加成本，这就是反倾销"吸收"；境外出口厂商的这种"吸收"行为，实际是继续进一步扩大该货物

---

① 岳树梅：《国际贸易反规避制度最新发展及我国应对措施》，载《政治与法律》2006年第3期，第81页。

倾销的行为，会直接影响到原进口国家（地区）采取的反倾销救济措施的目标的实现。进口国家（地区）针对境外出口厂商"吸收"行为采取的调查称为"反吸收调查"或"反吸收复审"。

欧盟的反倾销法律制度针对境外出口厂商可能存在的反倾销"吸收"行为，制定了"反吸收"的制裁办法。鉴于境外出口厂商与进口厂商"吸收"行为的隐蔽性，欧盟的"反吸收"规则采用了"推定"办法：在欧盟市场上销售的进口产品，在被欧盟的反倾销主管部门征收倾销税后，其市场价格应该同被征收的反倾销税额或税率大致同幅度上涨。如果在被征收倾销税后，该产品价格未随反倾销税额或税率大致同幅度上涨，欧盟可以"推定"境外出口厂商采取了"吸收"行为。如果被欧盟"推定"或发现了境外出口厂商的"吸收"行为，那么，欧盟反倾销主管部门（基于欧盟利益）可以按已经因"吸收"而下降了的"进口价格"重新计算境外出口厂商的倾销幅度，并且实行追溯征收的制度，即按重新计算的倾销幅度追溯征收反倾销税，征税时间从"吸收"（进口价格下降）之日起开始计算。所以欧盟的"反吸收"规则对境外出口厂商的"吸收"行为具有很强的威慑力。

二、美国的反规避立法

美国规制境外出口厂商的反倾销规避的法律制度与欧盟存在一定不同之处，对境外出口厂商的反倾销规避行为的规定以概括性、归纳性为主，赋予其反倾销主管部门较大的自由裁量权，这与其判例法传统有关。当然，这也使得其反规避做法更加灵活一些。美国的反规避措施不是以专门法形式出现的，以关税法、贸易竞争法为主，主要包括产品组装、轻微改变等情况。[①]

（一）在美国生产或组装产品

境外出口厂商实施的倾销行为的产品被以商务部为主的美国反倾销主

---

① 美国的反规避条款主要存在于《关税法》和《1988年综合贸易竞争法》第1677i"下游产品的监督"和1677j"规避税令的防止"项下。

管部门征收反倾销税后，为了保住以前在美国市场的份额，将成品化整为零，以零部件形式出口美国，然后在美国重新组装（或生产，下同），再以成品方式在美国国内市场销售，从而得以规避美国征收反倾销税的制裁。美国的反规避措施规定，美国商务部可以对这种"化整为零"的"零件倾销"做法采取反规避制裁，对零部件也采取反倾销措施，征收反倾销税。

当然，为了限制反规避措施不被滥用，美国的反倾销规避法律制度也规定了商务部采取反规避需要符合一定的条件①，包括：（1）产品（成品）相同或类似的性质要求，即在美国组装，再以成品方式在美国国内市场销售的成品，与美国反倾销主管部门先前裁定征收反倾销税的相同或具有类似性；（2）零部件来源要求，即以零部件形式出口美国，然后在美国重新组装成品的零部件，来自于美国反倾销主管部门先前裁定征收反倾销税的贸易对象；（3）组装工序性质要求，即以零部件形式出口、在美国组装的工序本来就可有可无（工序少或工序本身就不重要），或者，来自于先前裁定征收反倾销税的贸易对象的零部件价值，占产品总价值的比重较大②。

（二）在第三国生产或组装产品

美国征收反倾销税后，被征收反倾销税的境外出口厂商将产品的加工或组装过程转移到第三国进行，即将组装件或原材料运到第三国加工或组装成成品，然后以第三国产品（成品）的形式向美国出口。同样，对第三国生产或组装产品采取反规避措施，美国的反倾销规避法律制度也规定了需符合一定的条件，包括：（1）产品（成品）相同或类似的性质要求，即在第三国境内组装，再以成品方式在美国国内市场销售的成品，与美国反倾销主管部门先前裁定征收反倾销税的相同或具有类似性；（2）零部件来源要求，即在第三国境内组装的产品（成品）的零部件，应来自于美国反

---

① 美国《1988 年综合贸易与竞争法》第 781 节（a）。商务部在做出这一决定之前，还应考虑下列因素：贸易方式；反倾销令所针对的外国境内的零部件生产商或出口商与为了在美国销售而在美国制成或装配并在美国销售该产品的组装厂是否存在股份、资金或其他补偿关系；在发布反倾销令以后，从该反倾销令所针对的国家进口的零部件是否增加了。

② 美国根据《乌拉圭回合协定法》对原法进行修改后的规定。

倾销主管部门先前裁定征收反倾销税的贸易对象；（3）组装工序性质要求，即在第三国境内组装的工序本来就可有可无（工序少或工序本身就不重要），或者，来自于先前裁定征收反倾销税的贸易对象的零部件价值，占产品总价值的比重较大；（4）反规避适当性要求，即美国反倾销主管部门确定采取措施，对规避反倾销行为进行规制时要具有适当性。

（三）轻微改变与后期发展产品

美国的反倾销规避的法律制度规定，对境外出口厂商将先前被美国反倾销主管部门裁定征收反倾销税的产品，仅仅作"轻微加工"，或稍微改变外观，从而规避反倾销措施，经美国商务部认定①，这样的产品依然按反倾销主管部门裁定的税率征收反倾销税。

另外，美国的反倾销规避的法律制度还规定，对被美国反倾销主管部门裁定征收反倾销税的产品，境外出口厂商对其功能结构改进（后期发展）后，继续向美国出口，如果在物理特征、用途等方面与被征收反倾销税的产品相同或相似②，经调查确认后，也依然按反倾销主管部门裁定的税率征收反倾销税。

三、《邓克尔草案》反规避条款

进口国发起的反倾销，直接影响了被反倾销的对象（境外出口厂商及其所在国）的利益。由于利益受损，境外出口厂商会寻找一些措施来规避进口国反倾销的影响，以减少或避免被采取反倾销措施而产生的损失。针对这个问题，GATT 也予以了关注，其中，以《邓克尔草案》③ 中的反规

---

① 美国《1988 年综合贸易与竞争法》第 781 节（c）的规定。

② 美国《1980 年综合贸易与竞争法》第 781 节（d）规定，构成后期发展产品的条件为：（1）后期发展产品与前产品（即被征收反倾销税的原产品）在物理性能上相同；（2）最终用户（即消费者）对后期发展产品与前产品的期待相同；（3）后期发展产品与前产品的最终用途相同；（4）后期发展产品与前产品的销售渠道相同；（5）后期发展产品与前产品的广告宣传和展示的方式相似。

③ 《邓克尔草案》是 1991 年 12 月"乌拉圭回合"谈判关于《反倾销协议》修订的一个草案（由邓克尔提出的关于反规避条款的草案）。《邓克尔草案》反规避的条款没能纳入世贸组织规则，但它对各国反规避立法和国际反规避规则的制定具有指导作用。

避条款为典型代表。

总体来说，《邓克尔草案》所讨论的规避反倾销措施的形式有两种：第一种是通过反倾销的发起国（进口国）来规避反倾销的影响（进口国规避）；第二种是通过第三国来规避反倾销发起国的反倾销措施（第三国组装规避）。这里只讨论第一种，即进口国规避问题，因为《邓克尔草案》对这个问题的规定具有代表性。

出口厂商的行为是否进行了"进口国规避"以及进口国（地区）是否采取反规避措施，根据《邓克尔草案》的规定，应包括以下条件。

第一，境外出口厂商在发起反倾销的进口国（地区），通过零部件出口的方式，在进口国（地区）组装与被进口国采取了反倾销措施的相同产品。

第二，通过零部件出口并在进口国（地区）进行组装的业务，是被反倾销境外出口厂商或代表被反倾销境外出口厂商来完成。

第三，在进口国（地区）组装的零部件是从被反倾销的国家（地区）进口的。

第四，在进口国（地区）发起反倾销之后，与被采取了反倾销措施相同的产品组装已经在进口国（地区）开始，或在反倾销之后组装急剧增加，而且组装业务所需的零部件的进口大幅度增加。

第五，从被反倾销国家（地区）进口零部件的成本，占组装业务所使用的全部零部件的总成本的比例，不低于70%，而且在发起反倾销的进口国（地区）的附加值，不低于产品出厂价的25%（70%、25%标准）①。

第六，有证据表明，与被采取反倾销措施的产品的"正常价值"相比，在发起反倾销的进口国（地区）组装产品的价格存在倾销。

第七，有证据证明，进口国（地区）有必要采取反规避措施，阻止或抵消规避行为对进口竞争产业的"持续性或反复性"损害。

可见，《邓克尔草案》要求，如果进口国（地区）采取反规避措施，需要证明有采取反规避措施必要性的证据。证明证据包括两个：其一，和被采取反倾销措施的产品的"正常价值"相比，在发起反倾销的进口国

① 栾信杰：《反规避条款最终删除的原因》，载《国际贸易问题》1996年第5期，第54页。

（地区）组装产品的销售价格继续存在倾销的问题。其二，有采取反规避措施阻止或抵消规避行为对进口竞争产业的"持续性或反复性"损害的必要。

欧美的反规避立法条文和反规避实际做法都有许多值得我国借鉴的地方，《邓克尔草案》可能被纳入 WTO 多边协定之中。我国要借鉴欧美反规避立法与实际做法，并重视邓克尔草案中合理内容的吸收，构建我国科学、完善的反规避法律体系。主要包括以下方面。

第一，我国反倾销主管部门应重视、预防、惩罚境外出口厂商规避行为，采取反规避措施，以保障实施我国对外反倾销措施对进口竞争产业的救济效果，防止反倾销"政策失灵"，加大反倾销成本。

第二，界定反倾销规避行为的内涵。明确境外出口厂商的规避行为，同时保留一定的弹性，预留可能出现新的规避行为的空间。明确规避行为内涵可以促使境外出口厂商自觉地遵守我国主管部门的反倾销措施。内涵界定建议以欧盟的做法为主，毕竟我国也以成文法为传统，同时适当结合美国对于规避行为的做法，为我国反倾销主管部门对后续可能出现的新规避行为的认定，保留一定的回旋余地。

第三，反倾销规避行为判定标准可以适当"量化"。我国反倾销主管部门对境外出口厂商反倾销规避行为的判定，难免具有很强的主观性，可以适当学习《邓克尔草案》和欧盟"量化"做法（如组装制成品零配件的价值 60% 或 70%、增值 25% 判定标准），将反倾销规避行为判定标准予以适当"量化"，防止反倾销规避行为判定过程中过多的主观性因素可能导致的反规避行为的滥用。当然，同时也应该适当借鉴美国的反规避做法，运用"个案处理"的方式（我国可以运用最高法判例的方式），对境外出口厂商反倾销规避行为判定保留一定的弹性，为我国反倾销主管部门灵活运用该措施维护我国利益预留一定的空间。

第四，适用反规避措施的时间问题。为提高我国反规避措施的威慑力，督促境外出口厂商自觉遵守我国反倾销主管部门实施的反倾销救济措施，提高反倾销救济的政策效率，适用反规避措施的时间应具有时间上的追溯性，笔者认为，以反倾销调查发起时间为反规避措施起始点比较合理。

第五，增加"反吸收条款"的规定。为提高我国反规避措施的威慑力，增强反倾销措施的救济效果，我国应增加"反吸收条款"，惩罚境外出口厂商"吸收"的这种故意违法行为，调整反倾销税税率（"提高税率"），并且实行追溯征税，这对保持我国反倾销法律制度的整体协调性、可操作性[①]具有重要意义。

第六，赋予商务部在反规避问题上较大的自由裁量权。强调我国商务部的行政主导作用，为商务部灵活运用反规避措施来保障反倾销的产业救济效果，防止反倾销"政策失灵"预留一定的空间。当然，如上所述，也要防止反规避措施可能出现"政府失灵"，对商务部的反规避行为予以适当限制（如司法审查），防止反规避措施损害我国整体经济福利。

第四节　小结

本章讨论了我国对外反倾销立法与实践对 WTO 反倾销规则，美国、欧盟以及部分金砖国家的反倾销做法的借鉴问题。

第一，"替代国"做法的借鉴。我国在对外反倾销立法与实践对正常价值的确定方面没有提及"非市场经济国家"标准。我国应借鉴美国、欧盟以及金砖国家中印度与巴西的反倾销立法的相关规定，采取"替代国"做法，把握对外反倾销的主动性，增强对外反倾销的灵活性。而且，我国反倾销采取"替代国"做法具有充分的、正当的法律依据。

第二，公共利益条款的借鉴。我国有必要借鉴 WTO《反倾销协议》的公共利益的规定，在反倾销调查中给予产品工业用户、具有代表性的消费者组织提供信息的机会；借鉴南非相对方会议制度对反倾销关系方的利益进行协调的做法，建立反倾销利益相关方的区分机制、利益相对方诉求的表达机制、反倾销相关各方利益的协调机制；应当引入 WTO《反倾销协议》反倾销使用税率的"低税原则"；借鉴欧盟反倾销中关于公共利益的相关规则和经验，界定反倾销法中公共利益的内涵、明确公共利益调查利益关联方的权利、确立公共利益的适用情形、建立公共利益调查的程序机

---

① 李炼：《反倾销：法律实务》，中国发展出版社 1999 年版，第 111－112 页。

制、加强公共利益司法审查建设；借鉴巴西反倾销裁决对公共利益的保护，从国家整体利益、公共利益角度来灵活运用贸易政策与产业政策来达到产业保护的目的。

第三，反规避措施的借鉴。我国应借鉴欧美反规避立法与《邓克尔草案》，构建我国科学、完善的反规避法律体系。反倾销主管部门应重视、预防、惩罚境外出口厂商规避行为，界定规避行为的内涵，对规避行为判定可以适当"量化"，增加"反吸收条款"，制裁出口厂商的故意违法行为，而且实行追溯征税；赋予商务部在反规避问题上的自由裁量权。

第七章
Chapter 7

我国对外反倾销的理念、
原则与价值目标

　　本章研究我国对外反倾销应秉持的理念、坚持的原则和应实现的价值目标问题。前面分析了我国对外反倾销的现状与存在的问题，探讨了反倾销的国际借鉴问题，但要从比较全面的角度来研究对外反倾销的改进与完善，有必要首先明确我国对外反倾销应秉持的理念、坚持的原则和应实现的价值目标，目的是把反倾销的理念、原则与价值目标贯彻在我国反倾销制度体系的设立与改进之中，体现在对外反倾销活动实践之中。我国反倾销制度体系以《反倾销条例》为核心和代表，对外反倾销的理念、原则与价值目标应该在《反倾销条例》的立法中确立，并通过反倾销法律制度的实施来实现。

第一节　对外反倾销的理念

　　理念的字面意义为"理想与信念"，是指人们在从事某项活动时，在主观上希望达到的理想目标，以及实现该理想目标的途径与方式所持有的信仰、期待和追求，理念是一种主观的存在，需要借助于某些事物的功能和价值，才能由主观变为客观。①

　　我国对外反倾销的理念是指对外反倾销应秉持的理想目标以及怎样实

---

① 漆多俊：《经济法论丛》第 2 卷，中国方正出版社 1999 年版，第 74 – 75 页。

现该理想目标的一种设想，它既是反倾销立法者确立反倾销法律制度的基本指导思想，又是反倾销主管当局进行反倾销救济所应努力追求的目标。

一、国际反倾销理念的演变

从国际上倾销与反倾销产生与发展的角度来看，反倾销出现之初的理念，主要是一国反对他国出口厂商在本国市场以低价方式，进行限制竞争、扭曲竞争的不正当竞争行为，但在后来的反倾销实践中，逐步演变通过反倾销来对本国的进口竞争产业提供保护。

（一）反倾销最初理念

从反倾销出现之初来看，反倾销立法的理念，主要是规制他国出口厂商在本国市场以低价方式限制竞争、扭曲正当竞争的行为，属于涉外竞争法[①]的范畴。

反倾销立法因规制他国出口厂商的倾销行为而产生，反倾销法律制度的出现要比倾销现象出现的时间晚一些。产业革命带来了大规模生产，当一国国内市场需求（消费）相对不足时，为了占领外部市场，主要资本主义国家之间或向其他市场展开了激烈的价格竞争。国际上何时开始出现倾销行为，已经无从稽考，但是，正是他国出口厂商在进口国市场以低价方式倾销的出现，限制、扭曲了进口国市场的正当竞争，损害了进口国的利益，进口国的利益受损者才产生了对倾销进行规制的需求。作为反倾销法律供给者的进口国政府，回应上述反倾销规制的需求，提供了反倾销法律。国际上，直到1904年，加拿大首次针对倾销进行立法，才出现了反倾销法律的供给。

1. 重商主义时期没有反倾销的必要

重商主义是反映欧洲资本原始积累时期，商业资本的利益和要求的最初的经济学说。重商主义认为，一国可以通过贸易增加社会财富。一国可

---

① 竞争法是指为维护正常的竞争秩序而对市场主体的竞争行为进行规制的法律规范的总称。广义上的竞争法包括反垄断法和反不正当竞争法两部分；狭义上的竞争法则仅指反垄断法，不包括反不正当竞争法。本处采用的是广义上的竞争法。参见吕明瑜：《竞争法》，法律出版社2010年版。

以通过出口本国产品从国外获取货币（贵金属）从而使国家变富，但同时也会由于进口外国产品造成本国货币输出从而使国家丧失财富，一国财富的增加意味着另一国财富的减少，反之亦然。

重商主义认为，一国要通过贸易来增加社会财富，就要使本国的出口大于进口（贸易出超），只有这样才能保证货币（贵金属）的净流入。一国的贸易出超是建立在另一国贸易入超的基础之上的。一国要通过贸易来增加社会财富，必须采取措施鼓励商品出口、限制商品进口（"奖出限入"）。

重商主义提出对进口的外国商品征收高额关税以"限入"。在鼓励本国商品出口的同时，对进口商品课以高额关税，禁止不是本国必需的商品进口。

重商主义高额进口关税下，没有反倾销的必要。重商主义为达到保持贸易顺差以增加社会财富的目的，政府对进口品征收高额关税，实际也起到了保护本国工业的目的。重商主义时期，高额关税替代了反倾销税的救济作用，也就没有反倾销的必要。

2. 自由资本主义时期也没有反倾销的需要

自由资本主义时期的贸易理论以自由竞争为主基调，主要资本主义国家以比较优势贸易理论[①]为依据开展对外贸易。自由资本主义时期，主要资本主义国家既拥有各自的（绝对或相对）优势生产部门，也还存在较明显的（绝对或相对）劣势部门，国家之间按照自由贸易的思想进行分工，彼此互有需求，即使彼此之间互相倾销，处于上升时期的资本主义国家购买对方国家产品的能力也处于提升时期，对方国家倾销（如果存在）的产品往往是本国工业化需要的投入品或消费品，互相倾销正好是双方各得其所，所以，这一时期同样也就没有反倾销的需要。而且，这个时期自由放任的市场经济思想是主要的社会思潮，也没有反倾销的社会思想基础。

3. 资本主义进入垄断阶段后产生了反倾销及立法需求

19 世纪末 20 世纪初的主要资本主义国家的工业化发展到垄断阶段，

[①]　绝对优势贸易理论认为各国应该集中生产并出口其具有劳动生产率和生产成本"绝对优势"的产品，进口其不具有"绝对优势"的产品，比较优势贸易理论认为每个国家都应集中生产并出口其具有"比较优势"的产品，进口其具有"比较劣势"的产品。参见海闻、P. 林德特、王新奎：《国际贸易》，格致出版社 2003 年版。

产业逐步集中，产业发展带有明显的垄断性，倾销往往与垄断联系起来，带有掠夺性意图的倾销逐步增多。垄断阶段的资本主义垄断企业为了获取垄断利润，凭借其垄断地位，企图以低价挤垮处于劣势的他国同业竞争者。这种倾销扭曲了自由资本主义时期基于互利分工的正常竞争关系，对进口国的市场竞争秩序产生了巨大的破坏作用，降低了进口国的资源配置效率，恶化了进口国的就业环境。

处于竞争劣势的倾销受损国的进口竞争产业转向进口国政府寻求帮助，这就产生了对外反倾销的需求。这种对外反倾销的需求是基于保护正当竞争的目的，对出口厂商倾销的垄断意图加以限制和反对，对国外出口厂商与垄断相联系的倾销行为进行规制。如美国《1916年关税法》反倾销条款的规定，倾销具有"掠夺性"的限制竞争意图，是反倾销抵制的条件之一。[1] 所以，反倾销立法的最初理念，主要规制的是他国垄断企业以出口低价产品限制竞争的意图与扭曲正当竞争的行为。

需要注意的是，主要资本主义国家除了互相竞争，在其附属国、（半）殖民国之间也展开了相互原料和初级产品来源与制成品的消费地市场争夺。主要资本主义国家在其附属国、（半）殖民国之间的消费地市场争夺中，也采取了倾销行为。部分附属国、（半）殖民国在第一次世界大战（1914年）前，就对倾销行为进行了一些反倾销方面的国内立法。当时通过反倾销立法的四个国家为：加拿大、澳大利亚、新西兰和南非联邦，这四个国家的反倾销立法具有一定的贸易保护理念。

4. 当代反倾销立法仍然具有保障公平竞争的理念

国际反倾销规则规定，倾销存在是实施反倾销措施必备的前提条件。[2] 倾销成立[3]是进口国政府实行反倾销的必要条件。倾销行为从竞争法角度

---

① John H. Barton, Bart S. Fisher, "International Trade and Investment-Selected Document", Little Brown & Company. 1986：282.

② 《WTO反倾销协议》规定，实施反倾销措施必须满足三个条件：（1）倾销成立；（2）国内产业受到损害；（3）倾销与损害有因果关系。

③ 倾销存在必须符合以下任何一个条件：（1）低于相同产品在出口国正常情况下用于国内消费时的可比价格，或（2）如果没有这种国内价格，则低于：a. 相同产品在正常贸易情况下向第三国出口的最高可比价格；或b. 产品在原产国的生产成本加上合理的管理费、销售费等费用和利润。见《关税和贸易总协定1994》第六条。

上看是一种限制竞争行为或是不公平竞争行为，是竞争法所应予以规范的行为。从本质上看，反倾销法律体现的首要价值在于维护市场的公平竞争，而公平竞争的直接作用则体现出对进口国竞争产业的保护。《中华人民共和国反倾销条例》的立法宗旨"为了维护对外贸易秩序和公平竞争"也明确了我国的反倾销法律制度属于竞争法律性质。[①]

既然一国（地区）可以通过竞争法来维护市场的公平竞争，那为什么还需要制定反倾销法律制度呢？因为一般意义上，一国（地区）的竞争法的效力范围是主要以国家为界限的。[②] 如果倾销行为是在一国（地区）国内市场上发生的，那么，竞争法可以对其进行规制。[③] 但当倾销行为跨越了国界，一国（地区）的竞争法对该种行为进行规制的能力变弱。各国反倾销法存在的合理价值，就在于抵制来自域外的不公平竞争，以保护本国相关工业的健康发展。从这个角度上说，当代反倾销立法仍然具有规制不正当竞争的理念。

（二）向保护理念的演变

现实中，反倾销经常被认为是保护贸易的组成部分。一国（地区）的竞争法的效力范围是主要以国家为界限，当倾销行为跨越了国界，一国（地区）的竞争法对该种行为进行规制的能力变弱，反倾销（法）产生的原因可以理解为一国（地区）国内竞争法在国际贸易领域中的延伸。由于调整的国内与国际竞争的利益不同，正是这种延伸，使一国（地区）的反倾销法具有了与国内竞争法不一样的特征。

---

① 根据 2004 年《反倾销条例》第一条规定：为了维护对外贸易秩序和公平竞争，根据《中华人民共和国对外贸易法》的有关规定，制定本条例。

② 一些国家也强调本国竞争法境外适用效力，但普遍采用了适用除外与豁免条款。如《中华人民共和国反垄断法》第二条规定：我国境内经济活动中的垄断行为，适用本法；我国境外的垄断行为，对境内市场竞争产生排除、限制影响的，适用本法。《反垄断法》对境内适用所有"垄断行为"，只要经营者符合垄断行为的构成要件，无论经营者对境内市场竞争可能产生还是已经产生"排除、限制影响"的垄断行为，《反垄断法》可以进行调整或规制。《反垄断法》对境外适用"对境内市场竞争产生排除、限制影响的""境外的垄断行为"，即我国境外经济活动中，即使经营者符合垄断行为的构成要件，但只要没有对"境内市场竞争产生排除、限制影响的"垄断行为，就不受《反垄断法》的调整或规制。这也说明我国《反垄断法》具有一定的域外效力。

③ 《中华人民共和国反垄断法》第 17 条将没有正当理由，以低于成本的价格销售商品的行为确定为滥用市场支配地位的垄断行为予以规制。

国内竞争法的主要目的一般是为了"预防和制止垄断行为"，维护国内公平的市场竞争，维护国内市场的竞争格局，以提高国内经济运行效率，侧重点在于消费者保护和社会公共利益。① 对于国内企业，只要其行为不滥用市场支配地位和限制性商业行为②，企业的低价竞争行为有利于维护国内竞争格局及提高国内经济运行效率，竞争的结果也有利于消费者保护和社会公共利益，国内竞争法应当鼓励这种竞争。

但从国际角度来看，其结论会大相径庭：境外企业的低价竞争行为在短期可能有利于消费者利益，但是可能伤害本国国内竞争者，这种低价竞争的结果在长期则不利于本国的消费者利益，损害本国的社会公共利益和战略利益，企业的低价竞争行为可能需要予以制止。根据 WTO 规定，进口国是否应对倾销采取反击措施还要看倾销是否真正伤害了本国产业和本国经济安全。③

因为一国（地区）参与国际贸易，不仅有贸易利益的争夺，从长期来讲，也有产业利益的博弈。境外企业的低价倾销行为在短期有利于增加进口国的贸易利益，长期则不利于产业利益，最后的结果不利于社会公共利益和战略利益，所以对境外企业的低价倾销行为应该予以规制，也就是应该反倾销。当反倾销的立法目的主要转向保护本国产业免受境外企业的低价倾销行为伤害时，反倾销出现了向保护理念的演变。

1. 在"一战"后与"二战"之前，反倾销向保护理念演变

主要资本主义国家的经济危机频繁④，生产能力过剩，消费能力降低，有效需求不足，各国纷纷对外低价倾销过剩产品而对内采取市场保护以维护本国垄断资本的利益，目的在于向外转嫁经济危机的影响。这种以邻为壑的贸易保护主义政策引发了各国的反倾销立法向贸易保护方向的演变，用反倾销来抵制国外过剩产品的低价倾销，保护国内市场需求和产业发展。

---

① 如 2008 年 8 月 1 日起施行的《中华人民共和国反垄断法》的立法宗旨是：为了预防和制止垄断行为，保护市场公平竞争，提高经济运行效率，维护消费者利益和社会公共利益，促进社会主义市场经济健康发展。

② 联合国贸发组织对国际贸易中的限制性商业行为的定义，参见饶友玲：《国际技术贸易》，南开大学出版社 2003 年第 2 版，第 278～279 页。

③ 参见《关税和贸易总协定 1994》第六条。

④ 1920～1921 年、1929～1933 年以及 1937～1938 年先后发生的三次世界性的经济危机。

反倾销向保护理念演变的典型代表是美国。美国国会以 1916 年反倾销法没有为本国的产业提供有效的保护为由，于 1921 年通过《1921 年紧急关税法》（Emergency Tariff Act）。这部法律的反倾销法条款以加拿大 1904 年反倾销法为蓝本，其最为明显的特点是以"对美国工业的损害"取代出口厂商的限制竞争意图作为采取反倾销措施的条件之一。[①] 可以看出，这种对外反倾销理念的改变事实上已经使反倾销立法的目的由以维护市场的公平竞争以主转向为贸易保护的措施为主。因为这种不是从倾销对公平竞争产生的破坏影响而仅从一国（地区）是否受到损害作为根据对倾销行为进行法与非法的界定，本身表明该法的立法动机已包含了保护的理念。[②]

2. 国际反倾销规则对保护理念演变的肯定

20 世纪 20 ~ 30 年代的主要资本主义国家的经济危机使各国贸易政策纷纷倾向于保护理念。从美国 1921 年《反倾销法》"损害标准"对"掠夺性意图（垄断意图)"的取代开始，虽然各国在反倾销国内立法和实践中存在很大差异，但是，无论是各国的国内反倾销立法还是 GATT、WTO 的反倾销立法，"损害标准"一直延续下来。

1947 年 4 月，美国谈判代表在美国、英国、中国、法国等 23 个国家参加国际贸易与就业会议筹备委员会第二届会议时，以美国《1921 年紧急关税法》为依据，将反倾销问题列入《关税与贸易总协定》（GATT）第 6 条，从此国际社会首次对倾销与反倾销规定了国际规则，它所确立的原则构成了国际反倾销规则体系的基石。根据 WTO 规定，进口国是否应对倾销采取反击措施还要看倾销是否真正伤害了本国产业。关贸总协定和世贸组织成员谴责和反对的是"对进口国境内已建立的某项产业造成重大损害或产生重大威胁，或者对某一国（地区）内工业的新建产生严重阻碍"[③] 的倾销。

作为国际反倾销规则基石的《关税与贸易总协定》（GATT）第 6 条，

---

① John H. Barton, Bart S. Fisher, "International Trade and Investment-Selected Document", Little Brown & Company. 1986：282.

② 梁小尹、刘善球：《反倾销法的生命力问题初探》，载《国际贸易问题》2004 年第 3 期，第 13 - 17 页。

③ 参见《关税和贸易总协定 1994》第六条。

在诞生之初脱胎于美国《1921 年紧急关税法》；而美国《1921 年紧急关税法》的目的并非为保护自由竞争，而是保护其国内工业，是保护主义的产物，所以国际反倾销规则就不可避免被打上了贸易保护的烙印。

至此，反倾销立法向保护理念方向的演变被国际反倾销规则所肯定。国际反倾销规则及 WTO 成员的国内反倾销立法都具有一定的保护理念。

3. 目前国际反倾销规则兼有保障公平竞争理念与保护理念

国际反倾销规则是一种在特定情况下使用的某些紧急保护措施"相机保护措施"（contingent protection）①，或称为贸易救济措施。从国际上说，目前国际反倾销规则，是 WTO 货物贸易法有关货物贸易的非关税壁垒协定之一。WTO 的目标是追求贸易自由，但在这个过程之中，为了照顾经济水平发展参差不齐的成员的迫切需要，消除成员对贸易自由化带来的负面影响的后顾之忧，吸引更多的成员参与贸易自由化进程，WTO 将国际反倾销规则设计为一个贸易自由化过程的"安全阀"，实质上部分认可了反倾销的保护理念。

现行反倾销规则兼顾保障公平竞争理念与保护理念的定位，造成了模糊效应：一些国家（地区）把反倾销措施主要视为贸易保护政策工具，另一些国家（地区）认为反倾销应当是维护贸易公平竞争的政策工具。对反倾销规则作用认识的分歧，造成了国家（地区）反倾销规则的不协调，也容易导致反倾销措施被滥用。

二、反倾销理念观点的分析

学界对反倾销的理念讨论，总体来讲，大致有保护、自由、公平、国家经济主权至上四种观点，下面对这几种理念进行一一分析，以归纳得出我国的对外反倾销理念。

（一）保护理念

反倾销的保护理念认为反倾销只是一国（地区）实行保护的一种手

---

① "相机保护措施"指的是在特定情况下使用的某些紧急保护措施或停止履行现有协议中的正常义务，以保护本国某些更加重要的利益。

段。持反倾销保护理念者认为，一国（地区）之所以开展反倾销，目的是保护本国（地区）的产业，从一定意义上讲，现行的国际反倾销规则及WTO成员的内部反倾销立法都具有一定的保护理念。在如今的反倾销实践中，反倾销措施与贸易保护如影随形，国际上大部分反倾销案例的背后具有保护的目的。特别是一些具有合理性的低价竞争行为，即使符合进口国家（地区）的经济效率，有利于资源优化配置，出于保护其内部产业的目的，仍然被进口国家（地区）以不公平贸易行为的借口实施反倾销措施。

有的持反倾销保护理念者认为，各国家（地区）的反倾销法律制度使贸易保护披上了合法的外衣。反倾销在实践中事实上已经成为贸易保护的工具。在现行的国际反倾销规则及WTO成员的内部反倾销立法的框架下①，反倾销措施无法避免被滥用为贸易保护的措施。反倾销措施被用作贸易保护的手段，在战略性贸易政策背景下尤为明显，"成为一些国家政府用来实施战略性贸易政策的手段"，战略性反倾销政策的目的是通过政府反倾销措施改变企业的竞争结果，达到"扩大本国企业的利润、把别国企业的超额利润转变成为本国的收入、促进本国出口，或者扶持本国相关产业发展"。②

反倾销的保护理念注意到了反倾销措施对国家（地区）内部产业的保护作用，但本书认为，反倾销措施被滥用为贸易保护的措施，只是因为现行的国际反倾销规则及WTO成员的内部反倾销立法存在漏洞与缺陷，正是需要改进或完善的地方。本书认为，贸易保护不能作为我国对外反倾销的理念。主要因为以下几点。

1. 保护理念会使反倾销产生社会成本（外部性）问题

我国通过反倾销立法来保护本国产业是正当而必要的，如我国的反倾销法的立法目的就是"维护对外贸易秩序和公平竞争"。但对外反倾销是一把"双刃剑"，对我国的经济具有双重作用。一方面，对外反倾销可以缓解进口产品的低价竞争对我国国内相关竞争产业的冲击，提高我国企业的竞争力，为国内产业发展创造良好的市场环境，促进受损产业恢复或推

---

① 谢海霞：《从竞争法的角度看反倾销法律制度》，载《河北法学》2004年第3期，第62页。
② 苑涛：《解读WTO贸易救济措施》，载《中国外资》2004年第1期，第45页。

进产业结构调整和优化升级。但另一方面，对外反倾销产生社会成本问题，增加我国下游企业和消费者成本，削弱了下游产业的竞争力，上游企业也会因下游企业的需求减少而损失市场份额。

因此，如果以保护理念来指导我国的反倾销法立法与反倾销实践，尽管反倾销保护了国内竞争产业，但因为反倾销负外部性（社会成本）的存在，反而很可能损害我国的整体利益，得不偿失。

2. 保护理念会使反倾销造成经济效率损失

过于强调反倾销的保护作用会造成经济效率损失。如果一味强调反倾销的保护作用，一些管理落后、不思进取的企业就会想方设法地寻求政府的保护，那些夕阳产业也会尽量谋求政府的支持，反倾销措施很容易被滥用为贸易保护主义的手段。这些情况下，我国政府采取对外反倾销措施，只是受局部利益驱使或为某些利益集团牟利，显然不具备合理性与正当性。而且，滥用反倾销措施会不利于我国的产业结构调整和优化升级，不利于规范有序的产业公平竞争环境的形成，不利于资源优化配置。

所以，如果把保护作为我国对外反倾销的理念，容易导致对外反倾销措施被滥用，损害我国的公平竞争和效率，损害反倾销的正当性与合理性，贸易保护不能作为我国对外反倾销的理念。

（二）自由理念

持反倾销自由理念者认为，反倾销是随着自由贸易的发展而产生的现象，在法律上确立反倾销制度，是为了保障自由的国际贸易秩序。贸易自由的核心在于各国的产品、资本、技术、人才以及资源等和他国的无阻碍交流，互通有无，不受国际政治经济形势的影响。市场经济倡导的契约自由是贸易自由的基础，从国际经济学角度来看，实现全球资源配置最优化、经济效率最大化的措施就是贸易自由。现行的反倾销规则主要参照标准的制定者——GATT 以及世界贸易组织（WTO），正是以推动全球的自由贸易为目的。WTO 就是通过一系列的条约、协定、法律条款来对贸易自由进行充分保护的。故而，反倾销法本身就是追求贸易自由的产物。

　　应该说，反倾销自由理念具有可取之处，肯定了反倾销对自由贸易秩序的维护作用，但自由理念忽视了反倾销对国际自由贸易的负面影响，包括反倾销在内的贸易救济措施①只是减轻或消除自由贸易或贸易自由化负面影响的"安全阀"。

　　反倾销制度只是自由贸易或贸易自由化的"安全阀"之一。自由贸易或贸易自由化过程中，为了防止出口一方基于不同国家经济发展水平的不平衡，利用自己的先发优势，滥用自由贸易的权力，损害进口方的产业发展。正是由于自由贸易对一国（地区）的经济发展也可能带来一定的负面影响，进口国家（地区）才制定对外的反倾销规则，以保障自由的国际贸易秩序。

　　反倾销制度是为了解除自由贸易或贸易自由化后顾之忧的一种制度安排。贸易自由是通过发挥各国各自的比较优势，有助于规模经济的实现，有助于提高世界劳动生产率，有助于优化全球资源配置。然而，各国参与国际贸易的初始条件（资源禀赋、经济发展水平、企业国际竞争力）是不同的，作为国际市场的参与者和竞争者，客观上贸易地位存在着差距，自由竞争的结果并不必然对每个国家都有利，得利的程度也会存在巨大的差距。自由贸易或贸易自由化肯定会对某些国家、某些产业、某些时间内产生负面影响，那么，设置包括反倾销在内的救济措施来减轻或消除负面影响，保护国内工业，解除各国的自由贸易或贸易自由化的后顾之忧就成为必要，这样，自由贸易或贸易自由化才能得以继续推进。

　　反倾销不是保障自由贸易的制度。由以上分析可见，反倾销制度是对进口国家（地区）进口产品自由贸易的（适当）限制，反倾销本身并不是为了贸易自由，只是对自由贸易负面影响的一种"矫正"，并不是为了保障自由贸易而存在的制度。

　　反倾销规则不是保障自由贸易的制度，只是自由贸易或贸易自由化过程的"安全阀"，所以，自由也不能作为我国对外反倾销的理念。

　　基于以上分析，保护与自由都不能作为我国对外反倾销的理念。

---

　　①　成员方可以通过对反补贴、反倾销、保障措施的运用以及对有关例外条款的援引等贸易救济措施。

（三）公平理念

持反倾销公平理念者认为，反倾销措施是维护国际贸易公平竞争的重要手段。[①] 市场经济的核心是公平竞争，然而，正如"倾销有害论"理论分析的那样[②]，境外的出口厂商受到政府保护而获得"人为"的价格优势或成本优势，使其有条件得以在进口国（地区）市场低价倾销，这种扭曲的"优势"对进口国而言是不公平的竞争，进口国（地区）需要建立和完善反倾销法律制度来规范竞争，目的是抵消境外的出口厂商低价倾销不公平贸易行为对本国（地区）内部产业的损害。因而，反倾销贯穿了保障公平贸易、公平竞争的理念。

反倾销公平理念认为反倾销是对进口国（地区）内部产业损害的救济措施。受到政府保护而获得"人为"价格优势或成本优势的境外出口厂商的不公平贸易倾销行为，对进口国（地区）同类产业造成了损害，所以，进口国（地区）政府应采取反倾销措施，对这种不公平竞争予以纠正，对这种损害给予必要的救济，恢复公平贸易、公平竞争。

反倾销公平理念具有合理性。反倾销公平理念强调反倾销旨在维护公平贸易、公平竞争。反倾销是为了维护市场经济中真正意义上的公平竞争原则，对进口国（地区）的内部产业提供的保护非刻意保护而是"迫不得已"的。所以，公平可以作为反倾销的理念。

反倾销公平理念已被我国的反倾销法律制度采纳，《中华人民共和国反倾销条例》规定，制定条例的目的是"维护对外贸易秩序和公平竞争"。[③] 但是如果将公平作为反倾销的唯一理念，存在一定的不足。

第一，公平难以界定，理念难以体现。公平本身是抽象、模糊的概念，公平也缺乏一个统一的标准。在国际贸易领域，对哪些行为是公平行为，哪些是不公平行为，各国政府、企业、消费者的理解不尽相同。不同

---

① 欧福永、熊之才：《WTO 体制下反倾销、反补贴和保障措施的应对与运用》，载《浙江社会科学》2001 年第 6 期，第 68 页。

② 具体见本书第二章中"反倾销的法学理论基础"中的"倾销有害论"理论。

③ 《中华人民共和国反倾销条例》（2004 年）第一条："为了维护对外贸易秩序和公平竞争，根据《中华人民共和国对外贸易法》的有关规定，制定本条例。"

国家或地区之间生产力水平与经济发展阶段的差异，使其难以采用一致的生产标准；不同国家或地区之间的成本差异巨大。① 在缺乏统一的公平标准的情况下，如果将公平作为反倾销的唯一理念，难以避免以维护公平贸易为名行贸易保护之实的现象，反倾销措施容易被滥用，反倾销保障公平贸易、公平竞争的理念难以体现。

第二，反倾销以维护公平为理念，会带来新的不公平。通过前文的分析可以看到，对外反倾销以维护贸易公平在现实中产生了许多问题：倾销并非一定是不公平竞争的行为，而反倾销并非一定是维护贸易公平竞争的行为。而且，进口国（地区）通过反倾销保护来促进公平竞争，保护了内部竞争产业利益，却损害了出口厂商、国内进口商，产品的下游产业、最终产品的消费者等相关方的既得利益。进口国（地区）的反倾销以维护贸易公平为名却又造成新的不公平。用保护公平竞争为理由进行反倾销，或者通过反倾销保护来促进公平竞争，有可能造成更加不公平的后果，尤其是进口产品的消费者则将为此付出高昂的代价。

第三，反倾销以维护贸易公平为理由容易遭到报复。在国际交往中各国都有国家尊严与非经济利益，由于贸易公平本身难以界定，有时明知反倾销报复措施会使本国损失更大，但为了某种特定的政治利益，仍然会采取反报复性反倾销。

第四，反倾销以维护公平为理念，可能造成更大的损失。进口国（地区）通过反倾销保护来促进公平竞争，如果不考虑反倾销的代价与效率，可能得不偿失。甚至可能成为被某些劳动生产率低下的厂商反对进口的借口，这种保护反而会降低进口国（地区）的资源配置效率，破坏正常的市场竞争秩序，可能造成更大的损失，损害一国（地区）的整体利益。

所以，我国一方面要肯定和坚持对外反倾销的公平理念，另一方面也要注意其不足之处，防止造成整体利益的损失。

---

① 以铁矿石生产为例：中国冶金矿山企业协会估算，国内矿山企业生产完全成本估算低于100美元/吨的占65%（其中80～100美元/吨占20%）；100～120美元/吨占15%；高于120美元/吨的占20%。中国矿山超过50%的完全生产成本在80美元/吨以上。而据瑞银估计，以品位62%的铁矿石中国到岸价来说，力拓的铁矿石盈亏平衡点在42美元/吨，必和必拓在51美元/吨，淡水河谷在60美元/吨。几大矿山也在不断降低生产成本和海运费，因此在60美元/吨的价格条件下，四大矿山仍能取得相当的利润。

（四）国家经济主权至上理念

国际法上的国家主权，指"国家独立自主地处理其对内对外事务的最高权力"。[①] 国家主权是一个内涵广泛的权力集，包括政治、经济、文化、意识形态等方面独立自主的权力，其内涵会随着时代不同而有一定的发展。[②]

国家经济主权的内涵有狭义与广义之分。狭义的国家经济主权，是联合国《各国经济权利与义务宪章》第 1 条、第 2 条规定的"每个国家对其全部财富、自然资源和经济活动享有充分的永久主权，包括拥有权、使用权和处置权在内，并得以行使此项权利"[③]，强调的是一国主权国家充分享有其境内（包括对其境内的外国投资的管理、监督、国有化的权利）的"全部财富、自然资源和经济活动"的永久主权。广义的国家经济主权，既包括主权国家境内的经济制度自主选择、经济发展战略自主决定、经济运行规则自主建立、经济资源自主开发利用、财富资源自主使用处分的独立决策权，也包括主权国家在国际上享有的生存权和发展权、是否参与境外经济活动的自主抉择权、国际经济交往中的平等权等。广义的国家经济主权内涵更加强调主权国家在对外经济活动中的独立性，特别是强调主权国家无论是否参与国际经济活动，其生存权与发展权都不受影响。[④] 国际经济交往中，应以平等互利为基础，主权国家有权"保护自己不受外来经济势力的掠夺和剥削"。[⑤]

对外经济活动中国家经济主权至上理念在经济全球化背景下更加重要。经济全球化形势下，国家之间的相互依赖日益加深，传统意义上的国家经济主权的行使方式作出了与时俱进的调整，国家经济主权至上理念的内涵也更为丰富和复杂。在地区及国际组织签订的条约中，很多具有国家经济主权让渡条款，即原本是一主权国家的经济调控权力（如货币发行、财

---

①　陈安：《国际经济法专论》，高等教育出版社 2002 年版，第 265 页。

②　转引自陈力：《WTO 争端解决机制与国家经济主权的新变化》，载《法治论丛》第 18 卷第 6 期，2003 年 11 月刊，第 19 页。

③　王铁崖、田如萱：《国际法资料选编》，法律出版社 1982 年版，第 793 页。

④　徐泉：《国家经济主权原则析论》，载《甘肃政法学院学报》2006 年第 9 期，第 74 页。

⑤　徐泉：《国家经济主权论》，西南政法大学 2005 年博士论文，第 26 页。

政政策等）让渡给了地区或国际组织。国家经济主权部分权力的主动让渡并不意味着国家经济主权的丧失，但是有可能损害到国家经济主权的独立性。所以，经济全球化背景下，国家经济主权至上理念更应强调和突出，防止部分国家经济主权权力让渡后出现危及国家经济主权独立的后果。

反倾销的国家经济主权至上理念的观点。反倾销的国家经济主权至上理念认为，一国之所以开展反倾销，是因为其他国家（地区）的低价倾销贸易行为，冲击国内市场，损害国内竞争产业，影响经济可持续发展，损伤国家整体经济竞争力，如果为了"贸易自由"放任这种行为，从长期来讲，势必危及本国经济主权独立。所以一国应该开展对外反倾销，以保持本国经济的可持续发展能力，维护本国经济的国际竞争能力，提高本国经济抵御境外冲击的能力，保护本国的经济不受外来经济势力掠夺和剥削的能力，而这些能力都是关系到本国国民经济发展的最基本的战略问题。

国家经济主权至上理念认为对外反倾销是维护一国经济主权的一种手段。一国通过对外反倾销维护国家经济主权，就是在开放条件下，参与国际经济交流与合作，在本国经济受到境外贸易倾销行为损害时，为维护本国的整体利益，保障本国公平、有序和稳定的内外部经济环境，采取反倾销措施来矫正或减轻境外倾销对本国经济的侵害，消除倾销行为对本国经济主权独立带来的危害。

秉持国家经济主权至上理念对发展中国家的对外反倾销尤为重要。由于经济发展水平的相对落后，发展中国家的许多产业，尤其是关系到未来本国国际竞争力的战略性产业，处于萌芽、初创、建立、发展阶段，往往尚属于幼稚产业，规模不大，竞争能力不强，应对境外贸易倾销行为冲击的能力有限。这些产业的未来发展状况直接关系到发展中国家的整体发展潜力、经济的可持续发展能力、产业的国际竞争实力、经济抵御境外冲击的能力、不受外来经济势力掠夺和剥削的能力。如果放纵境外贸易倾销行为，会给发展中国家的经济发展带来长期而严重的负面后果，阻碍行业发展，损害整体利益，从长期来讲，甚至危及国家经济主权独立，所以，发展中国家有必要对一些产业提供法律保护，应该采取对外反倾销措施，规制境外的倾销行为。

作为一个发展中国家，我国的对外反倾销应秉持国家经济主权至上理念。虽然目前的反倾销法律条文都没有类似的语言表述，但本书认为，国家经济主权至上是我国对外反倾销的最根本理念。

三、我国对外反倾销应秉持的理念

基于以上分析，我们得出的结论是，我国的对外反倾销应秉持国家经济主权至上与公平这两个理念。

（一）国家经济主权至上理念

我国对外反倾销的国家经济主权至上理念即反倾销必须有利于维护国家经济主权。作为一个发展中国家，我国的许多产业，尤其是一些战略性产业，尚属于幼稚产业，应对境外贸易倾销行为冲击的能力有限。而这些产业的发展关系到我国未来的整体发展潜力、经济的可持续发展能力、产业的国际竞争实力、经济抵御境外冲击的能力、不受外来经济势力掠夺和剥削的能力。如果放任境外出口厂商的低价倾销行为，会冲击我国国内市场，损害我国国内竞争产业，影响我国经济可持续发展，损伤我国整体经济竞争力，给我国带来长期而严重的后果，从长期来讲，甚至危及我国经济主权独立。所以在受到境外贸易倾销行为损害时，我国应秉持国家经济主权至上理念，为维护本国的整体利益，保障本国公平、有序和稳定的内外部经济环境，应采取反倾销措施来矫正或减轻境外倾销对本国经济的侵害，消除倾销行为对我国经济主权独立带来的危害。

（二）公平理念

我国对外反倾销的公平理念即反倾销必须有利于保障公平贸易、公平竞争。境外出口厂商因受到政府保护而获得"人为"优势的倾销行为，对我国同类产业是不公平的竞争，所以我国在受到此类境外倾销行为的损害时，应采取反倾销措施来抵制不公平竞争，对损害产业给予必要救济，恢复公平贸易、公平竞争。但在此过程中，应防止造成整体利益损失。

总之，我国反倾销制度体系设立与改进、对外反倾销实践，应秉持国家经济主权至上理念与公平理念，注重通过反倾销来维护国家经济主权，保障公平贸易、公平竞争。

（三）国家经济主权至上和公平的关系

国家经济主权至上是我国对外反倾销的最根本理念，公平是我国对外反倾销的重要理念，国家经济主权至上理念可以不受公平理念的限制。

境外出口厂商在我国境内必须公平贸易、公平竞争，尊重我国进口竞争厂商（企业、产业）的平等地位，必须受到我国有关市场竞争规则的约束。境外出口厂商不得以"人为优势"倾销商品，不得恶意低价倾销，出口厂商所在国（地区）政府也不得通过不正当政策倾斜、保护和扶植等方式来扭曲公平贸易、公平竞争，否则我国将采取反倾销措施来抵制、矫正、制裁不公平竞争，对损害产业给予必要救济，恢复公平贸易、公平竞争。当然，在此过程中，应防止反倾销措施对我国整体利益的损害。

基于市场公平贸易、公平竞争的优胜劣汰法则对国家不适用。国家、企业、个人参与国际贸易都是为了获得利益，但企业、个人是为了获得属于私利的利润。从经济学的观点来看，企业、个人之所以参与国际贸易活动，是为了获得最大化的私利。"商人的商业行为通常既不打算促进公共利益，也不知道自己是在什么程度上促进公共利益，他只盘算他自己的利益"。[①] 而国家参与国际贸易获利则表现为国家整体的、长期的、战略的利益的增加；参与国际贸易的国家与国家之间，不是直接的市场竞争关系，体现的是国家经济主权关系。国内产业的发展、战略性产业的安全都事关国家经济主权，当境外出口厂商的倾销行为损害、危及我国的国家经济主权时，无论出口厂商的倾销行为是否公平贸易、公平竞争，都应该采取反倾销措施消除倾销行为对我国经济主权独立带来的危害（国家经济主权至上理念同样适用于有关国家安全的战略性产业的反倾销[②]）。

---

① ［英］亚当·斯密：《国民财富的性质和原因的研究》（下卷），商务印书馆 1974 年版，第 27 页。

② 有关国家安全的战略性产业的反倾销参见本书"反倾销的法学理论基础"中"国家安全论"的分析。

第二节　对外反倾销的原则

对外反倾销的原则是我国建立反倾销法律制度和反倾销法律调整机制的原理和基本准则。对外反倾销的基本原则在我国反倾销法律创设（立法）、执法、司法及规范主体行为等方面具有显著而重要的作用。我国的反倾销立法属于成文法，对外反倾销的基本原则可以协调法条之间的冲突，弥补成文法漏洞，这里有必要就我国对外反倾销的基本原则进行探讨。

借用民法原则的功能（立法准则功能、行为准则功能、审判准则功能、授权司法机关进行创造性司法活动的功能）[1]，本书认为，对外反倾销的原则具有我国反倾销立法准则、反倾销各相关主体行为准则、反倾销裁决准则、授权反倾销主管当局创造性司法活动四个功能。本书以 WTO 国际反倾销规则《反倾销协议》为依据[2]，归纳我国对外反倾销的基本原则应包括六个方面：损害性倾销应予规制原则、不滥用反倾销措施原则、符合公共利益原则、反倾销程序正义原则、竞争原则、对等原则。

一、损害性倾销应予规制原则

本书在第 1 章从经济学理论、国际贸易学理论、法学理论、法经济学理论几个方面分析反倾销的理论借鉴问题，这里以此为依据，分析损害性倾销应予规制原则的理论依据与规制的内容。

（一）损害性倾销应予规制的理论依据

经济学理论总体对倾销的态度比较宽容，从效益与资源配置的角度来

---

[1]　徐国栋：《民法基本原则解释——成文法局限性之克服》，中国政法大学出版社 1998 年版，第 16 页。

[2]　黄勇、许志鹏：《WTO 及中国的反倾销法基本原则》，载《行政与法》2003 年第 1 期，第 89－92 页。

确定是否应该反倾销，效益往往成为经济学衡量是否反倾销的合理性甚至是正当性的唯一尺度。经济学理论认为，国际贸易中的倾销往往是出口厂商的一种正常竞争策略，是实现自身利益最大化的正当经济行为，有利于资源的优化配置和社会效益的提高，倾销行为本身不具备可责性，对进口国（地区）来讲，倾销使消费者得到的好处总是超过反倾销给生产者带来的好处[①]，所以一般不应该予以反对。从经济学角度看，只要进口国能通过反倾销（征收"反倾销税"）来增加经济利益，就可以采取对外反倾销措施。征收反倾销税时，其边际成本等于边际收益时的反倾销税率为最优税率，从政策保护的效率来讲，对外反倾销的产品应该主要是制成品而不是中间产品。可见，反倾销的经济学理论强调的进口国对外反倾销的经济后果，较少具有价值判断。

反倾销的国际贸易学理论基础实际是经济学理论在开放条件下的延伸。重商主义贸易保护论所考虑的只是怎样增加出口、减少进口来增加财富；保护幼稚产业论的重点是要求保护的总体收益能弥补为保护的成本；改善国际收支论所讨论的是能否通过反倾销措施来减少贸易逆差。贸易条件论所关注的是贸易"大国"能否通过反倾销措施以改善本国的贸易条件；增加政府收入论所研究的是"贸易大国"的总福利水平应采取反倾销措施来得到提高；分享外国企业的垄断利润则希望通过征收反倾销税来分享境外出口厂商的垄断利润。反倾销的国际贸易学理论和反倾销的经济学理论一样，主要强调反倾销的收益应大于成本，也较少涉及价值判断问题。

与反倾销的经济学理论和国际贸易学理论注重效益不同，反倾销的法学理论基础重点关注反倾销对公平、正义、安全等方面的影响，不再局限于具体的经济效益。法学理论关注的反倾销的价值目标具有抽象性，而这也正是法律价值的体现。[②]"倾销有害论"将倾销归因于境外出口厂商因受到政府保护而获得"人为优势"，通过其在国内市场的高价来维持在进口国市场上的低价倾销，这种扭曲的"优势"对进口国而言是不公平的竞

---

① Michael J. Trebilcock，Robert Hawse，"The Regulation of International Trade-Political Economy and Legal Order"，Routledge. 1995：115。

② 张文显：《当代西方哲学》，吉林大学出版社 1987 年版，第 181 页。

争，改变了贸易主体之间的竞争实质，是对市场经济公平竞争原则的破坏，进口国需要建立和完善反倾销法律制度来规范竞争，采取反倾销措施来矫正（制裁），从而为进口国国内产业创造公平的竞争环境；社会公平论认为进口国（地区）反倾销措施缓和了社会矛盾和冲突；国家安全论认为，进口商品的低价倾销会增加对外部（国际市场）的经济依赖，对关系到国家安全的产业，一国（地区）应该采取反倾销措施，限制进口，保护进口竞争产业以保持经济的独立自主。

反倾销的法经济学理论主要延续了经济学理论的观点与方法，认为"倾销有助于资源的优化配置，有助于经济效益的提高。那种认为反倾销法反对价格歧视是正当的，因为价格歧视导致价格的确定偏离了效率和竞争原则的观点是无理论根据的"①。但与经济学理论有所区别的是，反倾销的法经济学理论提出卡尔多—希克斯效率是判断一国（地区）是否反倾销的标准，认为反倾销法律的正义性和与社会整体利益最大化的卡尔多—希克斯效率是内在统一的，制定反倾销法律制度、采取反倾销措施的标准是境内受益者的所得大于境内受损者的所失。

（二）损害性倾销应予规制的内容

根据损害性倾销应予规制的理论依据，本书认为，"损害性倾销应予规制"原则的内容包括以下几点。

（1）不是所有倾销行为都要进行反倾销规制。只有对我国产生"实质损害或实质损害威胁或实质阻碍"经济后果的倾销才应受到规制。

（2）也不是所有损害性倾销都应受到反倾销规制。境外出口厂商因受到政府保护而获得"人为优势"、破坏公平竞争原则的倾销与恶意倾销应受到规制。

（3）我国对损害性倾销进行反倾销规制应符合法经济学的卡尔多—希克斯效率（社会整体福利最大化）标准，反倾销规制的经济后果是使境内受益者的所得大于境内受损者的所失。

---

① ［美］理查德·A. 波斯纳：《法律的经济分析》，中国大百科全书出版社 1997 年版，第103 页。

（4）境外出口厂商的倾销行为如果损害了我国的国家经济主权独立，危及我国国家安全，我国采取对外反倾销措施不受前三条的限制。

前两项内容是我国对外反倾销的"损害标准"，第3项是我国对外反倾销的"效率标准"，第4项是对关系到我国国家安全、经济主权的特殊产业采取的反倾销措施，是"损害标准"与"效率标准"的例外。

需要说明的是，"损害性倾销应予规制原则"是对WTO《反倾销守则》"造成损害的倾销应受到谴责"原则的遵循，但从规制范围来讲，"损害性倾销应予规制原则"严格一些，因为强调了我国对损害性倾销进行规制应符合卡尔多—希克斯效率（社会福利最大化）标准的要求。

二、不滥用反倾销措施原则

"不滥用反倾销措施原则"是指我国依据"损害标准"对外反倾销时，规制的对象应该是"造成重大损害的倾销"。"不滥用反倾销措施原则"是"权利不得滥用原则"在我国对外反倾销领域中的要求。"不滥用反倾销措施原则"意味着我国的反倾销主管当局在反倾销调查、裁决与采取征收反倾销税等措施时，应该严格遵守WTO反倾销规则的相关标准与条件，不构成对正常国际贸易的不合理障碍。"不滥用反倾销措施原则"也意味着我国境内企业不得利用反倾销寻求政府的不合理保护，以及通过反倾销获得不当利益。

"不滥用反倾销措施原则"进一步反映了我国采取对外反倾销措施应具有正当性与合理性，也是作为WTO成员应该遵守其反倾销规则的义务。

三、符合公共利益原则

符合公共利益原则①是指我国通过对外反倾销措施来保护本国进口竞

---

① "公共利益"既包括了生产者、消费者的群体利益，又包括了政府的利益。公共利益涉及上下游关系利益平衡、市场公平贸易秩序维护、国家产业经济安全、消费者利益保护、国家产业政策考量等问题。王世春、王琴华、张汉林主编：《名家论坛：反倾销应对之道》，人民出版社2004年版，第183－184页。

争产业的利益时，不能以损害社会的整体福利水平为代价。因为如果我国采取对外反倾销措施，虽然保护了国内进口竞争产业生产者的利益，政府也获得了一定的收益，但进口产品的消费者利益、进口产品下游产业生产者的利益受损。符合公共利益原则要求我国的反倾销主管当局在对外反倾销调查中，应进行充分的产业利益调查，广泛听取反倾销的利益相关方的利益诉求，深入分析反倾销的综合与长期影响，认真权衡采取对外反倾销措施的利弊，努力减少反倾销措施造成的社会整体福利损失。

符合公共利益原则也是对前两项原则的呼应，符合公共利益原则其实就是要求我国采取的对外反倾销措施应符合"损害性倾销应予规制原则"的"效率标准"，符合公共利益原则有助于"不滥用反倾销措施原则"的实现。符合公共利益原则有助于避免我国反倾销措施对社会整体福利造成损害，有助于纠正我国实施反倾销措施中出现的偏差，有助于我国反倾销规则经济效率价值目标的实现。

四、反倾销程序正义原则

"反倾销程序正义原则"是"损害性倾销应予规制""不滥用反倾销措施""符合公共利益"等原则得以落实的保障性原则。

"反倾销程序正义原则"要求我国的反倾销主管当局在对外反倾销调查中，以国内反倾销制度规则为依据，公正平等地对待反倾销利益的当事人，不能厚此薄彼，只关心产业利益而忽视消费者利益、公共利益；公开反倾销法律制度使其具有透明度；严格遵守反倾销制度中关于通知与公告的要求；广泛听取反倾销的利益相关方的不同观点和理由；严格按照反倾销调查顺序进行充分调查以保证反倾销程序的合理适用；必须按反倾销制度规定的时间完成调查、裁决、复审等任务；反倾销的行政过程必须符合效率原则等。

"反倾销程序正义原则"主要是对我国反倾销主管当局行为的约束，总体上是对反倾销主管当局实施反倾销措施的效率要求，同时也是对反倾销案件利益当事人在规定时间内按规定程序完成相应活动的效率要求。

五、竞争原则

反倾销竞争原则是我国反倾销公平理念的落实。但除了包括通过我国采取对外反倾销措施抵消境外出口厂商低价倾销的不公平贸易行为，恢复公平贸易、公平竞争的内容，还包括我国的反倾销不能成为阻碍公平竞争的工具。

我国采取对外反倾销措施维护公平竞争。受到政府保护而获得"人为"的价格优势或成本优势的境外出口厂商，通过不公平的低价倾销行为，损害了我国的同类产业，所以，我国反倾销主管当局应采取反倾销措施，对同类产业提供必要的保护救济，恢复公平贸易、公平竞争，以维护市场经济中真正意义上的公平竞争原则。

但是，反倾销并非一定是维护贸易公平竞争行为，反倾销不能成为阻碍公平竞争的工具。我国的反倾销法律制度制定与修订的蓝本是国际反倾销规则《WTO 反倾销协议》（《关于实施 1994 年关贸总协定第 6 条的协议》），而现行国际反倾销规则易被滥用为贸易保护手段。在这个意义上，我国的反倾销也存在被用为贸易保护手段的可能，可能从保护贸易公平的措施异化为贸易保护主义的手段，从而损害贸易公平和经济效率。反倾销竞争原则，一方面可以"对现行反倾销规则作改良，使之最大限度地接近融进竞争规则，起码消除现行规则中反竞争的或阻碍竞争的东西"①；另一方面可以防止反倾销措施异化为贸易保护的工具。

六、对等原则

对等原则要求我国的反倾销主管当局针对我国出口产品的被反倾销采取对等的对外反倾销措施。在反倾销救济中，对方对我国的出口产品采取公平原则我方也公平对待对方的出口产品，反之亦然。

鉴于理论上现行国际反倾销规则易被滥用为贸易保护手段，事实上我

---

① 赵维田：《论 WTO 的反倾销规则》，载《法学研究》1999 年第 2 期，第 24 页。

国是现行国际反倾销规则被滥用为贸易保护措施的最大受害国，有必要授权我国的反倾销主管当局，根据对等原则，采取必要的对外反倾销措施予以报复或遏制。截至 2016 年，我国连续 21 年（1995～2016 年）成为全球遭遇反倾销调查最多的国家，是国际反倾销的最大受害国。同时，我国长期以来不被欧美等发达国家（地区）承认为市场经济国家，也是"非市场经济国家"和"替代国"做法的最大受害者。针对这些情况，如果我国不根据对等原则，采取同样的反倾销调查歧视性做法或歧视性反倾销措施，境外的政府和企业会更加有恃无恐，甚至竞相效仿，给我国的出口造成更大的损失。加大我国对外反倾销的力度，报复对方的歧视性做法，遏制反倾销贸易保护主义的蔓延，唯有如此，我国出口产品的公平贸易和国家经济主权才能得以维持和保证。所以对外反倾销的对等原则对维护我国国家经济主权至上理念与公平理念具有重要的作用与意义。

当然，对外反倾销的对等原则不是说动辄对歧视性反倾销行为进行报复。当我国的出口产品在境外市场受到境外的歧视性反倾销措施做法时，出口产品应当在我国政府部门的指导与协助下，积极应对，促使对方改变歧视性反倾销措施；如果对方不放弃歧视性反倾销措施，我国政府部门还可以通过同对方政府磋商、WTO 争端解决机制裁决等方式来解决问题。在必要的情况下，可对境外的歧视性反倾销措施进行报复，以迫使对方给予我国出口产品公正的待遇。[①]

第三节　对外反倾销的价值目标

在人们的政治、经济、文化等社会活动中，往往向往、追求、希望达到一定的理想化的目标，如公平、自由、正义、秩序、安全等抽象化的、一般被人们认为是"善"的目标。这里的"善"就是"价值"，如《不列颠百科全书》对"价值"的解释是：价值即值得人们向往和追求的善。[②]

---

① 关于歧视性贸易措施的对等原则，参见《中华人民共和国对外贸易法》（2004 年）第 7 条规定。

② 《不列颠百科全书》，中国大百科全书出版社 1985 年版，第 306 页。

人们在社会活动中希望达到的"善"的目标也就是"价值目标"。

我国对外反倾销法律的价值目标与对外反倾销的价值目标具有一致性。对外反倾销的价值目标是指我国在反倾销法律制度的创设及反倾销法律的实施中所追求的、希望实现或达到的一种理想状态。我国对外反倾销的价值目标明确于反倾销法律制度创设之前，"立法不过是一定价值判断的记录。立法者在立法之前，总有自己既定的价值追求和目标"①；确立于反倾销法律制度的创设之中，即反倾销法律制度必须确立其价值取向②，国家相关机关依照法定职权、通过法定程序创设反倾销法律制度，就是反倾销价值目标法律化的过程；实现于反倾销法律制度之实施，即通过司法、执法、守法来达到反倾销的价值目标。

我国对外反倾销的价值目标具有多样性。因为在对外反倾销活动中利益的多样性，政府利益、社会利益、境内产业利益、消费者利益、境内进口商利益、境外出口厂商利益等交织在一起，在反倾销法律制度的创设及反倾销法律的实施中，必须考虑利益的平衡性。

我国对外反倾销的价值目标具有冲突性。对外反倾销的各利益相关方的利益有的是互相冲突甚至互相矛盾的，如反倾销保护了境内产业的利益，却损害了消费者、境内进口商、境外出口厂商的利益；征收反倾销税，增加政府利益，却可能损害社会（整体）利益；保护了境内竞争产业的利益，却影响了进口产品的下游产业利益等。

我国对外反倾销的价值目标的冲突无法彻底消除，需要权衡、协调、取舍。这是因为对外反倾销的各利益相关方的利益具有多样性、冲突性、矛盾性，而且，有的主体的价值需要是多样化且互相冲突的（如从国家角度来看，通过反倾销保障了经济安全但可能损害社会整体利益，维护了公平竞争但可能缺乏经济效率）。

本章节首先分析明确我国对外反倾销立法的价值目标（由于对外反倾销的价值目标与反倾销立法的价值目标具有一致性），然后探讨反倾销价值目标冲突时的协调问题，最后提出反倾销的核心价值目标。

---

① 卓泽渊：《法的价值论》，法律出版社 1999 年版，第 620 页。

② 立法价值取向是国家在创设法律制度面临不同的利益且利益互相冲突、无法协调时，做出的利益取舍。

一、经济安全

我国对外反倾销的经济安全价值目标就是国家通过对外反倾销法律制度的创设及反倾销法律的实施，矫正或减轻境外倾销对我国经济的侵害，消除倾销行为对我国经济安全的危害，保障国家公平、有序和稳定的内外部经济环境。

经济安全是反倾销的国家经济主权至上理念和对等原则、符合公共利益原则在价值目标中的体现。我国参与国际贸易，除了企业、个人获得贸易利益，国家则是为了本国整体的、长期的、战略的利益的增加。"法律对于权力来讲是一种稳定器，而对于失控的权力来讲则是一种抑制器。"①如果境外出口厂商的倾销行为损害、危及我国的国家经济安全时，无论出口厂商的倾销行为是否是公平贸易、公平竞争，都应该采取反倾销措施来消除倾销行为对我国经济安全带来的危害。

对外反倾销是保障我国经济安全的重要屏障。作为一个发展中国家，我国许多产业尤其是关系到未来本国国际竞争力的战略性产业，处于萌芽、初创、建立、发展阶段，往往尚属于幼稚产业，规模不大，竞争能力不强，应对境外贸易倾销行为冲击的能力有限。这些产业的未来发展状况直接关系到我国的整体发展潜力、经济的可持续发展能力、产业的国际竞争实力、经济抵御境外冲击的能力、不受外来经济势力的掠夺和剥削的能力，直接关系到我国的经济安全。所以我国在受到境外贸易倾销行为损害时，为维护本国的整体利益，保障本国的公平、有序和稳定的内外部经济环境，应采取反倾销措施来矫正或减轻境外倾销对本国经济的侵害，消除倾销行为给我国经济安全带来的威胁，保持我国经济的可持续发展能力，提高我国抵御境外冲击的能力，保护我国不受外来经济势力的掠夺和剥削。

实现对外反倾销经济安全价值目标的制度安排。对外反倾销维护我国

---

① ［美］博登海默：《法理学—法哲学及其方法》，中国政法大学出版社 1999 年版，第 293 页。

的经济安全，难以通过个人或社会的自治实现，要求有相应的公共部门利用公共权力的控制达到目标，在反倾销立法安排上，首先把"维护经济安全"作为《反倾销条例》的立法宗旨之一；立法赋予我国反倾销主管部门一定的自由裁量权，包括赋予反倾销主管部门可以根据对等原则采取歧视性反倾销报复措施的权力，赋予反倾销主管部门对有关国家安全的战略性产业反倾销的特别权力，赋予反倾销主管部门主动发起对外反倾销的权力；另外，还应建立倾销预警机制、反规避制度，加强倾销预警与保障对外反倾销的救济效果。

对外反倾销的经济安全价值目标是对我国经济安全的保障，是反倾销的国家经济主权至上理念在价值目标中的体现，在价值目标中处于优先地位，属于需要优先考虑的目标。也就是说，如果对外反倾销的价值目标需要协调时，要优先考虑境外倾销出口厂商的倾销行为是否损害、危及了我国的经济安全。如果倾销行为损害、危及了国家经济安全，就必须采取对外反倾销措施。

二、贸易公平

我国对外反倾销的贸易公平价值目标就是国家通过对外反倾销法律制度的创设及反倾销法律的实施，抵制境外出口厂商的不公平低价倾销行为，恢复公平竞争的正常市场秩序。

贸易公平是反倾销的公平理念和损害性倾销应予规制、反倾销程序正义、竞争、不滥用反倾销措施等原则在价值目标中的体现。境外出口厂商因受到政府保护而获得"人为"优势的倾销行为，使其有条件得以在我国进行低价倾销，这种扭曲的"优势"对我国同类产业是不公平的竞争，所以我国在受到此类境外倾销行为的损害时，应采取反倾销措施来抵制不公平竞争，对受损害产业给予必要救济，以恢复公平贸易、公平竞争。

贸易公平难以界定，缺乏统一标准。经济学认为，各个国家参与贸易活动都是为了获取一定的利益，并且都希望能实现自身利益最大化，贸易公平就是要使参加国际贸易的各国均能在公平竞争的贸易中公平地分享国际分工的利益。由于各国对贸易自由化的承受能力和获利程度不同，在参与国际贸易中有着不同的损益，自由贸易并不能保证对所有贸易参与者有同等的公平。① 贸易公平的内涵也因各个国家（地区）在国际贸易中的地位不同而有差异。发展中国家往往重视的是贸易利益分配的公平，新兴工业化国家重视的是在国际贸易体系中公平合理的贸易地位，发达国家更重视的是其竞争优势的保持与国内外企业同等的竞争条件。

我国对外反倾销会造成新的不公平。通过对外反倾销保护来促进贸易公平，保护了内部竞争产业的利益，损害了国内进口商，产品的下游产业、最终产品的消费者等相关方的既得利益。用保护公平竞争为理由进行反倾销，或者通过反倾销保护来促进贸易公平，有可能造成更加不公平的后果，尤其是进口产品的消费者则将为此付出高昂的代价。

我国对外反倾销与反倾销实践中要注意对利益关系方的公平权利进行合法保护。反倾销法律能够打击恶意倾销行为、维护国内经济安全，却一定程度上阻碍了国际贸易自由。虽然国内反倾销法的初衷可能是维护公平贸易，保护国内产业。但为了维护一国（地区）的整体利益，国内反倾销也可能偏离其初衷，偏离经济效率的轨道，以保证公平贸易为名，演变为贸易保护的措施；在反倾销立法与反倾销实践中也要注意，对外反倾销保护了国内竞争产业的利益，却损害了国内进口商，产品的下游产业、最终产品的消费者利益等利益关系方，对他们的公平权利也应该进行合法保护。

实现对外反倾销贸易公平价值目标的制度安排。在反倾销法律制度下，我国应从反倾销制度设计与法律赋权、限权这三个方面来实现对外反倾销贸易公平价值目标，包括赋予反倾销主管部门、反倾销有关部门（农业农村部等）调查境外出口厂商低价倾销的原因，如境外出口厂商倾销是其所在国家（地区）保护、补贴而获得"人为"优势，反倾销主管部门、反倾销有关部门应通过对外谈判来消除"人为"优势；赋予反倾销主管部门参加国际反倾销规则制定、修订的权力；赋予反倾销主管部门采取反倾销措施来抵制不公平竞争，对损害产业给予必要救济的权力；通过设计严格的反倾销程序，适当限制反倾销主管部门在反倾销措施过程中的权力，防止主管部门反倾销权力的滥用，保护那些因对外反倾销而利益受损者的

---

① 王世春：《论公平贸易》，商务印书馆 2006 年版，第 10 – 12 页。

正当权益；设置司法审查制度，保障对外反倾销不被异化为保护特殊利益集团的措施，审查对外反倾销是否符合公共利益原则等。

三、经济效率

我国对外反倾销的经济效率①价值目标就是国家创设的对外反倾销法律制度及实施对外反倾销的结果，必须是境内受益者的所得大于境内受损者的所失，即符合卡尔多—希克斯效率标准，实现社会整体福利最大化目的。

经济效率是反倾销的国家经济主权至上理念、公平理念和符合公共利益原则、损害性倾销应予规制、反倾销程序正义、竞争、不滥用反倾销措施等原则在价值目标中的体现。

反倾销法律制度与经济效率之间互相影响。经济效率是作为现当代法的目的之一，也是反倾销法律在其制定和执行的过程中追求的重要价值目标，经济效率影响着反倾销法律的创设、完善与实施，反倾销法律通过合理的制度安排来促进反倾销经济效率价值目标的实现。

反倾销的经济效率价值目标是对传统的法律价值目标的完善。传统的法律往往关注自由、公平、正义等比较抽象的价值目标，在反倾销这个关系国家之间贸易利益分配、境内企业与境外企业利益博弈、受损利益与受益利益不确定的领域，往往缺乏说服力，反倾销的法律效力大打折扣，合理性广受质疑，法律的权威性不强。经济效率可以使反倾销法律制度的创设、实施与运行效果被预测、计算与实证。经济效率价值目标要求反倾销法律制度是可以预测、计算的规则，反倾销法的实施是一种投入与产出、成本与实效的比例关系，反倾销法的运行结果可以通过模型来进行计量与实证分析，所以可以把经济效率作为反倾销法律制定和执行的评价标准。经济效率价值目标及作为量化的评价标准可以增强反倾销法律的权威性，增加反倾销实施的合理性与说服力，提高反倾销的运行效率。

---

① 即法经济学满足卡尔多—希克斯效率，在本书行文中，用法经济学分析的卡尔多—希克斯效率均称为经济效率，是一种制度与法律意义上的效率界定。

反倾销法律创设与实施促进经济效率价值目标的实现。反倾销法创设与运行要体现经济效率价值标准，同时其实施在实践中也产生独特作用。反倾销法的经济效率价值目标鼓励国内竞争产业的生产厂商，用反倾销法来保护自己合法、合理的产业利益；反倾销法的经济效率价值目标要求其实施效果优化资源配置，避免由于外来倾销的不公平竞争造成的社会资源浪费；反倾销法的经济效率价值目标要求其运行机制具有效率，严格规定反倾销主管部门的反倾销程序、权力、责任，使反倾销工作达到预期的救济目的。反倾销法的经济效率价值目标要求其最终目的是通过反倾销措施使社会福利整体最大化。

反倾销的经济效率是卡尔多—希克斯效率。[①] 法经济学以功利主义法学派的思想为基础，以经济学的帕累托效率为基础提出了卡尔多—希克斯效率。波斯纳认为"正义的第二种含义——也许是最普通的含义——是效率"[②]。并揭示了效率价值目标原理的作用："一是效率原理决定着国家是否运用法的手段干预经济生活，二是权利的保护方法也往往是根据效率原理确定的。"[③] 从以上的分析可见，卡尔多—希克斯效率标准有助于解释和预测一国（地区）建立、完善反倾销法律制度以及实施反倾销措施对社会整体福利变化的具体影响。[④] 法经济学将卡尔多—希克斯效率标准视为实现社会福利最大化目标的有效工具，波斯纳则直接将卡尔多—希克斯效率标准称作社会福利的最大化标准。[⑤]

卡尔多—希克斯效率是对帕累托效率的改进。帕累托效率标准极其严苛，在反倾销应用中的局限性主要表现为：要求反倾销的受益者要向反倾销受损者进行补偿；如果没有补偿，反倾销受损者便有权否决采取反倾销措施。卡尔多—希克斯效率标准下，对现状进行的某种改变，允许受益者

---

①　见本书第二章第二节"反倾销的法经济学理论基础"的分析。

②　［美］理查德·A. 波斯纳：《法律的经济分析》，蒋兆康译，中国大百科全书出版社 1997 年版，第 25 页。

③　卓泽渊：《法的价值论》，法律出版社 1999 年版，第 203 页。

④　Mark Blaug, "Economic Theory in Retrospect, 3d ed", Cambridge：Cambridge University Press. 1978：625.

⑤　Richard A. Posner, "What do Judges Maximize? (The Same Thing Everybody Else Does)", Supreme Court Economic Review. 1993b (3).

与受损者同时存在，只要这种改变带来的受益者的收益，能够大于受损者的损失，那么，这种改变仍然是符合效率要求的，也就是说，卡尔多—希克斯效率标准要求某种改变的收益能够补偿损失，而且不要求补偿必须发生。①

反倾销的经济效率价值目标具有社会性。反倾销的经济效率价值目标追求的是社会整体利益最大化。"社会效率不是个体效率的简单相加，它决定着个体效率并保证个体效率的真实性。社会效率也不是单纯的微观、短期经济成果最大化，同时更是宏观经济成果、长远经济利益以及社会福利、人文和自然环境等诸多因素的优化和发展。"②反倾销的经济效率价值目标以社会整体利益为本位，协调利益矛盾与利益冲突。

我国对外反倾销的经济效率价值目标。我国的对外反倾销既有受益者也有受损者：对本国生产者进行保护，增加了相关产业的利益，然而却损害了下游产业及消费者的利益。但是只要反倾销受益者的利润所得大于反倾销受损者的价格所失，那么就符合法经济学的卡尔多—希克斯效率（社会福利最大化）标准，就是对社会整体福利的改进。反倾销的经济效率价值目标要求我国制定反倾销法律制度、采取反倾销措施的标准是：反倾销法律运行的结果，必须是使境内受益者的所得大于境内受损者的所失，实现社会整体福利最大化的目的。

我国对外反倾销的受损者包括境内与境外。对我国来讲，参与国际经济与贸易活动，应以追求本国整体福利最大化为标准，故不考虑反倾销的境外受损者；但反倾销的境外受损者所在国家的政府有可能采取报复性反倾销措施，这一点应纳入考虑范围。

四、价值目标的冲突与协调

反倾销的价值目标的多样性（经济安全、贸易公平、经济效率）使其

---

① ［美］伯特·考特、托马斯·尤伦：《法和经济学》，上海三联书店、上海人民出版社1994年版，第16页。

② 穆虹、任学青：《正义的效率—经济法的价值确认》，载《山东经济》2007年第1期，第10-15页。

有必要进行协调。我国对外反倾销具有的多样性价值目标反映了反倾销中的不同利益，体现了对不同利益的追求。虽然这三个价值目标并不是孤立的，但不同利益（政府利益、社会利益、境内产业利益、消费者利益、境内进口商利益、境外出口厂商利益）交织在一起，有时难免具有冲突性、矛盾性。我国在反倾销法律制度的创设及反倾销法律的实施中，有时候必须考虑利益的平衡性。这种利益平衡就是价值目标的协调与权衡，"一项旨在实现正义的法律制度，会试图在自由、平等和安全方面创设一种切实可行的综合体和谐和体。这是一项充满了巨大困难的使命，而且迄今尚未发现一项杰出的在实现这一目标时能够声称自己体现了'绝对的正义'。在努力寻求的具体解决方法时，人们不得不考虑大量的便利和偶然情形"①。

我国对外反倾销的价值目标具有多样性、冲突性、矛盾性，因为对外反倾销的各利益相关方的利益有的是互相冲突的。当反倾销的价值目标之间出现冲突、矛盾时，需要进行权衡协调。

（一）经济安全与贸易公平的冲突

贸易公平价值目标追求公平贸易、公平竞争，但贸易公平既有"贸易机会的公平"也有"贸易起点的公平"，现实中，参与国际贸易的国家（地区）在经济发展水平、产业发展阶段、企业竞争能力等方面千差万别，如果片面强调反倾销贸易公平价值目标，可能侵害国家经济安全，对发展中国家尤为如此，反倾销的经济安全价值目标就会受到损害。而经济安全价值目标强调一国通过反倾销来消除倾销行为对本国经济安全的危害，保障国家公平、有序和稳定的内外部经济环境。当境外出口厂商的倾销行为损害、危及一国经济安全时，无论出口厂商的倾销是否是公平贸易、公平竞争，都会采取反倾销措施来消除倾销对经济安全带来的危害，所以在实现反倾销的经济安全价值目标时有时会损害甚至否定贸易公平价值目标。

---

① ［美］博登海默：《法理学—法哲学及其方法》，中国政法大学出版社 1999 年版，第 297 页。

（二）经济安全与经济效率的冲突

经济安全价值目标追求通过反倾销来消除倾销对本国经济安全的危害，保障公平、有序和稳定的内外部经济环境，有时会导致反倾销的非效率结果。经济安全是国家经济主权至上理念的体现，本身是一个比较模糊、难以界定的抽象概念，也没有统一的标准，以至于可以从某种意义上说，一国采取的反倾销措施都是为了维护国家经济安全，很容易损害经济效率价值目标，减少社会的整体利益。另外，反倾销的经济效率价值目标要求反倾销的结果是境内受益者的所得大于境内受损者的所失，侧重于具体反倾销案件的经济效益，难以从整体的、长期的、战略的角度考虑倾销对本国经济安全的危害，如果片面强调反倾销的经济效率价值目标，也会影响经济安全价值目标的实现，特别是关系到国家安全（包括经济安全）的产业，不能只从经济效率角度来考虑是否反倾销的问题。

（三）贸易公平与经济效率的冲突

对外反倾销的贸易公平价值目标追求抵制境外出口厂商的不公平低价倾销行为，恢复公平竞争的正常市场秩序。然而，反倾销保护了境内竞争产业的利益，却损害了进口消费者、境内进口商、进口产品的下游产业的利益，反倾销以维护贸易公平为名却损害了其他人的利益，造成了新的不公平；注重了境内竞争产业正常市场秩序的恢复，却又打破了进口产品的上、下游产业的市场秩序，可能造成新的秩序混乱。所以，如果片面强调反倾销的贸易公平价值目标，可能损害社会整体利益，损害经济效率价值目标的实现；但如果只强调反倾销的经济效率价值目标的实现，要求反倾销的结果是境内受益者的所得大于境内受损者的所失，忽视对外反倾销时对公平的保护，势必影响反倾销法的正义性。反倾销法律制度的创设及反倾销法律的实施还有承担维护公平、秩序、救济以及化解矛盾、缓和冲突等道义责任的任务，毕竟人类社会活动不仅仅是为了经济利益。

（四）对外反倾销价值目标的协调

我国对外反倾销的价值目标具有多样性、冲突性、矛盾性，价值目标之间的冲突无法彻底消除，在实践中，当反倾销的价值目标之间出现冲突、矛盾时，需要进行权衡协调。

1. 经济安全是优先性价值目标

反倾销的经济安全价值目标是国家经济主权至上理念的体现，权衡协调我国对外反倾销的价值目标时，经济安全处于优先地位，即如果需要对外反倾销的价值目标权衡协调时，要优先考虑境外出口厂商的倾销行为是否损害、危及了我国的经济安全。如果倾销行为损害、危及了国家经济安全，特别是关系到国家安全（包括经济安全）的产业，无论境外出口厂商的倾销行为是否属于公平贸易、公平竞争，都必须采取对外反倾销措施。但长期的无经济效率的反倾销措施也难以实现维护经济安全的价值目标，即使在上述情况下，也要考虑反倾销的经济效率，但是不能只从经济效率角度来考虑是否采取反倾销措施。

然而，诚如上文的分析，经济安全是一个抽象的、比较模糊的、难以界定、没有统一标准的价值目标。从某种意义上说，我国的反倾销措施都是为了维护国家经济安全。如果片面强调反倾销的经济安全价值目标，很容易损害反倾销的经济效率价值目标，也容易导致反倾销措施被滥用。由于同样的原因，声称为了经济安全而采取的反倾销措施易受到贸易对象政府的反倾销报复。

需要注意的是，维护经济安全不是仅依靠反倾销措施就可以达到的目标。适用反倾销措施的国际规则限制、发起条件、负面影响以及出口厂商可能采取的规避措施都决定了反倾销措施维护经济安全的局限性与有限性。反倾销法只能配合国家经济政策、产业政策以及其他法律（如反垄断法）来一起达到维护国家经济安全的目标。

2. 贸易公平是保障性价值目标

贸易公平在对外反倾销价值目标中的保障性作用体现在对国际贸易正常秩序的保障、对贸易主体合法贸易利益的保障、对反倾销法律制度正义性（正当性与合理性）的保障等方面。

反倾销措施是维护国际贸易公平竞争的重要手段。境外出口厂商的"人为"价格优势或成本优势所形成的倾销行为，是对市场经济公平竞争原则的破坏，扭曲了基于公平竞争的国际贸易正常秩序，反倾销措施是对境外出口厂商的这种不公平竞争予以的纠正，恢复公平贸易、公平竞争的国际贸易正常秩序。①

反倾销措施对贸易主体合法贸易利益的保障。境外的出口厂商意在打压和挤垮进口国同类产业的恶意倾销行为、出口国家政府的政策倾斜、保护和扶植行为，是为了获得垄断利润和争夺本应属于进口国同类竞争企业与进口国家的利益。反倾销措施就是恶意的低价倾销企业的惩罚和对进口国家、企业合法贸易利益的保障。

贸易公平是对反倾销法律制度正义性（正当性与合理性）的保障。一项法律得以创设与实施的灵魂在于其正义性。罗尔斯认为，一个公开的正义观是构成一个组织良好的社会的基础条件。"某些法律和制度，不管它们如何有效率和有条理，只要它们不正义，就必须加以改造或废除。"② 反倾销法律制度存在的价值在于维护贸易的公平性，抵制倾销这种不公平贸易行为。一国（地区）在贸易公平价值目标的支配下实行反倾销，将发挥反倾销维护公平竞争和保护合法利益（反倾销的正当性）以及优化资源配置（反倾销的合理性）的保障作用。否则，反倾销产生扭曲正常竞争、阻碍正常贸易、破坏贸易秩序的消极作用，被利用成为保护主义的工具。

需要注意的是，对外反倾销以贸易公平价值目标在现实中，要重视其出现负面影响。倾销并非一定是不公平竞争的行为，而反倾销并非一定是维护贸易公平的行为。通过前面的分析可以看到，国际反倾销规则及目前主要国家的反倾销法律制度本身就存在诸多的不公平性；在反倾销法实施中，为了保护国内产业利益，更容易偏离公平轨道，往往以保证公平贸易为名，演变为贸易保护的措施。而且，对反倾销的效应分析可以看到，反倾销的负面效果是多方面的，反倾销以维护贸易公平之名，保护了国内竞争产业的利益，却又损害了出口厂商、国内进口商，产品的下游产业、最终产品的消费者的利益，造成了新的不公平。这些都破坏了反倾销制度的公平价值目标的实现程度。这也说明反倾销贸易公平价值目标只能追求实质上的公平，不能是形式上的公平。

---

① 详见本章对反倾销公平理念的分析、第二章中"倾销有害论"的分析。
② ［美］罗尔斯：《正义论》（中译本），中国社会科学出版社 1988 年版，第 292 页。

另外，贸易公平价值目标和经济安全价值目标一样，是一个抽象的、比较模糊的、难以界定的、没有统一的贸易公平标准，各国政府对贸易公平的理解不同，往往从对己方有利的主观理解来采取反倾销措施，难以避免以维护公平贸易为名行贸易保护之实的现象，反倾销措施也容易被滥用；由于同样的原因，反倾销以维护贸易公平为理由容易遭到报复；可能成为被某些劳动生产率低下的厂商反对进口的借口，损害整体利益。

3. 经济效率是目的性价值目标

对外反倾销的经济效率价值目标要求反倾销法律创设的完善、实施与运行效果都符合效率标准，强调反倾销法律制度及实施结果，必须是使境内受益者的所得大于境内受损者的所失，最终目的是通过反倾销措施实现社会整体利益最大化。

经济效率价值目标是对经济安全、贸易公平价值目标的完善。经济效率价值目标要求反倾销法律制度的创设，实施与运行效果可以被预测、计算与实证。经济效率价值目标及作为量化的评价标准可以增强反倾销法律的权威性，增加反倾销实施的合理性与说服力，提高反倾销的运行效率。

经济效率价值目标可以避免经济安全、贸易公平价值目标可能产生的负面影响。经济效率价值目标要求一般性反倾销（有关国家安全产业的反倾销、基于对等原则的报复性反倾销除外）措施应合理地保护产业利益，优化资源配置；允许反倾销既有受益者也有受损者，以社会整体利益为本位，协调利益矛盾与利益冲突。反倾销措施被滥用为贸易保护的措施、反倾销损害社会整体利益等现象因不符合经济效率而可以被有效避免。

反倾销符合经济效率标准就是实现了贸易公平的目的。法经济学认为，反倾销的贸易公平价值目标与社会整体利益最大化的卡尔多—希克斯效率是内在统一的，理想的贸易公平就是社会整体利益最大化下的贸易公平。卡尔多—希克斯效率下，一国（地区）反倾销法律以社会整体利益最大化为价值目标，就是实现反倾销法律的贸易公平的过程，或者说，反倾销法律的贸易公平价值隐含在反倾销的卡尔多—希克斯效率均衡状态之中。大卫·弗里德曼认为，"在对法律进行经济学分析的过程中，我们会发现正义与效率之间有着令人惊异的关联。在很多情况下，我们认为是公正的原则正好符合那些根据我们的观察是有效率的原则。这意味着一种推断，即我们所称的那些正义的原则可能实际上就是产生有效率的结果所需的各种原则的重要组成部分，是一些被我们内化了的原则"①。反倾销法律的经济效率和贸易公平在很多情况下不仅关联紧密，甚至在某种程度内，完全不诉诸贸易公平，仅以反倾销法律技术的成本利益衡量，反而更可以实现贸易公平。② 当然，经济效率价值目标与贸易公平价值目标因冲突需要协调时，必须把效率与公平结合起来权衡，"如果平等和效率双方都是有价值的，而且其中一方对另一方没有优先权，那么在它们冲突的方面，就应该达成妥协。这时，为了效率就要牺牲某些平等，并且为了平等就要牺牲某些效率。然而，作为更多地获得另一方的必要手段（或者是获得某些其他有价值的社会成果的可能性），无论哪一方的牺牲都必须是公正的。尤其是，那些允许经济不平等的社会决策，必须是公正的，是促进效率的"③。

需要注意的是，一般意义上，经济效率是有关国家安全的产业的反倾销、基于对等原则的歧视报复性反倾销的目的性价值目标。但从战略的（国家安全）、全面的（考虑出口产品的利益）角度考虑，这两种反倾销的目的，仍然是为了本国的社会整体利益最大化，即符合反倾销的经济效率价值目的。这一点在后文进行分析。

五、反倾销的核心价值目标

根据前文对反倾销价值目标的协调的分析，我国对外反倾销法律制度的创设及反倾销实施中，经济安全是优先性价值目标、贸易公平是保障性价值目标、经济效率是目的性价值目标。那么，哪一个价值目标是我国对外反倾销的核心价值目标呢？或者说，我国对外反倾销所希望和努力达到的主要目标是什么？本书认为，经济效率是我国对外反倾销的核心价值目标，即我国对外反倾销法律制度的创设及反倾销实施中，所达到的理想状

①　［美］大卫·弗里德曼：《经济学语境下的法律规则》，杨欣欣译，法律出版社 2004 年版，第 620 页。

②　简资修：《经济推理与法律》，北京大学出版社 2006 年版，第 6 页。

③　［美］阿瑟·奥肯：《平等与效率》，王奔洲译，华夏出版社 1999 年版，第 86 – 87 页。

态是本国的社会整体利益最大化。

（一）基于经济安全的反倾销不能长期偏离经济效率

经济安全是我国对外反倾销的优先性价值目标，目的是通过采取对外反倾销措施来保障我国经济安全（国家安全）。对外反倾销的经济安全价值目标，是反倾销的国家经济主权至上理念在价值目标中的体现，在多样性的价值目标中，处于优先地位，属于对外反倾销需要优先考虑的目标。也就是说，对外反倾销的价值目标需要协调时，要优先考虑倾销境外出口厂商的倾销行为是否损害、危及了我国的经济安全。如果境外出口厂商的倾销损害、危及了我国经济安全（国家安全），无论境外出口厂商的倾销行为是否属于公平贸易、公平竞争，都必须采取对外反倾销措施来保障我国的经济安全。

基于经济安全的反倾销不能长期偏离经济效率。在短期内，经济效率基于经济安全的反倾销（包括有关国家安全的产业的反倾销）的目的性价值目标，或者说，基于经济安全的反倾销，在短期内可以偏离经济效率。但是从长期的（国家未来发展与安全）角度考虑，基于经济安全的反倾销也不能偏离经济效率，只有符合经济效率的反倾销才能保障国家公平、有序和稳定的内外部经济环境，对外反倾销的经济安全价值目标才能真正实现。

保护幼稚产业是我国通过反倾销措施来维护经济安全的理论基础之一。[①] 对外反倾销保护的是我国的产业利益，尤其是关系到我国整体发展潜力、未来国际竞争力的幼稚产业（infant industry），这些产业的未来发展状况直接关系到我国的经济安全。这些幼稚产业在受到境外倾销的损害时，为了我国的经济安全，采取反倾销措施来矫正或减轻境外倾销对幼稚产业的侵害，消除倾销行为给我国经济主权安全带来的威胁。

那么，要达到通过反倾销保护幼稚产业维护国家经济安全的目的，如何界定和选择要保护的幼稚产业就显得非常关键。只有那些短期内付出保护代价，长远获益可以抵消保护成本的产业才是我国对外反倾销必须要保

---

① 见本书第二章第二节"反倾销的国际贸易学理论基础"的分析。

护的对象，否则，选择不好就可能导致保护落后，付出高昂的代价却达不到保护的初衷，反倾销保护经济安全的价值目标就难以实现。如经济学家对一些国家保护"幼稚工业"结果所作的研究发现的那样，保护代价很高却没有达到保护的目的。[①]

所以，经济效率是基于经济安全的反倾销的目的性价值目标。基于经济安全的反倾销从长期来看，不能偏离经济效率。我国需要使用经济效率标准来保障选择反倾销保护的幼稚产业的正确性。或者说，基于经济安全的反倾销从长期来看，不能偏离经济效率，经济效率仍然是基于经济安全的反倾销的目的性价值目标。即使是有关国家安全的产业的反倾销，从长期的角度考虑，仍然是为了本国的社会整体利益最大化，也符合反倾销的经济效率价值目的。

（二）经济效率可以防止反倾销偏离贸易公平价值目标

从理论上说，我国通过对外反倾销法律制度的创设及反倾销法律的实施，可以达到抵制境外出口厂商的不公平低价倾销行为，恢复公平竞争的正常市场秩序的贸易公平价值目标，但在具体实施中由于受多种因素制约，不一定能达到预期的贸易公平效果。

贸易公平的内涵是变动的。贸易公平的内涵因我国在贸易中的地位不同而有差异，贸易利益公平分配、贸易地位公平合理、竞争条件公平同等在不同条件下都可能成为我国贸易公平的内容；而且，其内涵随着我国在国际市场竞争地位上的变化而变动。

我国的对外反倾销引起了新的不公平。对外反倾销保护的是特定产业的利益，消费者利益、其他产业的利益无法保证，基于贸易公平的反倾销引起了新的不公平，反倾销贸易公平价值目标的这种片面性，决定了其在反倾销实践中的局限性，影响了反倾销的正义性。

反倾销贸易公平价值目标容易产生偏离，背离反倾销的初衷，异化为

---

① 经济学家对发展中国家受保护的"幼稚工业"作的研究，发现受保护工业的生产成本的下降速度并不比不受保护的工业快，保护代价相当于由此而节约的外汇支出的 2 倍。参见杰罗德·麦耶尔（Gerald Meier）、Infant Industry（1987）；马丁·贝尔等（Martin Bell et al.）、Assessing the Performance of Infant Industries（1984）。

贸易保护措施。反倾销以维护贸易公平为名，为了保护国内产业利益，很容易偏离贸易公平轨道，反倾销演变为贸易保护的措施，反倾销只有利于进口竞争产业集团，而不一定有利于整个国家资源配置的优化与整体福利的提高。伤害本国的经济效率。可以借助反倾销的政治经济学①来说明这个问题。②

经济效率价值目标可以防止反倾销偏离贸易公平价值目标。经济效率价值目标要求发起的反倾销必须是境内受益者的所得大于境内受损者的所失，实现社会福利整体最大化目的，可以有效防止反倾销异化为贸易保护措施，防止反倾销偏离贸易公平价值目标，防止反倾销给社会整体福利带来损失。

另外，针对境外对我国的出口产品歧视性反倾销做法进行的报复性反倾销也是为了贸易公平价值目标的实现，从单一的反倾销案件来说，反倾销结果可能缺乏效率。但从我国进出口整体贸易角度来讲，依然要坚持经济效率价值目标的作用，防止报复性反倾销给我国社会整体福利造成损失。

所以，经济效率也是基于贸易公平的反倾销的目的性价值目标。我国需要使用经济效率标准防止反倾销偏离贸易公平价值目标，防止反倾销给社会整体福利带来损失。即使是对境外的歧视性反倾销进行的报复性反倾销，从全面的（考虑出口产品的利益）角度考虑，也符合反倾销的经济效率价值目的。

总之，我国的对外反倾销可以将经济效率作为核心价值目标，运用于我国的反倾销法律制度分析、反倾销实施效果分析及规范分析之中。

综上所述，笔者认为，反倾销的法律制度安排应秉持我国国家经济主权至上理念与贸易公平理念，坚持损害性倾销应予规制原则、不滥用反倾

---

①　反倾销的政治经济学以实证分析方法而不是规范分析方法来讨论反倾销政策的制定，讨论的问题是政府为什么会采取反倾销措施的现象，而不再是如何通过对外反倾销来达到本国整体福利最大化为目标。贸易政策政治经济学（the political economy of trade policy or protection）的思想：任何一项经济政策都可能会影响到一国的收入分配格局，而不同社会阶层或利益集团对此会有不同的反应，受益的一方自然支持这项政策，而受损的一方则会反对这项政策，各种力量交织在一起最终决定政策的制定或选择。

②　具体分析见本书第三章第四节。

销措施原则、符合公共利益原则、反倾销程序正义原则、竞争原则、对等原则，以维护我国经济安全为前提，维护贸易公平与实现经济效率，统一于本国社会整体福利最大化目的。在价值目标需要协调的情况下，以经济效率作为我国对外反倾销立法与实践中核心的价值目标。

第四节　小结

本章研究了我国对外反倾销应秉持的理念、坚持的原则和实现的价值目标。

第一，对外反倾销的理念是我国对外反倾销的理想目标以及怎样实现该理想目标的一种设想。我国对外反倾销应秉持两个理念，一是国家经济主权至上理念，即反倾销必须有利于维护国家经济主权；二是贸易公平理念，即反倾销必须有利于保障公平贸易、公平竞争。

第二，对外反倾销的基本原则是我国建立反倾销法律制度和反倾销法律调整机制的原理和基本准则。我国的对外反倾销应坚持损害性倾销应予规制原则、不滥用反倾销措施原则、符合公共利益原则；反倾销程序正义原则、竞争原则、对等原则等。

第三，我国对外反倾销的价值目标是指我国在反倾销法律制度的创设及反倾销法律的实施中所追求的、希望实现或达到的一种理想状态。我国的对外反倾销应实现的价值目标如下：（1）经济安全：通过对外反倾销法律制度的创设及反倾销法律的实施，矫正或减轻境外倾销对我国经济的侵害，消除倾销行为对我国经济安全产生的危害，保障国家公平、有序和稳定的内外部经济环境；（2）贸易公平：对外反倾销的贸易公平价值目标就是国家通过对外反倾销法律制度的创设及反倾销法律的实施，抵制境外出口厂商的不公平低价倾销行为，恢复公平竞争的正常市场秩序；（3）经济效率：对外反倾销的经济效率价值目标就是国家创设的对外反倾销法律制度及实施对外反倾销的结果，必须是境内受益者的所得大于境内受损者的所失，即符合卡尔多—希克斯效率标准，实现社会整体福利最大化目的。

　　价值目标的冲突与协调：对外反倾销的经济安全与贸易公平、经济安全与经济效率、贸易公平与经济效率价值目标具有多样性、冲突性、矛盾性。当价值目标之间出现冲突、矛盾时，需要进行权衡协调。经济安全是优先性价值目标；贸易公平是保障性价值目标；经济效率是目的性价值目标。

　　反倾销的核心价值目标：经济安全的反倾销不能长期偏离经济效率，经济效率可以防止反倾销偏离贸易公平价值目标。经济效率是我国对外反倾销的核心价值目标，对外反倾销法律制度的创设及反倾销实施中，所达到的理想状态是本国的社会整体利益最大化。

第八章

我国对外反倾销的改进

前文通过法经济学运用于我国对外反倾销的分析，给反倾销法律制度及实践效果的贡献，不仅仅是研究方法的层面；更重要的是，通过法经济学分析，可以使我们改变对反倾销措施及其目标的传统观念与认识，从价值观层面来看待反倾销法律制度创设及运行如何才能达到公平与效率有机协调的目标。在前文分析的基础上，本章研究我国对外反倾销的改进问题。

通过分析我国对外反倾销的实践发现，我国的对外反倾销工作在对外反倾销的法律制度建设与实施方面都取得了巨大成绩：形成了以《反倾销条例》为主要规则的反倾销法律制度体系；迅速成为对外反倾销的主要国家之一，利用反倾销措施有效维护了本国的产业发展权利。

同时，也应该注意到，相对于应对反倾销，由于我国对外反倾销中也存在一些不容忽视的问题，对外反倾销法律制度及反倾销实践中还存在许多不足之处：相对忽视对外反倾销的作用、相对忽视对外反倾销经济效率目标、评价标准不完善损害了对外反倾销的公平与效率目标、对外反倾销救济效果不尽如人意、对外反倾销运转效率较低、《反倾销条例》存在不足之处等。

因此，我国需要在反倾销立法与实践中，借鉴 WTO 反倾销规则，美国、欧盟反倾销法律制度和成熟做法，秉持我国国家经济主权至上理念与贸易公平理念，坚持损害性倾销应予规制原则、不滥用反倾销措施原则、符合公共利益原则、反倾销程序正义原则、竞争原则、对等原则，以维护我国经济安全、维护贸易公平和实现经济效率（社会整体福利最大化）为目的，不断改进、创新、完善我国的对外反倾销法律制度。

第一节 我国对外反倾销改进的目标

一、重视对外反倾销的作用

通过法经济学的分析，我们发现无论是倾销还是反倾销的效果都要辩证对待。"倾销有害论"固然不正确，"反倾销有益论"也有失偏颇。通过本书的分析，我们可以看到，我国的对外反倾销具有正当性与合理性；同时，我们也应该认识到，对外反倾销具有重要作用与意义，归纳起来，体现在如下几个方面。

（一）对外反倾销是保障国家经济安全、经济主权的需要

对外反倾销是保障我国经济安全、经济主权的重要屏障。作为一个发展中国家，我国许多产业尤其是关系到未来本国国际竞争力的战略性产业，正处于萌芽、初创、发展阶段，属于幼稚产业，规模不大，竞争能力不强，应对境外贸易倾销行为冲击的能力有限。这些产业的未来发展状况直接关系到我国的整体发展潜力、经济的可持续发展能力、产业的国际竞争实力、经济抵御境外冲击的能力、不受外来经济势力掠夺和剥削的能力，关系到我国的经济安全、经济主权。如果放纵境外贸易倾销行为，会给我国经济安全、经济主权带来长期而严重的负面后果，阻碍行业发展，损害整体利益，从长期来讲，甚至危及我国经济安全、经济主权，所以，我国有必要采取反倾销措施来规制境外的倾销行为，矫正或减轻境外倾销对我国经济的侵害，消除倾销行为对我国经济安全、经济主权带来的危害。

（二）对外反倾销是维护我国贸易公平的需要

对外反倾销措施是维护我国贸易公平的重要措施。具有掠夺意图的恶意倾销、作为贸易保护主义措施的倾销、出口国政府战略性产业补贴中的不可诉补贴形成的低成本倾销、出口国政府对我国采取的歧视性反倾销，

对我国产业是不公平的竞争与贸易限制行为，破坏了公平竞争秩序。为了抵消境外厂商的低价倾销不公平贸易行为，遏制境外对我国出口产品采取的歧视性反倾销①，维护贸易公平，我国应采取反倾销措施来抵制不公平竞争，对这些不公平竞争行为予以纠正，对损害的国内产业给予必要的救济，恢复公平贸易、公平竞争。

（三）对外反倾销是保护我国长期利益、整体利益的需要

作为主权国家，除了追求贸易利益，还要维护本国产业利益；除了追求短期利益，更要保障本国的长期利益、整体利益。出口国基于贸易保护主义思想，采取"以邻为壑"政策，利用倾销手段扩大出口、占领我国市场，短期内我国消费者获得了利益，但损害了我国有关产业的建立和发展，影响了经济的可持续发展，降低了经济效率，损害了我国的长期利益、整体利益。为维护本国的整体利益、长期利益，我国应采取反倾销措施抵制倾销。

二、我国对外反倾销必须兼顾公平和效率

我国对外反倾销法律制度创设与改进、实施应力求达到公平与效率有机协调的目标。我国对外反倾销法律制度存在的合理价值，就在于抵制来自域外的不公平竞争，以保护本国相关工业的健康发展，保障我国在国际贸易中的正当利益。境外出口厂商因受到政府保护而获得"人为"优势的倾销行为，使其有条件得以在我国进行低价倾销，这种扭曲的"优势"对我国同类产业而言是不公平的竞争，所以我国在受到此类境外倾销行为的损害时，应采取反倾销措施来抵制不公平竞争，对损害产业给予必要救济，恢复公平贸易、公平竞争；境外出口厂商的低价竞争行为对我国一些关系到国家安全的特殊产业构成了威胁，或低价竞争行为损害了我国的经济安全甚至经济主权，或境外对我国的出口产品采取了歧视性反倾销做

---

① 欧福永、熊之才：《WTO 体制下反倾销、反补贴和保障措施的应对与运用》，载《浙江社会科学》2001 年第 6 期，第 68 页。

法，我国也应该发起对外反倾销予以抵制或报复。这是我国对外反倾销法律制度创设与改进、实施中对基于国家主权至上理念之上的公平的保护。

我国对外反倾销法律制度创设与改进、实施必须有利于本国效率的提高，这是其维护公平的最终目的，也是其作规制经济领域活动的反倾销法律的生命力之所在。效率目标要求我国对外反倾销法律制度创设与改进、实施，应鼓励国内竞争产业的生产厂商，用反倾销法来保护自己合法、合理的产业利益，实施效果应优化资源配置和避免由于外来倾销的不公平竞争造成的社会资源浪费，也要求其运行机制具有效率，效率的最终目的是通过反倾销措施使我国社会福利整体最大化。

三、我国对外反倾销的改进应符合经济效率标准

我国对外反倾销法律制度创设与改进、实施应力求达到公平与效率有机协调的目标，然而，反倾销活动中的公平与效率之间往往更多地表现为冲突、对立而非一致性。反倾销法律的创设及实施所希望达到的"公平"目的是矛盾的，以"公平"之名义采取反倾销措施，却造成了新的不公平；反倾销措施的利益损益总是同时存在。反倾销不但在公平与效率目标之间存在冲突，而且反倾销的公平目标、效率目标本身也存在冲突。

我国对外反倾销要兼顾效率和公平目标，需要一种尺度或标准，能够兼顾反倾销的效率和公平目标，能够用来综合衡量反倾销法律以及反倾销实施中的利弊得失，能够防止反倾销成为贸易保护主义的工具。法经济学的基于标准化与补偿原则的卡尔多—希克斯效率标准可以衡量或权衡反倾销法律以及反倾销实施中的利弊得失，能够兼顾效率和公平，使反倾销成为趋利避害的措施。本书认为，法经济学的卡尔多—希克斯效率标准是目前分析我国对外反倾销最适合的价值目标与标准。我国对外反倾销改进的目标就是要实现卡尔多—希克斯效率。

卡尔多—希克斯效率目标就是要求在符合现行国际反倾销规则的情况下，反倾销的改进应符合经济效率原则，对外反倾销应增加我国的社会整体经济福利，或者说，对外反倾销的收益必须大于对外反倾销的成本。即使是基于维护国家安全目的的特殊产业反倾销、维护国家经济安全的反倾

销、对歧视性反倾销做法进行报复的反倾销这三种特殊情形下的反倾销也必须以我国整体利益最大化为目的。

第二节　改变国际反倾销中的不公平规则

现行国际反倾销规则的目的在于保护本国与进口竞争的生产者免于销售损失及减少利润，而非保护竞争及促进效率，不符合成本—收益的经济效率原则，不具有经济意义上的合理性，缺乏法律意义上的正当性。

现行国际反倾销规则易被滥用为贸易保护手段，反倾销已成为关贸总协定和世贸组织框架内贸易体制的最大障碍；反倾销成为自由公正贸易体制障碍的根源在于国际反倾销规则本身是贸易保护主义的产物；我国深受反倾销贸易保护主义措施之害，在坚持我国政府一贯主张"审慎、克制、规范"使用反倾销救济措施，强调应通过磋商交流、业界合作等方式化解贸易摩擦，实现互利共赢的同时，应利用我国第一大贸易国的国际地位，尝试寻求国际反倾销规则的重新厘定，建立国际反倾销新规则。

一、国际反倾销规则易被滥用为保护手段

现行国际反倾销规则易被滥用为贸易保护手段，反倾销成为关贸总协定和世贸组织框架内自由公正贸易体制的最大障碍。反倾销规则的立论基础是"倾销有害论"。WTO 的宗旨与自由贸易政策的目标是促进竞争以达到世界资源的优化配置，提升世界经济福利。现行国际反倾销规则认为，倾销损害了公平竞争，降低了资源配置效率，与 WTO 的宗旨与自由贸易政策的目标不符，所以，"当国外产品在国内倾销对国内相关产业造成实质性损害时"，其成员可以采取反倾销措施，以维护公平的自由贸易，优化资源配置，提升经济福利。然而现行国际反倾销规则规定存在一些不足，易被滥用为贸易救济措施，沦为贸易保护手段。

现行国际反倾销规则在规定可以采取反倾销措施的条件时，不要求对倾销的经济原因加以区别、不要求区别倾销是否具有掠夺性意图，也不要

求判断倾销是否是企业的正当竞争行为或正常定价策略均可实施反倾销
措施。

而本书的分析及诸多的研究都表明，在许多情况下，所谓"价格歧视"
更多的是企业的一种对同一产品在不同国家（地区）市场以不同价格销售
的经营策略或定价策略，具有正当性与合理性。现行国际反倾销规则这种
不问青红皂白对倾销"一刀切"的做法，很容易伤害企业的正常经营策略
和正当竞争行为，也很容易导致反倾销措施在国际贸易中被滥用，从保护
贸易公平的措施异化为贸易保护主义的手段，从而损害贸易公平，造成效
率损失。所以，现行国际反倾销规则的正当性与合理性理应受到质疑。

现行国际反倾销规则易被滥用为贸易救济措施，沦为贸易保护手段问
题在现实中也得到了证实。"二战"以后，经过多轮谈判，进出口关税的
贸易保护作用被逐步受到控制与削弱，反倾销作为合法的非关税壁垒的作
用日渐凸显，反倾销已成为关贸总协定和世贸组织框架内贸易体制的最大
障碍。[①]

二、国际反倾销规则是贸易保护主义的产物

反倾销成为公正贸易体制障碍的根源在于国际反倾销规则本身是贸易
保护主义的产物。WTO 成员制定或修订反倾销法律的蓝本是国际反倾销规
则《WTO 反倾销协议》（《关于实施 1994 年关贸总协定第六条的协议》）；
作为国际反倾销规则基石的 GATT 第 6 条则基于美国《1921 年紧急关税
法》而产生。在一定意义上说，现行国际反倾销规则就是美国的反倾销规
则的升级版本。而美国《1921 年紧急关税法》的目的并非为保护自由竞
争，也不是为了维护公平竞争，而是为了保护美国国内产业，是贸易保护
主义的产物。这直接使反倾销（法）维护公平竞争的作用大打折扣。[②]

---

① ［美］托马斯丁·普鲁萨：《国际贸易中愈演愈烈的反倾销问题》，载《国际贸易译丛》，
桑秀国译，对外经济贸易大学出版社，2006 年 3 月出版，第 11～21 页。

② OECD 对于 1988～1991 年的 1051 件反倾销调查案件分析表明，仅仅有 63 件案例可能有低
价倾销以击垮进口国相关产业的企图。Christian A. C. Dumping, Anti-Dumping, "Measures from a
Competition and Allocation Perspective", Journal of World Trade. 2002（3）：564－569.

倾销的存在是实施反倾销措施的根本原因。根据关贸总协定（1994年）第六条和《WTO 反倾销协议》规定，实施反倾销措施的必要条件是倾销成立，而确定进口产品是否存在倾销，主要看这一产品是否以低于它的正常价值在国外市场销售。正常价值的判断以生产国国内同类产品的正常交易时适用的价格为标准，并不要求进口国的价格低于这一产品的生产成本，这样即使这一产品在这两个市场都是可获得利润，也能被认定为倾销。从经济学角度来看，这样的做法明显是对企业正常竞争的伤害。出于贸易保护的需要，现行国际反倾销规则和主要国家的反倾销法都不要求任何掠夺意图或其他损害竞争意图的证明，只要低价竞争伤害了"对进口国境内已建立的某项产业造成重大损害或产生重大威胁，或者对某一国（地区）内工业的新建产生严重阻碍"，就可以对倾销采取反击措施。这很容易导致反倾销被滥用，从保护贸易公平的措施异化为贸易保护主义的手段，从而损害贸易公平。对反倾销法实施情况的分析也证明了这一现象的存在。[①]

三、寻求国际反倾销规则的重新厘定

我国深受贸易保护主义之害，尤以被反倾销为甚。1995～2016 年连续21 年，我国的出口产品都是世界上被反倾销最多的国家。[②] 自 1995 年世界贸易组织成立至目前，共有 48 个成员对我国发起各类贸易救济调查案件共1149 起，占案件总数的 32%，全球有近 1/3 的贸易救济措施针对中国。[③] 这些措施中，反倾销案在总案件数中的占比远远高出反补贴和保障措施的案件。分析出口产品被反倾销从而对我的正当贸易利益造成巨大损害的

---

① 有学者研究发现，根据自 1995 年 1 月至 1998 年底美国商务部作出的涉及 141 个企业的反倾销案终局裁定，反倾销法无论从规范层面上还是在实践层面上都无法区分"价格歧视"和"低于成本销售"，也不能判断被指责为"不公平贸易"的倾销是否会扭曲市场。Brink Lindsey, "The US Antidumping Law-Rhetoric versus Reality", Journal of World Trade. 34 J. W. T. 1 2000：3.

② 2016 年 7 月 5 日商务部例行新闻发布会。

③ 根据中国贸易救济信息网统计查询数据计算得出。

原因，除了歧视性的"非市场经济国家"允许"替代国价格"的做法外①，现行国际反倾销规则不合理、容易被用作保护主义的工具是重要原因之一。

我国在坚持一贯主张的"审慎、克制、规范"使用反倾销救济措施，强调应通过磋商交流、业界合作等方式化解贸易摩擦，实现互利共赢的同时，应利用第一大贸易国的国际地位，尝试寻求国际反倾销规则的重新厘定，建立国际反倾销新规则。国际反倾销规则重新厘定的核心问题有两个，一是回归通过反倾销来规制倾销的"掠夺性"目的，二是判断是否构成倾销应该以"正常成本"为判断标准。把倾销"损害标准"回归"掠夺性意图"，即反倾销是对"掠夺性"倾销行为的规制。② 然而，不论是从实践来看，还是从掠夺性倾销实施所需要的环境和条件来看，掠夺性倾销在现实中很难实现；同时这类倾销行为在现实中又难以判断定性。所以改变倾销的判断标准就显得尤为重要。笔者认为，判断是否构成倾销应以成本（"正常成本"）为核心，目前国际反倾销规则的判断是否构成倾销的"低于正常价值"的条件应该修改为"低于正常成本"条件，"正常成本"的判断标准是阿里达—特纳规则（平均可变成本，也是掠夺性定价标准），并要结合经济原因、正当性及造成后果综合判断是否构成倾销（具体分析见下一章节"倾销及判断规则的改进"）。

第三节 我国对外反倾销实体规则改进

国际反倾销规则的重新厘定是一个漫长的博弈过程，比较迫切而现实的做法是在现行国际反倾销规则下，完善我国的反倾销规则，落实对外反倾销的经济效率等价值目标，避免反倾销救济作用的扭曲对本国经济效率造成伤害。

---

① 即在裁定出口产品是否存在倾销时，不以出口方本国的成本，而是使用第三国的生产成本作为比对价格。

② "损害标准"的救济应该由保障措施来实现。保障措施是非歧视性的救济，比反倾销更适合贸易自由化进程中的产业救济。

　　通过对反倾销效应的法经济学分析，可以看到，反倾销措施在保护国内产业和改善市场环境的同时，可能对国民经济产生广泛而深刻的影响，包括对贸易方向、投资结构、产业结构与竞争格局等诸多方面的影响。反倾销的经济效应既有积极作用，也有消极效果。然而基于利益的考虑，现实中反倾销主管部门和进口竞争企业总是强调反倾销的积极作用，有意或无意地回避反倾销的消极影响。这既破坏了反倾销制度的公平价值目标的实现程度，也不符合反倾销制度的经济效率价值目标，一项没有经济效率的制度对国家整体来说也不是公平的制度。

　　因此，对于反倾销的经济效应，无论是积极的贸易和产业救济效果，还是消极的利益损失，我们都应该有全面深刻的认识。我国应改进反倾销实体规则来保障公平与效率，即以法经济学卡尔多—希克斯效率为标准，改进现行反倾销实体规则。[①] 改进现行反倾销实体规则要件的具体规定或做法，目的是突出反倾销维护公平竞争的作用，抑制其消极影响，遏制其贸易保护主义趋势，减少反倾销措施被滥用的机会，尽量使反倾销实体规则的规定符合或更有利于实现经济效率价值目标。

一、严格界定基本概念

　　严格界定基本概念，防止滥用反倾销措施而损害经济效率。基本概念与反倾销实体规则是实施反倾销的基础性要件，基本概念是前提，是基本要件的重要组成部分，如果概念模糊、规则含混，会在反倾销实践中产生混乱，反倾销相关经济主体就会根据自己的利益来理解和解释，为其以部门利益绑架整体利益、通过滥用反倾销措施来实现部门利益最大化留下了运作余地，从而损害了反倾销措施的经济效率，带来社会整体福利的损失。所以应严格界定反倾销法律制度中含义模糊的概念，防止滥用反倾销措施而损害经济效率。

---

　　① 反倾销规则的非效率并不是我国反倾销法律制度单独存在的问题。我国的反倾销法律制度主要来源于国际法，即关于反倾销问题的国际条约（协定），尤其以主要是 WTO（GATT）的相关规定为范本，也参照了一些主要国家（地区）的反倾销法律。这里的相关建议对国际反倾销法律制度实体规则同样适用。

如"国内产业""同类产品"这两个概念容易导致反倾销调查机构对"倾销"及其"损害"作出肯定性结论。[①] 反倾销调查中应严格界定"国内产业、同类产品"为与受调查出口厂商、生产商、产品具有直接竞争或可替代的关系。[②]

二、倾销及判断规则的改进

《中华人民共和国反倾销条例》第三条规定"倾销，是指在正常贸易过程中进口产品以低于其正常价值的出口价格进入中华人民共和国市场"。存在倾销的关键是"正常价值"的认定。[③]

1. 正常价值

《中华人民共和国反倾销条例》第四条[④]规定的出口国（地区）国内市场价格（第四条第一款）第三国（地区）的可比价格（第四条第二款）正是本书在"国际货物贸易倾销的经济学理论"中所指出的情况，如果出口厂商对同一产品在不同国家实行不同价格是为实现自身利益最大化的正当经济行为，那么这种行为是市场经济自由竞争的要求，也符合自由贸易的目的，有利于资源的优化配置和社会福利的提高，符合效率目标，其行为本身不具备可责性。

本书认为，低于"正常价值"应该是低于"正常成本"的情形，而且也不是所有低于正常成本的行为都构成《反倾销条例》的规制对象。关键是看这种低价销售的经济原因、低价行为是否是企业的正当经济竞争做法及其造成的后果，也就是要把低价行为与意图、原因、后果结合起来判断。

---

① 王超：《WTO〈反倾销协议〉改革：从竞争维度的思考》，载《云南财经大学学报》2008年第1期，第112－116页。

② 姜爱丽、韩博：《从竞争法视角论反倾销法的改革》，载《山东大学学报（哲学社会科学版）》2010年第5期，第146－152页。

③ 《中华人民共和国反倾销条例》（2001年11月26日中华人民共和国国务院令第328号公布 根据2004年3月31日《国务院关于修改〈中华人民共和国反倾销条例〉的决定》修订，下同）第三条 倾销，是指在正常贸易过程中进口产品以低于其正常价值的出口价格进入中华人民共和国市场。

④ 参见《中华人民共和国反倾销条例》（2004）第四条的规定。

什么样的倾销应该被规制？本书对倾销的法经济学分析研究发现，反倾销应该规制三种情形：（1）带有掠夺意图的恶意倾销；（2）出口国政府战略性产业补贴中的不可诉补贴；（3）作为贸易保护主义措施的倾销。这三种情形的价格都低于出口企业的正常成本，都不是正当经济竞争做法。

（1）"正常成本"的界定。

设某企业的销售收入为 R，产品价格为 P，产品产量为 Q，其之间的关系为：

$$R = PQ$$

再设企业的总成本为 C，固定成本为 C_f，变动成本为 C_v，产品产量为 Q，其之间的关系为：

$$C = C_f + C_v Q$$

那么，该企业的盈亏平衡关系为：

R = C，即：

$$PQ = C_f + C_v Q$$

盈亏平衡点（BEP）价格为：

$$P^* = \frac{C_f}{Q} + C_v$$

单位产品盈亏平衡变动成本为：

$$C_v^* = P - \frac{C_f}{Q}$$

C_f 在现实中很难去量化，即使能量化，调查成本也会非常高昂。随着产品产量 Q 的不断增加，$\frac{C_f}{Q}$ 不断下降，直至接近于零。

一个竞争性企业在出口产品时，如果定价低于平均成本但高于平均可变成本（C_v^*），还是能通过继续出口将损失减少到最低限度；但是，如果定价低于平均可变成本（C_v^*），就不能继续经营下去。在不能收回可变成本的情况下，出口越多，亏损越多。出口企业的产品定价低于平均可变成本（C_v^*），要么将要倒闭，要么就是为了挤垮竞争对手而进行的掠夺性价格歧视。所以，出口企业"正常成本"的界定点就是平均可变成本（C_v^*）（见图 8-1 所示）。

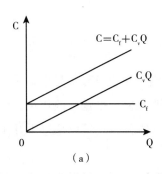 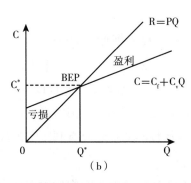

图 8-1　"正常成本"的界定：平均可变成本（C_v^*）

注：出口企业产品定价不能低于平均可变成本（C_v^*）。如果低于 C_v^*，在反倾销调查中，可以认为企业出口是为了挤垮竞争对手而进行的掠夺性价格歧视；出口企业"正常成本"的界定点就是平均可变成本（C_v^*）。

平均可变成本（C_v^*）标准亦称阿里达—特纳规则（areeda-turner rule，1975），用于短期平均可变成本。[①]

（2）低于"正常成本"的判断依据。

当然，也不是所有低于平均可变成本的价格销售行为就一定是倾销行为，反倾销当局在认定出口企业以"正常成本"的价格倾销时，还需要一定的数量、时间、收回成本依据来加以判断：

首先，低于"正常成本"的数量依据：低于正常成本的销售量占其全部销售数量的比例达到 20% 及以上；

其次，低于"正常成本"的时间依据：低于正常成本的销售持续时间为 6 个月及以上；

最后，低于"正常成本"的经济依据：低于正常成本的销售在反倾销调查期间不能收回成本（"正常成本"）。

需要注意的是阿里达—特纳规则是一个短期、静态的标准，适用该规

---

① 阿里达—特纳规则是指把基于能够合理预期的短期平均可变成本作为界定低价是否属于掠夺性定价行为的标准。转引自何艳华：《反倾销理论基础的正当性分析》，载《理论与改革》2013 年第 1 期，第 97-100 页。

则要考虑具体出口厂商与行业成本、负债发生变化的情况，应结合出口厂商与行业的动态因素如出口厂商的资产负债表的变化、行业规模经济效应的变化来综合考虑。

三、损害规则的改进

"损害"① 的确定标准直接体现了反倾销措施是否具有贸易保护主义性质。抑制反倾销措施的消极影响，突出反倾销维护公平竞争的作用，使反倾销实体规则的规定更有利于实现经济效率价值目标，可以从以下几个方面改进。

首先，应严格界定实质损害程度，防止反倾销调查当局滥用自由裁量权。各国反倾销法在实质损害程度方面的规定都比较宽松，这样的做法扩大了倾销的认定范围。要降低损害标准的反竞争性，就要严格界定实质损害程度，即规定只有达到相当重要的程度才能构成实质损害，才能认定倾销成立。

其次，应尽量取消"实质损害威胁"的规定。"实质损害威胁"是一个内涵宽泛的概念，在实践中易被滥用。如果只是"威胁"，那么国内产业在没有实际损害的条件下，对国外产品征收反倾销税缺乏经济上的理由。②

最后，如果为了和 WTO《反倾销协定》条款相一致，暂时不能取消"实质损害威胁"的规定，那么应该明确规定确定存在"实质损害威胁"反倾销时应考虑的条件：出口厂商通过低价倾销进入国内市场的增长幅度迅猛；出口厂商以后继续通过低价倾销大幅度增加在国内市场销售的可能性（其生产能力或潜在生产能力及其在其他市场销售的可能性）；出口厂商通过低价倾销进入国内市场的产业是否属于战略性产业（原因见前两章的分析）及是否抑制了本国厂商的投资意愿。

---

① 《反倾销条例》第七条　损害，是指倾销对已经建立的国内产业造成实质损害或者产生实质损害威胁，或者对建立国内产业造成实质阻碍。

② 郭双焦、贺政国：《世贸组织框架下反倾销制度与竞争政策的协调》，载《国际贸易问题》2006 年第 10 期，第 86－90 页。

四、因果关系规则的改进

明确规定倾销对国内产业造成的损害之间"因果关系"的判定方法和标准，减少反倾销措施的滥用和误用。《反倾销条例》虽然规定"不得将造成损害的非倾销因素归因于倾销"①。按规定，调查机构在反倾销调查的过程中，必须考虑非倾销因素和国内产业损害之间的关系。但对如何排除把"造成损害的非倾销因素归因于倾销"并未予以界定，也没有规定如果这样做的话的法律后果，特别是当倾销和非倾销因素共同作用而导致国内产业损害的情况下，"不得将造成损害的非倾销因素归因于倾销"的规定就起不到应有的作用，一定程度上导致反倾销措施的易被滥用和误用，使得反倾销制度成为保护局部利益的工具。"只要倾销的进口在进口量、价格的抑制或压低和对国内产业的生产者的影响等方面指标的检测中都表现出一种积极的结果，那么不论这种数量的增长、价格的压抑和国内产业的糟糕业绩是否主要由于其他因素造成"②，调查机构都可以认定被调查的进口引起了国内产业的损害，进而作出对进口采取反倾销措施的裁决。

因此，对"因果关系"要件的改进，《反倾销条例》应当明确规定倾销与损害因果关系的标准，即要求调查机构在考虑非倾销的其他因素和国内产业损害之间关系的同时，明确分析倾销因素与非倾销因素对产业损害的影响的关系，强调倾销对国内产业损害的"重大性或主要性"影响才有必要采取反倾销措施，从而尽量避免把非由倾销因素实质引起的国内产业损害归因于倾销因素，减少反倾销措施成为局部利益保护工具的可能性，提高反倾销的经济效率。

第四节　我国对外反倾销程序规则改进

改进反倾销程序规则促进公平与效率。反倾销程序规则影响着我国对

---

① 参见《中华人民共和国反倾销条例》（2004）第八条的规定。
② 孙立文：《WTO〈反倾销协议〉改革——政策和法律分析》，武汉大学出版社 2006 年版，第 187 页。

外反倾销措施的实施效率与公平，而且影响着反倾销中各利害关系方的利益。以经济效率为依据，改进现行反倾销程序规则，就是要求一国（地区）反倾销主管机关应设置并遵循一套公平、中立、透明的正当程序规则，保障反倾销所涉各利害关系方的利益平衡，体现反倾销制度从程序角度对公平竞争的维护，以反倾销正当程序规则来促进经济效率。

一、公共利益条款改进

我国通过反倾销的产业保护效应具有不确定性。本书在前文的分析中可以得出这样的结论，对境外出口厂商的产品采取反倾销措施，目的是保护进口竞争产业的利益。但这种产业保护效应受多种因素制约：受保护产业可能获得了短期利益，但损害了长期利益（损害产业竞争力）；进口竞争产业通过保护获取了利润，但价格上升另一方面又抑制了进口竞争产业下游产业的发展，减少了进口竞争产业的产品需求，进口竞争产业产品价格的上升也抑制了最终消费者需求，受保护产业的利益变得具有很大的不确定性。从我国整体利益来讲，反倾销保护的进口竞争产业如果具有规模经济或属于战略性产业，保护的成本与代价可以通过受保护产业成长后的收益补偿，否则，这种保护得不偿失，会降低社会整体经济福利水平，是不符合经济效率要求的。

公共利益条款是实现我国反倾销的经济效率价值目标的法律条文，实现反倾销的经济效率价值目标的关键是落实公共利益条款。我国 2004 年《反倾销条例》引入的公共利益原则，要求如果征收反倾销税则"应当符合公共利益"[①]。公共利益原则要求反倾销主管部门裁定反倾销时，应当考虑反倾销措施对社会整体经济福利水平的影响，反映了反倾销的经济效率价值目标。创设公共利益条款的目的，实际上是要求反倾销主管部门采取对外反倾销措施时，除了应具有法律上的正当性，还应具有经济上的合理性；不仅考虑国内进口竞争产业生产者利益的保护，也要考虑与进口产品

[①] 参见《中华人民共和国反倾销条例》（2004）第三十七条的规定。另外，2002 年底，当时的国家经济贸易委员会发布的《反倾销产业损害调查与裁决规定》的第十八条是我国反倾销立法中最早对公共利益原则进行的规定。

有密切关系的其他利益的保护。

公共利益原则要求反倾销主管部门裁定反倾销时，要站在国家整体的角度，对反倾销措施收益与成本进行比较，权衡反倾销措施综合效果及利弊来取舍，要求反倾销的境内受益者的所得应大于受损者的所失，对外反倾销的收益应大于对外反倾销的成本，否则，即使符合了反倾销的其他条件要求，也不应当发起对外反倾销，或者说，我国的对外反倾销应符合卡尔多—希克斯效率标准（见本书第三章的分析）。

反倾销应符合公共利益原则的提出对实现反倾销规则经济效率价值目标具有重大意义。反倾销应符合公共利益原则，要求在运用反倾销措施保护本国产业的同时，也应意识到反倾销措施实施的代价，以便最终决定反倾销措施实施的程度。为使反倾销措施更具效率，体现反倾销的经济效率价值目标，政府要在不同利益集团的博弈中确定更符合国家利益的利益，避免反倾销措施被滥用，确保反倾销措施实现社会整体利益的最大化。

目前，我国反倾销的公共利益原则应有作用没有发挥，在实践中缺乏可操作性公共利益条款在对外反倾销中落实起来很难，在实践中事实上被虚化。因此，有必要改进公共利益原则，采取措施来落实公共利益原则，发挥反倾销对社会整体经济福利的促进作用。

第一，把"符合公共利益原则"作为反倾销的必备条件之一。把符合公共利益原则纳入发起反倾销的必备条件，写入《反倾销条例》，与反倾销的另外三个要件（国际规则）并列，作为对外反倾销的第四个要件，要求反倾销主管当局衡量反倾销裁决对经济效率的影响，明确规定即使发起对外反倾销的另外三个要件得到满足，但如果不符合卡尔多—希克斯效率，也不能发起反倾销。

第二，公共利益条款要求在反倾销制度设计和实践方面，要妥善协调反倾销案件中的上下游产业利益，既应当考虑申诉者和消费者的利益，又应当考虑整体社会福利性变化和实施反倾销措施后对国内经济造成的整体性影响。借鉴WTO《反倾销协议》的公共利益的规定，反倾销主管当局在反倾销调查中应给予产品工业用户、具有代表性的消费者组织提供信息的机会，并借鉴南非相对方会议制度对反倾销利害关系方利益的协调，建立反倾销利益相关方利益的区分机制、利益相对方诉求的表达机制、反倾销相关各方利益的协调机制；以①法律条文赋予国内竞争产业、申诉方、国内进口商，产品的下游产业、最终产品的消费者（以下简称"利益关系方"）以及其协会、商会在商务部立案公告规定的期限内主张利益的权力；赋予利益关系方有召开听证会的权力；赋予利益关系方获悉信息、发表意见的权力；赋予利益关系方在司法审查阶段发表意见的权力。

第三，在征收反倾销税时，要考虑征收反倾销税对公共利益的影响因素。我国《反倾销条例》应当引入 WTO《反倾销协议》反倾销使用税率的"低税原则"，利于我国对外反倾销中的公共利益保护；征收反倾销税符合公共利益原则时，按照认定的倾销幅度征收反倾销税；不够符合公共利益的要求，应放弃征收反倾销税措施，寻求其他方式（如价格承诺）。

第四，落实公共利益原则，成立或指定专门的国际贸易法院进行司法审查，负责反倾销公共利益原则的落实，避免反倾销措施被滥用。借鉴欧盟反倾销中关于公共利益的相关规则和经验，界定反倾销法中公共利益的内涵，明确公共利益调查利益关联方的权利，确立公共利益的适用情形，建立公共利益调查的程序机制，加强公共利益审查的独立性建设。②

第五，借鉴巴西反倾销裁决对公共利益的保护，从国家整体利益、公共利益角度来灵活运用贸易政策与产业政策来达到产业保护目的、权衡反倾销措施综合效果及利弊来取舍，从而避免反倾销措施的滥用，实现反倾销规则经济效率价值的目标。

落实公共利益原则的难点在于其收益与损失的量化问题，本书的第三章中"对外反倾销正当性与合理性的判断标准"的分析对此问题的解决提供了思路，这里不再赘述。

二、构建反规避法律体系

我国反倾销主管部门应重视、预防、惩罚境外出口厂商规避行为，构建反规避法律体系，采取反规避措施，以保障实施我国对外反倾销措施对

---

① 我国对外反倾销立法与实践中的借鉴问题见本书第六章的分析。

② 蔡岱松认为我国现行反倾销司法审查制度存在缺陷，已经到了改革不如废除的程度。参见蔡岱松：《世贸组织框架下中国反倾销司法审查制度研究》，湖南大学博士学位论文，2014 年。

进口竞争产业的救济效果，防止反倾销"政策失灵"，加大成本。我国应构建反规避法律体系保障反倾销救济效果。在借鉴欧美反规避立法与《邓克尔草案》①，构建、完善的反规避法律体系，保障我国对外反倾销对国内竞争产业的救济效果，提高反倾销法律效率。

如果没有反规避法律体系作为保障，我国采取的反倾销措施很容易被境外生产企业或出口商规避。我国采取的措施规制倾销，势必影响境外出口厂商的利益。由于反倾销只是针对被诉的特定国家（地区）的特定产品，反倾销实施措施很容易被境外出口厂商所规避。为了规避或削弱我国反倾销措施的影响，境外出口厂商会寻求各种方式、手段来减少或避免被课征反倾销税，本书第五章对我国对外反倾销的效果分析也证明了境外出口厂商的贸易转移、投资跨越等规避行为的存在。

规避行为降低我国反倾销法律效率，削弱我国反倾销措施产业救济效果。境外出口厂商的规避行为加大了我国实施对外反倾销的成本，可能引发国内市场更加激烈的竞争，对国内竞争产业继续造成损害，削弱我国反倾销措施的产业救济效果，降低了我国反倾销法律效率。

我国《反倾销条例》防止反倾销规避行为的规定也存在过于原则的问题②，为了防止境外出口厂商对被我国实施反倾销措施的产品，采取各种方法逃避反倾销制裁，向有规避行为的出口厂商实施反规避措施，防止或减轻境外出口厂商反倾销规避行为给国内竞争产业带来的损害，应构建、完善反规避法律体系，加强其可操作性，明确其适用性，对规避行为采取预防或惩罚措施，使反规避法律成为保障反倾销救济效果、提高反倾销效率的有力武器，以达到反倾销措施的救济目的。③

（一）明确反倾销规避行为的内涵

明确境外出口厂商的哪些行为是规避行为，同时保留一定的弹性，预留可能出现新的规避行为的空间。明确规避行为内涵可以促使境外出口厂

---

① "反规避措施的借鉴"见第六章第三节的分析。

② 《反倾销条例》第五十五条 商务部可以采取适当措施，防止规避反倾销措施的行为。

③ 实践中，我国尚未采取过反规避措施，但在我国与韩国、日本部分倾销商就"冷轧薄板案"所达成的价格承诺协议中规定了"反规避的内容"。

商自觉地遵守我国反倾销主管部门的对外反倾销措施。内涵界定建议以欧盟的做法为主，毕竟我国也以成文法为传统，同时适当结合美国对于规避行为的做法，为我国反倾销主管部门对后续可能出现的新规避行为的认定，保留一定的回旋余地。

首先，反规避法律条款中要明确规避行为的概念。我国反倾销法应借鉴欧盟归纳的方法，规定对规避行为认定的量化标准，对规避行为进行规制。规避行为是指进口产品被我国反倾销主管当局发起反倾销调查或征收反倾销税后，境外出口厂商采取规避措施以逃避反倾销制裁的行为。其次，要明确哪些行为是反倾销规避行为，防止反倾销规避措施的滥用。[①]一般来讲，境外出口厂商的反倾销规避行为主要如下：（1）反倾销吸收，即境外出口厂商代替我国进口商缴纳反倾销税或者补偿因缴纳反倾销税所产生的损失的规避行为；（2）境外出口厂商在我国组装或生产的产品与被征收反倾销税的产品属于同类产品，并在我国市场销售的规避行为；（3）境外出口厂商在未被采取反倾销措施的第三国（地区或单独关税区）组装与被采取反倾销措施相同或类似的产品，并向我国出口的规避行为；（4）境外出口厂商对被征收反倾销税的产品作形式改变（或加工）使之归入我国不征收反倾销税的关税税目的规避行为；（5）虚构原产地；（6）采取"化整为零"方式，把（未征收反倾销税或低税的）零件出口到我国，然后通过 FDI 企业组装成制成品在我国市场销售的规避行为、虚构未被采取反倾销措施的国家或地区原产地的规避行为等。

（二）量化"规避"行为的认定标准

适当"量化"反倾销规避行为判定标准。我国反倾销主管部门对境外出口厂商反倾销规避行为的判定，难免具有一定的主观性，可以适当学习《邓克尔草案》和欧盟"量化"做法（如组装制成品零配件的价值60%或70%、增值25%判定标准），将反倾销规避行为判定标准予以适当"量化"，防止反倾销规避行为判定过程中过多的主观性因素可能导致的反规避行为的滥用。笔者认为，《邓克尔草案》的"70%规则、25%规则"（组

---

① 与防止反倾销措施易被滥用为贸易保护主义措施的原因一样。

装制成品零配件来自被征反倾销税国家或地区的价值超过总价值的 70%，除非在组装或完成业务中零件的增值超过总成本的 25%）两种量化标准条件过于苛刻，我国可以借鉴欧盟"60% 规则"和"25% 规则"（组装制成品零配件来自被征反倾销税国家或地区的价值超过总价值的 60%，除非在组装或完成业务中零件的增值超过总成本的 25%），同时赋予我国反倾销主管当局根据"60% 规则"和"25% 规则"，对具体个案的规避行为判断时具有一定范围的自由裁量权。当然，同是也应该适当借鉴美国的反规避做法，运用"个案处理"的方式（我国可以运用最高法判例的方式），对境外出口厂商反倾销规避行为判定保留一定弹性，为我国反倾销主管部门灵活运用该措施维护我国利益预留一定空间。

（三）明确反规避措施适用时间

为提高我国反规避措施的威慑力，督促境外出口厂商自觉遵守我国反倾销主管部门实施的反倾销救济措施，提高反倾销救济的政策效率，适用反规避措施时间应具有时间追溯性，笔者觉得应该以反倾销调查发起时间为反规避措施起始点比较合理。也就是说，反规避措施适用时间有一定的追溯性，而不以发现境外出口厂商反倾销规避行为的时间为起始点。但是反规避措施适用时间起始点也不宜过于提前或推后，如果追溯到我国对外反倾销调查开始之前，一是缺乏说服力，二是究竟从什么时点开始，我国反倾销主管当局也不好判断，三是可能对我国利用外资的政策形成冲击①；如果以发现境外出口厂商反倾销规避行为的时间为起始点，反规避措施又缺乏对反倾销规避行为的惩罚性和威慑力。

（四）增加"反吸收条款"

为提高我国反规避措施的威慑力，增强反倾销措施的救济效果，针对境外出口厂商替我国进口商缴纳反倾销税或者补偿因缴纳反倾销税所产生的损失的规避行为，我国的反规避法律应增加"反吸收条款"，制裁境外

---

① 需要注意的是，反零件倾销条款除了制止境外厂商出口产品的倾销行为，还具有直接限制外国投资的效应。反零件倾销条款使进口方通过反倾销来保护国内竞争产业的作用得到了保障，但可能与进口方的利用外资政策相冲突。

出口厂商的故意违法行为，而且实行追溯征收反倾销税（从征收反倾销税开始时间为"反吸收"起始点）。我国反倾销主管当局将境外出口厂商代替我国进口商缴纳反倾销税或者补偿因缴纳反倾销税所产生的损失的金额，从境外厂商出口产品的价格中予以扣除，调整扩大倾销幅度，提高反倾销税的税率（美国"提高税率"的做法）。调整反倾销税税率（"提高税率"），而且实行追溯征税，对保持我国反倾销法律制度的整体协调性、可操作性①具有重要意义。

（五）赋予商务部在反规避问题上的自由裁量权

采取反规避措施也是激励国内企业通过对外反倾销获得利益预期的一个方面。我国反倾销主管当局应采取积极的反规避措施，防止被实施反倾销措施的产品境外出口厂商采取反倾销规避措施，逃避反倾销制裁，保障反倾销措施实施效果。② 强调我国商务部的行政主导作用，为商务部灵活运用反规避措施来保障反倾销的产业救济效果、防止反倾销"政策失灵"预留一定空间。强化我国反倾销主管当局的行政作用，鼓励境内企业通过积极申请反规避措施，保证我国反倾销法律救济的有效性与提高我国对外反倾销产业保护的效率。

当然，如上所述，也要防止反规避措施可能出现"政府失灵"，对商务部的反规避行为予以适当限制（如司法审查），防止反规避措施损害我国整体经济福利。

（六）建设反规避调查海关登记制度与行业预警系统

建设我国反规避调查海关登记制度与行业预警系统，目的在于保证反规避调查发起与运行的及时性、合理性和有效性。

（七）反规避措施应符合经济效率价值目标

构建、完善反规避条款是为了保障反倾销措施的救济效果，可以使我

---

① 李炼：《反倾销：法律实务》，中国发展出版社 1999 年版，第 111－112 页。
② 朱钟棣：《"合规性"贸易壁垒的应对和应用研究》，人民出版社 2007 年版，第 49 页。

国进口竞争产业获得公平竞争的地位。反规避条款要明确构成规避行为的实质要件与程序要件。如反规避主体要求（企业关联性）、价值要求（规避行为对产品价值的影响幅度）①、效果要求（规避行为对反倾销救济效果产生损害的证据）②、时间要求（规避行为发生的时间及溯及力）。如果反规避条款执行不当，则会损害公平、自由的贸易秩序，成为贸易保护主义的工具。所以，对于规避反倾销措施的行为，也必须符合经济效率原则。

另外，可以借鉴欧美做法，设立专门的国际贸易法院，集中专业法官，审理专业技术性强的贸易救济案件（包括反倾销案件），提高我国反倾销救济的工作效率，保障反倾销贸易救济的审判质量。国际贸易法院的职责包括负责对反规避案件的审理，反倾销司法审查、反规避司法审查的初审，最高人民法院负责反倾销司法审查、反规避司法审查的终审。③

第五节　我国对外反倾销运行效率改进

对外反倾销体制运转的效率较低是我国反倾销救济体系的一个缺陷。当国内某一产业面临进口产品的不公平竞争和进口激增的威胁，在选择反倾销措施作为保护自己利益的手段时，必然会考虑反倾销的成本和收益问题，所以应当通过提升对外反倾销运行效率，降低企业的反倾销成本，增加企业反倾销的预期收益，通过反倾销激励制度设计来激励、引导我国企业积极主动地利用对外反倾销措施维护自己的正当权益。

一、提高反倾销时间效率

以我国反倾销程序时间规定为例，时间过长不利于反倾销机构提高效

---

① 应与原产地规则相一致。

② 效果要求是限定反规避措施条款，即判断采取反规避措施的必要性问题。效果要求是为了避免反规避措施的滥用，维护自由贸易秩序，保障公平竞争。

③ 如参考借鉴美国的做法。倾销调查和倾销幅度确定：美国商务部负责；损害调查及倾销与产业遭受的损害间的因果关系的确定：美国国际贸易委员会负责；反倾销案的司法审查与最终确定性质裁定审查：美国国际贸易法院和联邦巡回上诉法院；反倾销案件司法审查上诉法院：美国联邦巡回上诉法院。

率，增加了企业反倾销的时间成本，同时也给予了境外出口厂商充足的应对余地（贸易转移、投资跨越等）和缓冲时间，降低了反倾销产业的救济效果。我国应该减少对外反倾销从申请到终裁的时间（具体建议见表8-1），减少反倾销时间成本，提高反倾销时间效率。

表8-1 我国反倾销案件调查时间

项目	申请到立案	立案到初裁	立案到终裁	实施期限
条例规定	60 天	12 个月	18 个月	5 年
实际均值	51 天	326 天	471 天	5 年
建议时间	45 天	180 天	270 天	5 年

资料来源：中国贸易救济信息网。

二、提高企业对外反倾销主动性

预期收益与成本决定了国内企业对外反倾销的主动性。国内企业是否申请发起或参与反倾销申诉，由企业申请发起或参与反倾销申诉的预期收益和付出的成本决定。申请发起或参与反倾销预期收益高于成本，会积极主动；反之则会放弃申请发起或参与。改进对外反倾销运行效率应从提高国内企业发起或参与反倾销的预期收益和降低国内企业申请发起或参与反倾销成本这两个方面来进行制度安排。申请发起对外反倾销调查企业的费用开支和法律风险（影响预期收益）包括起诉及由之产生的成本大体由以下几方面构成：（1）律师费；在诉讼过程中提起反倾销申诉的人力、物力、财力（取得外国产品倾销的相关证据，如被控产品的成本、进口价和进口量、对产业的损害程度等材料）的耗费；（2）机会成本，即选择反倾销行为，其他可能机会的丧失；败诉的风险费用。

三、建立大数据产业损害预警机制

建立完善大数据产业损害预警机制，增强贸易救济法律的预防性功能，为政府主管部门、产业和企业决策服务，将产业保护工作前置化。我国产业损害预警机制是政府、行业协会、企业"三级联动"，商务部与地方商务主管部门、行业组织及有关企业"四位一体"的产业损害预警工作体系机制。商务部在 2005 年制定《关于进一步加强产业损害预警机制指导意见》，特别是 2011 年 9 月 22 日的《商务部关于加强产业损害预警工作的指导意见》，是我国产业损害预警机制建设的具体文件。[①]

提高对外反倾销运行效率涉及反倾销工作的诸多方面，是一个全面性、长期性、动态性的制度设计与变迁的过程，本书在这里只是从法经济学经济效率标准的角度提供一些改进的思路。

第六节　小结

本章是本书研究的规范性分析，也是文章研究的结论部分。

第一，我国对外反倾销改进的目标如下：（1）重视对外反倾销的作用：对外反倾销是保障国家经济安全、经济主权的需要；对外反倾销是维护我国贸易公平的需要；对外反倾销是保护我国长期利益、整体利益的需要。（2）我国对外反倾销必须兼顾公平和效率。我国对外反倾销法律制度创设与改进、实施应力求达到公平与效率有机协调的目标。（3）我国对外反倾销的改进应符合卡尔多—希克斯效率标准。

第二，我国应寻求改变不公平的国际反倾销规则。我国深受反倾销贸易保护主义措施之害，在坚持我国政府一贯主张"审慎、克制、规范"地使用反倾销救济措施，应利用我国第一大贸易国的国际地位，建立国际反倾销新规则。核心是把判断是否构成倾销的"低于正常价值"的条件修改为"低于正常成本"的条件，"正常成本"的判断标准是阿里达—特纳规则（平均可变成本），并结合经济原因、正当性及造成后果综合判断。

第三，严格界定基本概念，防止滥用反倾销措施而损害经济效率；改进现行反倾销实体规则（倾销及判断规则、"损害"规则、"因果关系"规则），减少反倾销措施成为局部利益保护工具的可能性，提高反倾销的经济效率。

---

① 资料来源：《商务部关于加强产业损害预警工作的指导意见》，2011 年 9 月 22 日。

　　第四，改进现行反倾销程序规则，落实公共利益条款，把"反倾销应符合公共利益原则"作为一个必备条件写入《反倾销条例》；采取反规避措施，保障反倾销措施实施效果。

　　第五，提高反倾销救济体制运转效率。（1）减少反倾销时间成本，提高反倾销时间效率；（2）提高国内企业反倾销主动性；（3）建立完善大数据产业损害预警机制，将产业保护工作前置化。

参 考 文 献

一、中文类参考文献

（一）著作类

［1］［美］阿瑟·奥肯：《平等与效率》，王奔洲译，华夏出版社 1999 年版。

［2］［美］阿维纳什·K. 迪克西特：《经济政策的制定：交易成本政治学的视角》，刘元春译，中国人民大学出版社 2004 年版。

［3］［古希腊］柏拉图：《理想国》，郭斌和、张竹明译，商务印书馆 1986 年版。

［4］［美］伯纳德·施瓦茨：《美国法律史》，王军等译，中国政法大学出版社 1997 年版。

［5］［美］伯特·考特、托马斯·尤伦：《法和经济学》，上海三联书店，上海人民出版社 1994 年版。

［6］［美］E. 博登海默：《法理学：法律哲学与法律方法》，邓正来译，中国政法大学出版社 1999 年版。

［7］曹建明、陈治东：《国际经济法专论（第 1 卷）》，法律出版社 1999 年版。

［8］曹士兵：《反垄断法研究》，法律出版社 1996 年版。

［9］［古罗马］查士丁尼：《法学总论：法学阶梯》，张企泰译，商务印书馆 1989 年版。

［10］［美］查尔斯·R. 麦克马尼斯：《不公平贸易行为概论》，陈宗胜、王利华、侯利宏译，中国社会科学出版社 1997 年版。

［11］陈安：《国际经济法专论（上编总论)》，高等教育出版社 2002 年版。

［12］陈安：《国际经济立法的历史和现状》，法律出版社 1982 年版。

［13］陈力：《国际反倾销法律制度中的非市场经济规则：以美国欧盟为视角》，上海人民出版社 2007 年版。

［14］陈明聪：《经济全球化趋势下反倾销的法律问题》，厦门大学出版社 2008 年版。

［15］陈瑞华：《刑事审判原理论》，北京大学出版社 1997 年版。

［16］［美］大卫·弗里德曼：《经济学语境下的法律规则》，杨欣欣译，法律出版社 2004 年版。

［17］邓正来：《王铁崖文选》，中国政法大学出版社 2003 年版。

［18］高永富、张玉卿：《国际反倾销法》，复旦大学出版社 2001 年版。

［19］高永富、张玉卿：《国际反倾销法实用大全》，上海立信会计出版社 2001 年版。

［20］［美］格里高利·曼昆：《经济学原理》，梁小民译，生活·读书·新知三联书店、北京大学出版社 2001 年版。

［21］郭波：《新贸易壁垒论》，中国经济出版社 2008 年版。

［22］海闻、P. 林德特、王新奎：《国际贸易》，格致出版社 2003 年版。

［23］［美］汉密尔顿、杰伊、麦迪逊：《联邦党人文集》，程逢如、在汉、舒逊译，商务印书馆 1995 年版。

［24］胡晓红：《中国反倾销法理论与实践》，中国社会科学出版社 2001 年版。

［25］胡昭玲：《反倾销规则与实践》，南开大学出版社 2004 年版。

［26］黄静波：《多边贸易体制的理论与实践》，中山大学出版社 2004 年版。

［27］黄仁伟、刘杰：《国家主权新论》，时事出版社 2004 年版。

［28］季卫东：《法治秩序的建构》，中国政法大学出版社 1999 年版。

［29］简资修：《经济推理与法律》，北京大学出版社 2006 年版。

［30］［奥］凯尔森：《法与国家的一般理论》，沈宗灵译，中国大百科全书出版社 1996 年版。

［31］孔祥俊、吉罗洪主编：《反倾销法律制度及申诉应诉指南》，中国民主法制出版社2003年版。

［32］李昌麒：《经济法学》，中国政法大学2002年版。

［33］李炼：《反倾销法律与实务》，中国发展出版社1997年版。

［34］［美］理查德·A. 波斯纳：《法律的经济分析》，蒋兆康译，中国大百科全书出版社1997年版。

［35］［美］理查德·T. 乔治：《经济伦理学》，李布译，北京大学出版社2002年版。

［36］刘全德：《西方法律思想史》，中国政法大学出版1996年版。

［37］刘颖、邓瑞平：《国际经济法》，中信出版社2003年版。

［38］吕明瑜：《竞争法》，法律出版社2010年版。

［39］［美］马克·威廉姆斯：《国际经济组织与第三世界》，张汉林等译，经济科学出版社2001年版。

［40］玛格丽特·凯利等编著：《国际贸易政策问题与发展情况》（国际货币基金组织《不定期刊物》选编），中国金融出版社、国际货币基金组织1990年版。

［41］孟国碧：《经济全球化时代的经济主权研究》，吉林人民出版社2002年版。

［42］潘静成、刘文华主编：《经济法（21世纪法学系列教材)》，中国人民大学出版社1999年版。

［43］漆多俊主编：《经济法论丛（第2卷)》，中国方正出版社1999年版。

［44］曲振涛、杨恺钧：《规制经济学》，复旦大学出版社2006年版。

［45］屈广清：《国际经济法总论》，法律出版社2004年版。

［46］饶友玲：《国际技术贸易》，南开大学出版社2003年版。

［47］沈木珠：《国际贸易法研究》，法律出版社2002年版。

［48］沈四宝等：《国际商法论丛》，法律出版社1999年版。

［49］史际春、邓峰：《经济法总论》，法律出版社1998年版。

［50］史际春、李青山：《论经济法的理念》，《经济法学评论（2003年卷)》，中国法制出版社2003年版。

［51］世界贸易组织秘书处：《贸易走向未来》，法律出版社 2000 年版。

［52］宋和平主编：《反倾销法律制度概论》，中国检察出版社 2003 年版。

［53］孙立文：《WTO〈反倾销协议〉改革—政策和法律分析》，武汉大学出版社 2006 年版。

［54］唐宇：《论反倾销规则的弊端与改革》，东北财经大学出版社 2007 年版。

［55］［美］托马斯丁·普鲁萨：《国际贸易中愈演愈烈的反倾销问题》，载《国际贸易译丛》，桑秀国译，对外经济贸易大学出版社 2006 版。

［56］王俊宜、李权：《国际贸易》，中国发展出版社 2003 年版。

［57］王世春：《论公平贸易》，商务印书馆 2006 年版。

［58］王世春、王琴华、张汉林：《名家论坛：反倾销应对之道》，人民出版社 2004 年版.

［59］王铁崖、田如萱：《国际法资料选编》，法律出版社 1982 年版。

［60］［英］威廉·韦德：《行政法》，徐炳等译，中国大百科全书出版社 1997 年版。

［61］魏建、黄立君、李振宇：《法经济学：基础与比较》，人民出版社 2004 年版。

［62］翁国民：《贸易救济体系研究》，法律出版社 2007 年版。

［63］徐复：《WTO 规则与中国贸易政策》，南开大学出版社 2005 年版。

［64］徐国栋：《民法基本原则解释——成文法局限性之克服》，中国政法大学出版社 1998 年版。

［65］［美］雅各布·瓦伊纳：《倾销：国际贸易中的一个问题》，沈瑶译，商务印书馆 2003 年版。

［66］［古希腊］亚里士多德：《政治学》，吴寿彭译，商务印书馆 1965 年版。

［67］［英］亚当·斯密：《国民财富的性质和原因的研究》，商务印书馆 1979 年版。

［68］［英］亚当·斯密：《国民财富的性质和原因的研究（下卷）》，商务印书馆 1974 年版。

［69］杨仕辉：《反倾销的国际比较、博弈与我国对策研究》，科学出版社 2005 年版。

［70］杨仕辉：《贸易争端解决的博弈分析与策略》，中国经济出版社 2006 年版。

［71］杨泽伟：《国际法析论》，中国人民大学出版社 2003 年版。

［72］杨紫烜：《国际经济法新论———国际协调论》，北京大学出版社 2000 年版。

［73］杨宗科：《法律机制论：法哲学与法社会学研究》，西北大学出版社 2000 年版。

［74］姚梅镇：《国际投资法》，武汉大学出版社 1985 年版。

［75］叶必丰：《行政法的人文精神》，湖北人民出版社 1999 年版。

［76］于永达、戴天宇：《反倾销理论与实务》，清华大学出版社 2006 年版。

［77］余劲松、吴志攀：《国际经济法》，北京大学出版社、高等教育出版社 2003 年版。

［78］苑涛：《WTO 反倾销措施》，清华大学出版社 2007 年版。

［79］苑涛：《反倾销的经济影响：对中国的分析》，人民出版社 2009 年版。

［80］［美］约翰·H. 杰克逊：《GATT/WTO 法理与实践》，张玉卿、李成钢、杨国华等译，新华出版社 2002 年版。

［81］［美］约翰·H. 杰克逊：《世界贸易体制—国际经济关系的法律与政策》，张乃根译，复旦大学出版社 2001 年版。

［82］［美］约翰·罗尔斯：《正义论》，何怀宏、何包钢、廖申白译，中国社会科学出版社 1988 年版。

［83］曾华群：《国际经济法导论》，法律出版社 1997 年版。

［84］张恒山：《法理要论》，北京大学出版社 2002 年版。

［85］张乃根：《国际法原理》，中国政法大学出版社 2002 年版。

［86］张文显：《当代西方哲学》，吉林大学出版社 1987 年版。

［87］赵生祥：《反倾销制度研究》，法律出版社 2007 年版。

［88］周汉民：《中国外贸救济制度与外贸调查制度》，上海交通大学出版社 2005 年版。

［89］周林彬：《法律经济学论纲》，北京大学出版社 1998 年版。

［90］周林彬：《法律经济学：中国的理论与实践》，北京大学出版社 2008 年版。

［91］朱京安：《中国外贸法律制度变迁研究》，人民出版社 2008 年版。

［92］朱钟棣：《"合规性"贸易壁垒的应对和应用研究》，人民出版社 2007 年版。

［93］卓泽渊：《法的价值论》，法律出版社 1999 年版。

（二）论文类

［94］安礼伟、高松婷：《中国对外反倾销现状、效应及对策分析》，载《国际商务（对外经济贸易大学学报）》2016 年第 2 期。

［95］白玲、杜创：《反倾销法中的损害权问题》，载《世界经济与政治论坛》2005 年第 6 期。

［96］包小忠：《论巩固和完善我国贸易救济措施的基本原则》，载《当代财经》2006 年第 10 期。

［97］鲍晓华：《反倾销措施的贸易救济效果评估》，载《经济研究》2007 年第 2 期。

［98］鲍晓华：《中国实施反倾销措施的经济效应分析》，载《经济纵横》2004 年第 1 期。

［99］宾建成：《中国首次反倾销措施执行效果评估》，载《世界经济》2003 年第 9 期。

［100］蔡岱松：《世贸组织框架下中国反倾销司法审查制度研究》，湖南大学博士学位论文，2014 年。

［101］曹和平：《反倾销法上公共利益规则的困境与反思》，载《江苏社会科学》2012 年第 3 期。

［102］车幸原：《不完全信息条件下的反倾销政策效果》，载《财贸经济》2004 年第 10 期。

［103］陈力：《WTO 争端解决机制与国家经济主权的新变化》，载

《法治论丛》2003 年第 11 期。

[104] 陈瑞华：《程序正义——从刑事审判角度的分析》，载《中外法学》1997 年第 2 期。

[105] 陈文庆：《WTO 的精神》，载《广西大学梧州分校学报》2004 年第 1 期。

[106] 陈勇兵、王进宇、潘夏梦：《对外反倾销与贸易转移：来自中国的证据》，载《世界经济》2020 年第 9 期。

[107] 陈有志：《国际反倾销中公共利益问题及其启示》，载《国际贸易问题》2002 年第 11 期。

[108] 程卫东：《国与国之间的利益协调——国际反倾销法的晚近发展》，载《国际贸易》2001 年第 8 期。

[109] 褚霞：《我国当前开展贸易救济研究的思考》，载《法制与社会》2007 年第 9 期。

[110] 丁勇、李磊、朱彤：《中国对外反倾销的特点与影响因素研究》，载《现代财经（天津财经大学学报)》2008 年第 1 期。

[111] 杜建耀：《国际反倾销的新发展——反规避》，载《经济与管理研究》2002 年第 5 期。

[112] 杜鹏、张瑶：《中国对外反倾销影响因素的实证研究》，载《宏观经济研究》2011 年第 3 期。

[113] 范晓波：《多哈回合规则谈判之反倾销公共利益议题》，载《中国政法大学学报》2011 年第 4 期。

[114] 方明：《论 WTO 特殊保障措施及我国的应对策略》，载《世界经济与政治论坛》2005 年第 5 期。

[115] 方勇、张二震：《出口产品反倾销预警的经济学研究》，载《经济研究》2004 年第 1 期。

[116] 房东：《完善我国反倾销实体法的思考——兼评中国首例反倾销调查案》，载《河北经贸大学学报》1999 年第 5 期。

[117] 冯巨章、陈春霞、彭艳：《我国对外反倾销统计分析》，载《经济体制改革》2016 年第 1 期。

[118] 郭双焦、贺政国：《世贸组织框架下反倾销制度与竞争政策的

协调》，载《国际贸易问题》2006 年第 10 期。

[119] 海闻、李清亮：《加入 WTO 十年来中国对外反倾销实践分析》，载《国际商务研究》2011 年第 3 期。

[120] 何海燕、常明：《进口反倾销的救济效果评估标准研究》，载《科学学与科学技术管理》2008 年第 5 期。

[121] 何欢浪、张娟、章韬：《中国对外反倾销与企业创新——来自企业专利数据的经验研究》，载《财贸研究》2020 年第 2 期。

[122] 何立胜、杨志强：《内部性、外部性、政府规制》，载《经济评论》2006 年第 1 期。

[123] 何艳华：《反倾销理论基础的正当性分析》，载《理论与改革》2013 年第 1 期。

[124] 胡麦秀、严明义：《反倾销保护引致的市场转移效应分析》，载《国际贸易问题》2005 年第 10 期。

[125] 黄佶：《社会和谐发展的三要素：效率、公平、保障》，载《读者周刊》2000 年第 10 期。

[126] 黄勇、许志鹏：《WTO 及中国的反倾销法基本原则》，载《行政与法》2003 年第 1 期。

[127] 黄志雄：《效率和公平视角下的 WTO 多哈回合谈判与多边贸易体制的完善》，载《武汉大学学报（哲学社会科学版)》2008 年第 5 期。

[128] 季卫东：《法律程序的形式性与实质性——以对程序理论的批判和批判理论的程序化为线索》，载《北京大学学报（哲学社会科学版)》2006 年第 1 期。

[129] 姜爱丽、韩博：《从竞争法视角论反倾销法的改革》，载《山东大学学报（哲学社会科学版)》2010 年第 5 期。

[130] 蒋雅文：《论制度变迁理论的变迁》，载《经济评论》2003 年第 4 期。

[131] 金晓晨：《反倾销中公共利益原则的法理分析》，载《当代法学》2007 年第 5 期。

[132] 李春顶：《中国对外反倾销措施的产业救济效果研究（1997～2007)》，载《南方经济》2011 年第 5 期。

［133］李锋、章仁俊：《应对国外对华反倾销预警机制的缺陷》，载《经济与管理研究》2003 年第 3 期。

［134］李怀政：《我国三大贸易伙伴对华实施反倾销的比较与思考》，载《国际贸易问题》2004 年第 4 期。

［135］李军、冯志军：《法经济学分析范式的构建》，载《北方论丛》2008 年第 2 期。

［136］李磊、漆鑫：《我国对外反倾销威慑力能否有效抑制国际对华反倾销?》，载《财贸经济》2010 年第 7 期。

［137］李淑贞：《中国反倾销的贸易保护效应：基于产品进口倾向性的比较研究》，载《国际贸易问题》2013 年第 6 期。

［138］梁小尹、刘善球：《反倾销法的生命力问题初探》，载《国际贸易问题》2004 年第 3 期。

［139］廖秀健：《美国对华反倾销的法经济学分析——以农产品反倾销为例》，华中农业大学博士学位论文，2006 年。

［140］刘爱东、沈红柳：《我国对外反倾销案件的统计分析与启示》，载《山东财政学院学报》2013 年第 4 期。

［141］刘爱东、王晰：《国际反倾销中的内部性、外部性及产权界定分析》，载《经贸法规》2008 年第 3 期。

［142］刘昌雄：《改革开放前中国政策制定的模式分析》，载《理论探讨》2004 年第 6 期。

［143］刘凯旋、孙凤英：《论反倾销中公共利益原则的作用》，载《国际商务（对外经济贸易大学学报）》2009 年第 5 期。

［144］刘力：《重新认识公平贸易政策的性质与意义》，载《国际贸易问题》1999 年第 3 期。

［145］刘宛晨、杜彦瑾：《新制度经济学公平与效率关系研究》，载《求索》2006 年第 6 期。

［146］刘欣：《中国对外反倾销的贸易限制及贸易转移效应分析——以化工产品为例》，载《国际商务财会》2019 年第 7 期。

［147］马向敏、刘富利：《进口反倾销对上下游产业的影响——基于我国造纸业反倾销的分析》，载《当代经济》2007 年第 12 期。

[148] 穆虹、任学青：《正义的效率——经济法的价值确认》，载《山东经济》2007 年第 1 期。

[149] 倪振峰：《竞争法基本原则探讨》，载《法治论丛》1997 年第 6 期。

[150] 聂元贞：《论国际贸易的公平制度与中国的基本原则》，载《兰州商学院学报》2005 年第 4 期。

[151] 欧福永、熊之才：《WTO 体制下反倾销、反补贴和保障措施的应对与运用》，载《浙江社会科学》2001 年第 6 期。

[152] 彭剑波：《我国进口反倾销的现状、问题及对策透视——兼论合法有效保护国内产业》，载《经济问题探索》2006 年第 6 期。

[153] 戚世钧、程云嘉：《国际贸易中倾销与反倾销行为的理性思考》，载《商业研究》1998 年第 12 期。

[154] 齐俊妍、孙倩：《中国遭遇反倾销与对外反倾销贸易效应比较分析》，载《财贸经济》2014 年第 7 期。

[155] 邵桂兰等：《反倾销应诉和诉讼中应引起重视的几项条款》，载《当代财经》2002 年第 6 期。

[156] 邵桂兰等：《如何认识和运用反倾销的"承诺"规则》，载《江苏商论》2002 年第 4 期。

[157] 沈瑶：《倾销与反倾销的历史起源》，载《世界经济》2002 年第 8 期。

[158] 盛斌：《贸易保护的新政治经济学：文献综述》，载《世界经济》2001 年第 1 期。

[159] 宋也方：《利益集团理论在对外贸易政策中的应用》，载《山东经济》2004 年第 4 期。

[160] 苏振东、刘芳：《中国对外反倾销措施的产业救济效应评估——基于动态面板数据模型的微观计量分析》，载《财贸经济》2009 年第 10 期。

[161] 苏振东、刘璐瑶、洪玉娟：《对外反倾销措施提升中国企业绩效了吗?》，载《财贸经济》2012 年第 3 期。

[162] 苏振东、邵莹：《对外反倾销能否提升中国企业生存率——以化工产品"双酚 A"案为例》，载《财贸经济》2014 年第 9 期。

[163] 孙赫、朱钟棣:《WTO 各种保障措施的对比分析及对我国产业的影响》,载《世界经济研究》2005 年第 2 期。

[164] 孙文远、黄健康:《美国实施反倾销贸易政策的动因、绩效与启示》,载《国际贸易问题》2007 年第 1 期。

[165] 覃红:《地方政府在国际贸易救济中的角色定位》,载《广西社会科学》2008 年第 4 期。

[166] 覃红、潘毅华:《反倾销制度的法律经济分析》,载《国际经贸探索》2006 年第 3 期。

[167] 唐宇:《保障措施条款替代反倾销规则的可行性分析》,载《财贸经济》2007 年第 7 期。

[168] 唐宇:《反倾销保护引发的四种经济效应分析》,载《财贸经济》2004 年第 11 期。

[169] 唐震:《反倾销和 WTO 内在关系的研究》,载《外贸经济》2001 年第 1 期。

[170] 王超:《WTO〈反倾销协议〉改革:从竞争维度的思考》,载《云南财经大学学报》2008 年第 1 期。

[171] 王分棉、王建秀、王玉燕:《中国对外反倾销存在跨国公司合谋效应吗?——基于邻苯二酚/呋喃酚/香兰素产业链 3 次对外反倾销的研究》,载《中国软科学》2013 年第 10 期。

[172] 王分棉、周煊:《对外反倾销一定能保护国内产业吗?——基于有机硅产业的研究》,载《世界经济研究》2012 年第 11 期。

[173] 王庆海、周振坤:《反倾销立法与贸易保护主义》,载《吉林大学社会科学学报》1998 年第 2 期。

[174] 王文创、苑涛:《中国实施反倾销的条件与效果分析》,载《理论学刊》2008 年第 8 期。

[175] 王晰:《产业的自我选择效应与反倾销裁决》,载《财经问题研究》2012 年第 1 期。

[176] 王晰、张国政:《国际反倾销的成因、经济效应和绩效优化:一个国外文献综述》,载《财贸经济》2009 年第 10 期。

[177] 王晓非:《对世贸反倾销协议有关倾销概念及判定标准的质

疑》，载《国际贸易问题》2004 年第 2 期。

　　［178］王晓磊、沈瑶：《中国对外实施反倾销措施的直接经济效应研究——以基础化工产品案件为例》，载《财贸研究》2014 年第 2 期。

　　［179］王旭、何海燕：《建立我国进口反倾销管理体系研究》，载《商业经济》2006 年第 1 期。

　　［180］吴汉洪等：《次优理论在国际贸易政策中的应用》，载《中国人民大学学报》2001 年第 9 期。

　　［181］谢海霞：《从竞争法的角度看反倾销法律制度》，载《河北法学》2004 年第 3 期。

　　［182］刑华平：《对公平和效率的再理解》，载《韶关学院学报》2004 年第 1 期。

　　［183］徐鹏：《反倾销中的新要素——公共利益原则的确立》，载《理论探讨》2010 年第 6 期。

　　［184］徐泉：《国家经济主权论》，西南政法大学博士论文，2005 年。

　　［185］徐泉：《国家经济主权论析》，载《甘肃政法学院学报》2006 年第 9 期。

　　［186］徐为人、黄勇：《谁是反倾销的真正赢家》，载《国际商务研究》2000 年第 3 期。

　　［187］许志鹏：《欧美反倾销法若干问题比较研究》，载《福建法学》2000 年第 1 期。

　　［188］严建苗：《国际贸易政策的政治经济学分析》，载《经济学动态》2002 年第 5 期。

　　［189］杨蕾：《反倾销贸易效果评价研究——基于中国涉案农产品的实证分析》，中国农业大学博士论文，2014 年。

　　［190］杨韶艳：《发达国家反倾销的动因：供给角度的分析》，载《财贸研究》2007 年第 5 期。

　　［191］杨韶艳、黄建康：《发达国家反倾销贸易保护主义探源——基于经济理性角度的分析》，载《审计与经济研究》2008 年第 1 期。

　　［192］杨仕辉：《WTO 保障措施规则的博弈分析》，载《管理科学学报》2005 年第 5 期。

［193］杨仕辉：《反倾销博弈与逆向选择》，载《世界经济》2001 年第 1 期。

［194］杨仕辉：《贸易救济措施与中国企业"走出去"行为的案例剖析》，载《北京工商大学学报（社会科学版）》2008 年第 9 期。

［195］杨仕辉、秋平：《中国反倾销申诉寒蝉效应的实证分析——基于动态面板模型的 GMM 检验》，载《产经评论》2011 年第 1 期。

［196］杨向东：《贸易救济法公共利益条款探析》，载《科技与法律》2007 年第 3 期。

［197］杨晓云、药朝诚：《基于行业视角的中国对外反倾销影响因素研究》，载《产经评论》2012 年第 1 期。

［198］杨益：《全球贸易救济的现状、发展及我国面临的形势》，载《国际贸易》2007 年第 9 期。

［199］叶建亮：《行业异质性与反倾销行为——基于中国、印度、美国的分行业实证分析》，载《浙江大学学报（人文社会科学版）》2014 年第 3 期。

［200］殷秀玲：《反倾销视角下的中国贸易政策内生性研究》，山东大学博士论文，2009 年。

［201］殷秀玲、范爱军：《中国对外反倾销影响因素的经验分析——基于贸易政策的政治经济学视角》，载《山东经济》2009 年第 2 期。

［202］于璐瑶、冯宗宪：《进口反倾销调查对外商投资与国内上下游产业链的影响及其对策》，载《国际贸易》2007 年第 9 期。

［203］袁欣：《论国际反倾销规则的法理不适当性》，载《法学家》2009 年第 3 期。

［204］苑涛：《解读 WTO 贸易救济措施》，载《中国外资》2004 年第 1 期。

［205］翟中玉、周迈、李新建：《我国反倾销法中公共利益原则的重构》，载《现代管理科学》2015 年第 3 期。

［206］张菀洺：《反倾销对东道国 FDI 进入方式及流量的影响》，载《数量经济技术经济研究》2006 年第 11 期。

［207］张菀洺：《中国进口反倾销调查对外国直接投资的影响——基于

中国化工行业的实证分析》，载《复旦学报（社会科学版）》2007 年第 5 期。

　　［208］张玉卿、杨荣珍：《我国对外反倾销效果评估》，载《世界贸易组织动态与研究》2008 年第 11 期。

　　［209］章兴鸣：《国际贸易成本中的制度性因素探析》，载《国际商务研究》2002 年第 6 期。

　　［210］赵楠：《基于外部性的可实施产权》，载《财经理论与实践》2001 年第 1 期。

　　［211］赵维田：《论 WTO 的反倾销规则》，载《法学研究》1999 年第 2 期。

　　［212］郑甘澍、邓力平：《反倾销税与反倾销补贴的经济学思考》，载《国际贸易问题》2006 年第 10 期。

　　［213］周江洪：《反倾销法若干问题的经济分析》，载《甘肃行政学院学报》2000 年第 1 期。

　　［214］周茂荣：《贸易自由化与贸易保护主义的博弈分析》，载《国际贸易问题》2004 年第 6 期。

　　［215］周佑勇：《行政法的正当程序原则》，载《中国社会科学》2004 年第 4 期。

　　［216］朱庆华：《欧盟贸易救济的公共利益评价及其启示》，载《中央财经大学学报》2006 年第 11 期。

　　［217］朱庆华、唐宇：《中国反倾销措施的实证分析》，载《山东财政学院学报》2004 年第 6 期。

　　［218］朱允卫、易开刚：《我国对外反倾销的特点、存在问题及其完善》，载《国际贸易问题》2005 年第 3 期。

　　［219］朱钟棣、鲍晓华：《反倾销措施对产业的关联影响——反倾销税价格效应的投入产出分析》，载《经济研究》2004 年第 1 期。

　　［220］祝福云、陈晓暾、上官鸣：《我国进口反倾销的经济效应及其测度：基于一般均衡视角》，载《西北大学学报（哲学社会科学版）》2015 年第 2 期。

　　［221］祝福云、冯宗宪：《我国对外反倾销调查与外商在华直接投资研究》，载《财贸研究》2006 年第 6 期。

（三）网络文献

［222］TDI 反倾销案贸易救济效果跟踪报告。http：//www.cacs.gov.cn/cacs/newcommon/details.aspx?articleId=79831，2016 年 3 月 5 日访问。

［223］2016 年 7 月 5 日商务部例行新闻发布会。http：//www.mofcom.gov.cn/article/ae/slfw/201607/20160701352969.shtml，2022 年 9 月 21 日访问。

［224］2011 年 9 月《商务部关于加强产业损害预警工作的指导意见》。http：//dcj.mofcom.gov.cn/article/gywm/200306/20030600104061.shtml，2022 年 9 月 21 日访问。

［225］诺思：《西方国家的兴起》。http：//doc.mbalib.com/view/8b7beb5e2d566bf864c595fe137e52a2.html，2016 年 3 月 5 日访问。

［226］商务部产业损害调查局，反倾销措施效果跟踪情况汇总，2006 年。http：//dcj.mofcom.gov.cn/aarticle/xxfb/200606/20060602369274.html，2022 年 9 月 21 日访问。

［227］商务部产业损害调查局网站。http：//www.mofcom.gov.cn/aarticle/h/redht/201110/20111007772621.html，2022 年 9 月 21 日访问。

［228］中国贸易救济信息网。http：//cacs.mofcom.gov.cn/，2022 年 9 月 21 日访问。

二、外文类参考文献

（一）著作类

［229］ArthurT. Denzau. How Import Restraints Reduce Employment. St. Louis：Washington University Press，1987.

［230］Bernard M. Hoekman，Michel M. Kostecki. The political economy of the world trade system-from GATT to WTO. Oxford：Oxford University Press，1995.

［231］Bhagwagi，Jagdish. Protectionism. Cambridge：MIT Press，1988.

［232］Dale，Richard：Anti-dumping Law in a Liberal Trade Order. New York：St. Martin's Press，1980.

［233］Finger J. M. Anti-Dumping：How it Works and Who Gets Hurt. Journal of Women's Health. University of Michigan Press，1993.

［234］ Gormsen C. Anti-Dumping with Heterogeneous Firms: New Protectionism for the New-New Trade Theory. Aarhus School of Business, Department of Economics, 2008.

［235］ Grossman, Gene, Elhanan Helpman. Interest Groups and Trade Policy. Priceton University Press, 2002.

［236］ Hoekman B. M. , Messerlin P. A. Harnessing trade for development and growth in the Middle East: Report by the Council on Foreign Relations Study Group on Middle East Trade Options. Council on Foreign Relations Press, 2002.

［237］ I. M. Destler, John S. Odell. Anti-protection: Changing Forces in United States Trade Politics. Washington, DC: Institute for International Economics, 1987.

［238］ Jacob Viner. Dumping, a problem in international trade. Chicago: The University of Chicago, reprinted in 1996.

［239］ Krugman, Paul, Introduction: New Thinking about Trade Policy in Strategic Trade Policy and the New International Economics. MIT Press, 1986.

［240］ Mancur Olson. The Logic of Collective Action. Harvard University Press, 1965.

［241］ Mark Blaug. Economic Theory in Retrospect, 3d ed. Cambridge: Cambridge University Press, 1978.

［242］ Michael L. Murray. Welfare Reform for the 21st Century. New York & London: M. E. Sharpe, 1997.

［243］ Nicholas Mercuro, Steven G. Medema. Economics and Law: From Posner to Post-modernism. Princeton University Press, 1997.

［244］ Richard Cooper. Political economy of the United States. Noth-Holland Publishing Company, 1982.

［245］ S. P. Magee, W. A. Brock, C. Young. Black Hole Tariffs and Endogenous Policy Theory. Cambridge University Press, 1989.

［246］ William R. Cline. The Future of World Trade in Textile and Apparel. Washington, DC: Institute for Interna-tional Economics, 1990.

（二）论文类

［247］Baldwin E. ，"The political economy of trade polic"，Journal of Economic Perspectives，1989（4）.

［248］Bernard M. Hoekman, Michael P. Leidy，"Dumping, anti-dumping and emergency protection"，Journal of World Trade，2003（23）.

［249］Blonigen, Bruce, Haynes Stephen，"Antidumping Investigations and the Pass-Through of Antidumping Duties and Exchange Rates"，The American Economist，2002.

［250］Bown C. P. ，Mcculloch R. ，"Nondiscrimination and the WTO agreement on safeguards"，World Trade Review，2003（2）.

［251］Brander, James, Barbara Spencer，"Export Subsidies and International Market Share Rivalry"，Journal of International Economics，1985（18）：83 – 100.

［252］Brett Williams. "Glaobal trade issues in the new millennium：The influence and lack of influence of principles in the negotiation for China's accession to the World Trade Organisation"，George Washington International Law Review，2001（33）.

［253］Brink Lindsey，"The US Antidumping Law-Rhetoric versus Reality"，Journal of World Trade，34 J. W. T. 1，2000：3.

［254］Bruce A. Blonigen, Chad P. Bown，"Antidumping and retaliation threats"，Journal of International Economics，2002（2）.

［255］Bruce A. Blonigen，"In search of substitution between foreign production and exports"，Journal of International Economics，2001，53（1）：81 – 104.

［256］Bruce A. Blonigen, Ka Saundra Tomlin, Wesley W. Wilson，"Tariff-jumping FDI and domestic firms' profits"，Canadian Journal of Economics/Revue canadienne d'économique，2004（3）.

［257］Bruce A. Blonigen，"Tariff-jumping antidumping duties"，Journal of International Economics，2002（1）.

［258］Chad P. Bown，"How Different are Safeguards from Antidumping? Evidence from US Trade Policies Toward Steel"，Review of Industrial Organization, 2013（4）.

［259］Chad P. Bown, Meredith A. Crowley, "Policy externalities: How US antidumping affects Japanese exports to the EU", European Journal of Political Economy, 2006（3）.

［260］Chad P. Bown, Patricia Tovar, "Trade liberalization, antidumping, and safeguards: Evidence from India's tariff reform", Journal of Development Economics, 2010（1）.

［261］Chad P. Bown, "Trade Remedies and World Trade Organization Dispute Settlement: Why are so Few Challenged", Journal of Legal Medicine, 2005.

［262］Chi Carmody, "Remedies and conformity under the WTO agreement", Jounal of International Economic Law, 2002（5）.

［263］Christian A. C. , "Dumping and Anti-Dumping: Measures from a Competition and Allocation Perspective", Journal of World Trade, 2002（3）.

［264］Christopher T. Taylor, "The economic effects of withdrawn antidumping investigations: Is there evidence of collusive settlements?", Journal of International Economics, 2003（2）.

［265］Cletus C. Coughlin, "U. S. Trade-remedy laws: Do they facilitate or hinder free trade?", Federal Reserve Bank of ST Laws, 2001（8）.

［266］Clive Stanbrook, Philip Bentley, "Dumping and subsidies: The law and procedures governing the imposition of anti-dumping and countervailing duties in the European Community", Kluwer Law International, 1996（8）.

［267］Colin A. Carter, Caroline Gunning-Trant, "U. S. trade remedy law and agriculture: Trade diversion and investigation effects", Canadian Journal of Economics/Revue Canadienne Déconomique, 2010, 43（1）: 97 - 126.

［268］Corinne M. Krupp, Susan Skeath, "Evidence on the upstream and downstream impacts of antidumping cases", North American Journal of Economics and Finance, 2002（2）.

［269］Crowley M. A. , "Split Decisions in Antidumping Cases", The BE Journal of Economic Analysis & Policy, 2010, 10（1）.

［270］Devault J. , "The welfare effects of US antidumping duties", Open Economies Review, 1996, 7（1）.

［271］Douglas A. Irwin, "The Rise of US Anti-dumping Activity in Historical Perspective", World Economy, 2005（5）.

［272］Emin Dinlersoz, Can Dogan, "Tariffs versus anti-dumping duties", International Review of Economics and Finance, 2010（19）：436 –451.

［273］Feinberg H. , Kaplan D. , "Dumping Costsand Uncertainty", Journal of Economic Dynamicsand Control, 2002（8）：349 –370.

［274］Fukunaga Y. , "An 'Effect-Based' Approach to Anti-Dumping：Why Should We Introduce a 'Mandatory Lesser Duty Rule'?", Journal of World Trade, 2004.

［275］Hansen, Wendy L. , Thomas J. Prusa, "Cumulation and ITC Decision Making：The Sum of the Parts is Greater than the Whole", Economic Inquiry, 1996, 34（4）：746 –769.

［276］Hylke Vandenbussche, Maurizio Zanardi, "The chilling trade effects of antidumping proliferation", European Economic Review, 2010（6）.

［277］Irene Brambilla, Guido Porto, Alessandro Tarozzi, "A djusting to Trade Policy：Evidence from U. S. Antidumping Duties on Vietnamese Catfish", The Review of Economics and Statistics, 2012, 94（1）：304 –319.

［278］Irene Brambilla, Guido Porto, Alessandro Tarozzi, "Djusting to Trade Policy：Evidence from U. S. Antidumping Duties on Vietnamese Catfish", The Review of Economics and Statistics, 2012.

［279］J. A. Brander, P. R. Krugman, "A 'Reciprocal Dumping' Model of International Trade", Journal of International Economics, 1983, 15（3）：313 –321.

［280］Jai S. Mah, "Antidumping decisions and macroeconomic variables in the USA", Applied Economics, 2000（13）.

［281］Jozef Konings, Hylke Vandenbussche, "Antidumping protection hurts exporters：firm-level evidence", Review of World Economics, 2013（149）：295 –320.

[282] Jozef Konings, Hylke Vandenbussche, "Heterogeneous responses of firms to trade protection", Journal of International Economics, 2008 (2).

[283] Jozef Konings, Hylke Vandenbussche, Linda Springael, "Import Diversion under European Antidumping Policy", Journal of Industry, Competition and Trade, 2001 (3).

[284] Justin R. Pierce, "Plant-level responses to antidumping duties: Evidence from U. S. manufacturers", Journal of International Economics, 2011 (2).

[285] Kara M. Reynolds, "Under the Cover of Antidumping: Does Administered Protection Facilitate Domestic Collusion?", Review of Industrial Organization, 2013 (4).

[286] Keith B. Anderson, "Antidumping Laws in the United States: Use and Welfare", JWT, 1993, 27 (2).

[287] Konings J., Vandenbussche H., "Antidumping protection hurts exporters: Firm-level evidence from France", CEPR Discussion Paper, 2009.

[288] Krueger, Anne, "The Political Economy of the Rent-Seeking Society", American Economic Review, 1974, 64 (3): 291-303.

[289] Laura Rovegno, "Trade protection and market power: Evidence from US antidumping and countervailing duties", Review of World Economics, 2013 (3).

[290] Michael M. Knetter, Thomas J. Prusa, "Macroeconomic factors and antidumping filings: Evidence from four countries", Journal of International Economics, 2003, 61 (1): 1-17.

[291] Michael P. Gallaway, Bruce A. Blonigen, Joseph E. Flynn, "Welfare costs of the U. S. antidumping and countervailing duty laws", Journal of International Economics, 1999 (2).

[292] Moonsung Kang, Hongshik Lee, Soonchan Park, "Industry-specific effects of antidumping activities: Evidence from the US, the European Union and China", Applied Economics, 2012 (8).

[293] Moore M. O., "Rules or Politics? An Empirical Analysis of ITC Anti-dumping Decisions", Economic Inquiry, 1992.

［294］ Ogawa Y. , Ono Y. , "The Byrd Amendment as Facilitating a Tacit International Business Collusion", Review of International Economics, 2011.

［295］ Ozef Konings, Hylke Vandenbussche, Linda Springael, "Import Diversion under European Antidumping Policy. Journal of Industry", Competition and Trade, 2001 (3).

［296］ Paul Brenton, "Anti-dumping policies in the EU and trade diversion", European Journal of Political Economy, 2001 (3).

［297］ Piyush Chandra, "Anti-dumping Duties and their Impact on Exporters: Firm Level Evidence from China", World Development, 2013.

［298］ Prusa T. J. , "Why are so Many Antidumping Petitions Withdrawn", Journal of International Economics, 1992.

［299］ R. Belderbos, H. Vandenbussche, R. Veugelers, "Antidumping duties, undertakings, and foreign direct investment in the EU", European Economic Review, 2003 (2).

［300］ Reinhilde Veugelers, Hylke Vandenbussche, "European antidumping policy and the profitability of national and international collusion", European Economic Review, 1998 (1).

［301］ Ronald B. Davies, Benjamin H. Liebman, "Self-protection? Antidumping Duties, Collusion, and FDI", Review of International Economics, 2006 (5).

［302］ Seung-Hyun Lee, Yoon-Suk Baik, "Corporate Lobbying in Antidumping Cases: Looking into the Continued Dumping and Subsidy Offset Act", Journal of Business Ethics, 2010 (3).

［303］ Shih-Jye Wu, Yang-Ming Chang, Hung-Yi Chen, "Antidumping duties and price undertakings: A welfare analysis", International Review of Economics and Finance, 2013.

［304］ Simon P. Anderson, Nicolas Schmitt, "Nontariff Barriers and Trade Liberalization", Economic Inquiry, 2007 (1).

［305］ Soonchan Park, "The trade depressing and trade diversion effects of antidumping actions: The case of China", China Economic Review, 2009 (3).

［306］Thomas J. Prusa，"On the spread and impact of anti-dumping"，Canadian Journal of Economics，2001，34（3）：591 –611.

［307］Thusnelda Tivig，Uwe Walz，"Market share，cost-based dumping，and antidumping policy"，Canadian Journal of Economics/Revue canadienne déconomique，2000，33（1）：69 –86.

［308］Yi Lu，Zhigang Tao，Yan Zhang，"How do exporters respond to antidumping investigations?"，Journal of International Economics，2013（2）.

附录

对外反倾销情况一览

我国对外反倾销申诉调查一览表（1997～2022年）

案件唯一号	案件名称	案件状态	立案时间	被诉国/地区	涉案行业
A－CNv. TW－20221130－302	中国对中国台湾地区聚碳酸酯反倾销案	正在调查	2022－11－30	中国台湾地区	化学原料和制品工业
A－CNv. IN－20220301－788	中国对印度敌菌丹反倾销案	措施执行中	2022－03－01	印度	化学原料和制品工业
A－CNv. US－20200925－541	中国对美国聚氯乙烯反倾销案	无措施结案	2020－09－25	美国	化学原料和制品工业
A－CNv. US－20200831－936	中国对美国相关乙二醇和丙二醇的单烷基醚反倾销案	措施执行中	2020－08－31	美国	化学原料和制品工业
A－CNv. AU－20200818－503	中国对澳大利亚相关葡萄酒反倾销案	措施执行中	2020－08－18	澳大利亚	酒、饮料利制案
A－CNv. US－20200803－587	中国对美国聚苯醚反倾销案	措施执行中	2020－08－03	美国	化学原料和制品工业
A－CNv. JP－20190729－192	中国对日本间甲酚反倾销案	措施执行中	2019－07－29	日本	化学原料和制品工业
A－CNv. US－20190729－193	中国对美国间甲酚反倾销案	措施执行中	2019－07－29	美国	化学原料和制品工业
A－CNv. EU－20190729－190	中国对欧盟间甲酚反倾销案	措施执行中	2019－07－29	欧盟	化学原料和制品工业
A－CNv. US－20190723－827	中国对美国正丙醇反倾销案	措施执行中	2019－07－23	美国	化学原料和制品工业
A－CNv. EU－20190619－825	中国对欧盟三元乙丙橡胶反倾销案	措施执行中	2019－06－19	欧盟	化学原料和制品工业
A－CNv. KR－20190619－844	中国对韩国三元乙丙橡胶反倾销案	措施执行中	2019－06－19	韩国	化学原料和制品工业
A－CNv. US－20190619－826	中国对美国三元乙丙橡胶反倾销案	措施执行中	2019－06－19	美国	化学原料和制品工业
A－CNv. US－20190530－559	中国对美国聚苯硫醚反倾销案	措施执行中	2019－05－30	美国	化学原料和制品工业
A－CNv. JP－20190530－532	中国对日本聚苯硫醚反倾销案	措施执行中	2019－05－30	日本	化学原料和制品工业

续表

案件唯一号	案件名称	案件状态	立案时间	被诉国/地区	涉案行业
A－CNv.MY－20190530－558	中国对马来西亚聚苯硫醚反倾销案	措施执行中	2019－05－30	马来西亚	化学原料和制品工业
A－CNv.KR－20190530－534	中国对韩国聚苯硫醚反倾销案	措施执行中	2019－05－30	韩国	化学原料和制品工业
A－CNv.MY－20190410－630	中国对马来西亚甲硫氨酸反倾销案	无措施结案	2019－04－10	马来西亚	化学原料和制品工业
A－CNv.JP－20190410－629	中国对日本甲硫氨酸反倾销案	无措施结案	2019－04－10	日本	化学原料和制品工业
A－CNv.SG－20190410－631	中国对新加坡甲硫氨酸反倾销案	无措施结案	2019－04－10	新加坡	化学原料和制品工业
A－CNv.IN－20181126－458	中国对印度7－苯乙酰氨基－3－氯甲基－4－头孢烷酸对甲氧基苄酯反倾销案	无措施结案	2018－11－26	印度	化学原料和制品工业
A－CNv.AU－20181119－348	中国对澳大利亚大麦反倾销案	措施执行中	2018－11－19	澳大利亚	农产品
A－CNv.TW－20181016－894	中国对中国台湾地区立式加工中心反倾销案	无措施结案	2018－10－16	中国台湾地区	专用设备
A－CNv.JP－20181016－893	中国对日本立式加工中心反倾销案	无措施结案	2018－10－16	日本	专用设备
A－CNv.ID－20180723－092	中国对印度尼西亚不锈钢钢坯和不锈钢热轧板/卷反倾销案	措施执行中	2018－07－23	印度尼西亚	钢铁工业
A－CNv.KR－20180723－102	中国对韩国不锈钢钢坯和不锈钢热轧板/卷反倾销案	措施执行中	2018－07－23	韩国	钢铁工业
A－CNv.JP－20180723－101	中国对日本不锈钢钢坯和不锈钢热轧板/卷反倾销案	措施执行中	2018－07－23	日本	钢铁工业
A－CNv.EU－20180723－091	中国对欧盟不锈钢钢坯和不锈钢热轧板/卷反倾销案	措施执行中	2018－07－23	欧盟	钢铁工业
A－CNv.KR－20180326－612	中国对韩国苯酚反倾销案	措施执行中	2018－03－26	韩国	化学原料和制品工业
A－CNv.TH－20180326－613	中国对泰国苯酚反倾销案	措施执行中	2018－03－26	泰国	化学原料和制品工业
A－CNv.US－20180326－625	中国对美国苯酚反倾销案	措施执行中	2018－03－26	美国	化学原料和制品工业
A－CNv.JP－20180326－611	中国对日本苯酚反倾销案	措施执行中	2018－03－26	日本	化学原料和制品工业

续表

案件唯一号	案件名称	案件状态	立案时间	被诉国/地区	涉案行业
A－CNv.EU－20180326－610	中国对欧盟苯酚反倾销案	措施执行中	2018－03－26	欧盟	化学原料和制品工业
A－CNv.US－20180204－211	中国对美国高粱反倾销案	无措施结案	2018－02－04	美国	农产品
A－CNv.IN－20180123－361	中国对印度邻二氯苯反倾销案	措施执行中	2018－01－23	印度	化学原料和制品工业
A－CNv.JP－20180123－291	中国对日本邻二氯苯反倾销案	措施执行中	2018－01－23	日本	化学原料和制品工业
A－CNv.TW－20171229－336	中国对中国台湾地区正丁醇反倾销案	措施执行中	2017－12－29	中国台湾地区	化学原料和制品工业
A－CNv.MY－20171229－335	中国对马来西亚正丁醇反倾销案	措施执行中	2017－12－29	马来西亚	化学原料和制品工业
A－CNv.US－20171229－363	中国对美国正丁醇反倾销案	措施执行中	2017－12－29	美国	化学原料和制品工业
A－CNv.KR－20171109－706	中国对韩国丁腈橡胶反倾销案	措施执行中	2017－11－09	韩国	化学原料和制品工业
A－CNv.JP－20171109－690	中国对日本丁腈橡胶反倾销案	措施执行中	2017－11－09	日本	化学原料和制品工业
A－CNv.SA－20171030－367	中国对沙特阿拉伯乙醇胺反倾销案	措施执行中	2017－10－30	沙特阿拉伯	化学原料和制品工业
A－CNv.MY－20171030－366	中国对马来西亚乙醇胺反倾销案	措施执行中	2017－10－30	马来西亚	化学原料和制品工业
A－CNv.US－20171030－771	中国对美国乙醇胺反倾销案	措施执行中	2017－10－30	美国	化学原料和制品工业
A－CNv.TH－20171030－714	中国对泰国乙醇胺反倾销案	措施执行中	2017－10－30	泰国	化学原料和制品工业
A－CNv.JP－20171016－368	中国对日本氢碘酸反倾销案	措施执行中	2017－10－16	日本	化学原料和制品工业
A－CNv.US－20171016－369	中国对美国氢碘酸反倾销案	措施执行中	2017－10－16	美国	化学原料和制品工业
A－CNv.EU－20170830－274	中国对欧盟卤化丁基橡胶反倾销案	措施执行中	2017－08－30	欧盟	化学原料和制品工业
A－CNv.SG－20170830－275	中国对新加坡卤化丁基橡胶反倾销案	措施执行中	2017－08－30	新加坡	化学原料和制品工业
A－CNv.US－20170830－287	中国对美国卤化丁基橡胶反倾销案	措施执行中	2017－08－30	美国	化学原料和制品工业
A－CNv.BR－20170818－351	中国对巴西白羽肉鸡反倾销案	措施执行中	2017－08－18	巴西	农产品

续表

案件唯一号	案件名称	案件状态	立案时间	被诉国/地区	涉案行业
A – CNv. US – 20170623 – 358	中国对美国苯乙烯反倾销案	措施执行中	2017 – 06 – 23	美国	化学原料和制品工业
A – CNv. TW – 20170623 – 360	中国对中国台湾地区苯乙烯反倾销案	措施执行中	2017 – 06 – 23	中国台湾地区	化学原料和制品工业
A – CNv. KR – 20170623 – 767	中国对韩国苯乙烯反倾销案	措施执行中	2017 – 06 – 23	韩国	化学原料和制品工业
A – CNv. IN – 20170608 – 096	中国对印度间苯氧基苯甲醛反倾销案	措施执行中	2017 – 06 – 08	印度	化学原料和制品工业
A – CNv. JP – 20170327 – 820	中国对日本甲基异丁基（甲）酮反倾销案	措施执行中	2017 – 03 – 27	日本	化学原料和制品工业
A – CNv. KR – 20170327 – 956	中国对韩国甲基异丁基（甲）酮反倾销案	措施执行中	2017 – 03 – 27	韩国	化学原料和制品工业
A – CNv. ZA – 20170327 – 824	中国对南非甲基异丁基（甲）酮反倾销案	措施执行中	2017 – 03 – 27	南非	化学原料和制品工业
A – CNv. TH – 20170306 – 819	中国对泰国双酚 A 反倾销案	已终止措施	2017 – 03 – 06	泰国	化学原料和制品工业
A – CNv. IN – 20170213 – 817	中国对印度邻氯对硝基苯胺反倾销案	措施执行中	2017 – 02 – 13	印度	化学原料和制品工业
A – CNv. TH – 20161024 – 816	中国对泰国共聚甲醛反倾销案	措施执行中	2016 – 10 – 24	泰国	化学原料和制品工业
A – CNv. KR – 20161024 – 814	中国对韩国共聚甲醛反倾销案	措施执行中	2016 – 10 – 24	韩国	化学原料和制品工业
A – CNv. MY – 20161024 – 815	中国对马来西亚共聚甲醛反倾销案	措施执行中	2016 – 10 – 24	马来西亚	化学原料和制品工业
A – CNv. JP – 20160420 – 813	中国对日本偏二氯乙烯 – 氯乙烯共聚树脂反倾销案	措施执行中	2016 – 04 – 20	日本	化学原料和制品工业
A – CNv. US – 20160112 – 965	中国对美国干玉米酒糟反倾销案	措施执行中	2016 – 01 – 12	美国	农产品
A – CNv. JP – 20151118 – 811	中国对日本铁基非晶合金带材反倾销案	已终止措施	2015 – 11 – 18	日本	钢铁工业
A – CNv. US – 20151118 – 812	中国对美国铁基非晶合金带材反倾销案	已终止措施	2015 – 11 – 18	美国	钢铁工业
A – CNv. KR – 20150723 – 810	中国对韩国取向电工钢反倾销案	措施执行中	2015 – 07 – 23	韩国	钢铁工业
A – CNv. EU – 20150723 – 808	中国对欧盟取向电工钢反倾销案	措施执行中	2015 – 07 – 23	欧盟	钢铁工业
A – CNv. JP – 20150723 – 809	中国对日本取向电工钢反倾销案	措施执行中	2015 – 07 – 23	日本	钢铁工业

续表

案件唯一号	案件名称	案件状态	立案时间	被诉国/地区	涉案行业
A－CNv.JP－20150714－804	中国对日本腈纶反倾销案	措施执行中	2015－07－14	日本	化学原料和制品工业
A－CNv.TR－20150714－806	中国对土耳其腈纶反倾销案	措施执行中	2015－07－14	土耳其	化学原料和制品工业
A－CNv.KR－20150714－805	中国对韩国腈纶反倾销案	措施执行中	2015－07－14	韩国	化学原料和制品工业
A－CNv.EU－20150410－949	中国对欧盟未漂白纸袋纸反倾销案	措施执行中	2015－04－10	欧盟	造纸工业
A－CNv.JP－20150410－950	中国对日本未漂白纸袋纸反倾销案	措施执行中	2015－04－10	日本	造纸工业
A－CNv.US－20150410－951	中国对美国未漂白纸袋纸反倾销案	措施执行中	2015－04－10	美国	造纸工业
A－CNv.SG－20140808－802	中国对新加坡甲基丙烯酸甲酯反倾销案	已终止措施	2014－08－08	新加坡	化学原料和制品工业
A－CNv.TH－20140808－803	中国对泰国甲基丙烯酸甲酯反倾销案	已终止措施	2014－08－08	泰国	化学原料和制品工业
A－CNv.JP－20140808－801	中国对日本甲基丙烯酸甲酯反倾销案	已终止措施	2014－08－08	日本	化学原料和制品工业
A－CNv.JP－20140613－001	中国对日本血液透析机反倾销案	无措施结案	2014－06－13	日本	专用设备
A－CNv.EU－20140613－001	中国对欧盟血液透析机反倾销案	无措施结案	2014－06－13	欧盟	专用设备
A－CNv.US－20140319－842	中国对美国光纤反倾销案	措施执行中	2014－03－19	美国	电气工业
A－CNv.JP－20140319－843	中国对日本光纤反倾销案	措施执行中	2014－03－19	日本	电气工业
A－CNv.IN－20130822－945	中国对印度特丁基对苯二酚反倾销案	已终止措施	2013－08－22	印度	化学原料和制品工业
A－CNv.IN－20130814－963	中国对印度单模光纤反倾销案	已终止措施	2013－08－14	印度	电气工业
A－CNv.EU－20130701－001	中国对欧盟葡萄酒反倾销案	无措施结案	2013－07－01	欧盟	酒、饮料和精茶
A－CNv.US－20130531－688	中国对美国四氯乙烯反倾销案	措施执行中	2013－05－31	美国	化学原料和制品工业
A－CNv.EU－20130531－703	中国对欧盟四氯乙烯反倾销案	措施执行中	2013－05－31	欧盟	化学原料和制品工业
A－CNv.JP－20130510－708	中国对日本相关高温高压用合金钢无缝钢管反倾销案	无措施结案	2013－05－10	日本	金属制品工业

续表

案件唯一号	案件名称	案件状态	立案时间	被诉国/地区	涉案行业
A-CNv.EU-20130510-704	中国对欧盟相关高温承压用合金钢无缝钢管反倾销案	措施执行中	2013-05-10	欧盟	金属制品工业
A-CNv.US-20130510-705	中国对美国相关高温承压用合金钢无缝钢管反倾销案	措施执行中	2013-05-10	美国	金属制品工业
A-CNv.US-20130206-940	中国对美国浆粕反倾销案	已终止措施	2013-02-06	美国	造纸工业
A-CNv.CA-20130206-939	中国对加拿大浆粕反倾销案	已终止措施	2013-02-06	加拿大	造纸工业
A-CNv.BR-20130206-961	中国对巴西浆粕反倾销案	已终止措施	2013-02-06	巴西	造纸工业
A-CNv.EU-20121101-937	中国对欧盟太阳能级多晶硅反倾销案	已终止措施	2012-11-01	欧盟	光伏产品
A-CNv.JP-20120921-494	中国对日本吡啶反倾销案	措施执行中	2012-09-21	日本	化学原料和制品工业
A-CNv.IN-20120921-364	中国对印度吡啶反倾销案	措施执行中	2012-09-21	印度	化学原料和制品工业
A-CNv.US-20120720-689	中国对美国太阳能级多晶硅反倾销案	措施执行中	2012-07-20	美国	光伏产品
A-CNv.KR-20120720-706	中国对韩国太阳能级多晶硅反倾销案	措施执行中	2012-07-20	韩国	光伏产品
A-CNv.EU-20120629-842	中国对欧盟甲苯胺反倾销案	措施执行中	2012-06-29	欧盟	化学原料和制品工业
A-CNv.JP-20120323-894	中国对日本间苯二酚反倾销案	措施执行中	2012-03-23	日本	化学原料和制品工业
A-CNv.US-20120323-870	中国对美国间苯二酚反倾销案	措施执行中	2012-03-23	美国	化学原料和制品工业
A-CNv.EU-20120323-790	中国对欧盟甲苯二异氰酸酯反倾销案	已终止措施	2012-03-23	欧盟	化学原料和制品工业
A-CNv.EU-20111118-356	中国对欧盟乙二醇和二甘醇的单丁醚反倾销案	措施执行中	2011-11-18	欧盟	化学原料和制品工业
A-CNv.US-20111118-357	中国对美国乙二醇和二甘醇的单丁醚反倾销案	措施执行中	2011-11-18	美国	化学原料和制品工业
A-CNv.US-20111118-001	中国对美国涂布白卡纸反倾销案	无措施结案	2011-11-18	美国	造纸工业
A-CNv.EU-20110908-942	中国对欧盟高性能不锈钢无缝钢管反倾销案	已终止措施	2011-09-08	欧盟	金属制品工业
A-CNv.JP-20110908-934	中国对日本高性能不锈钢无缝钢管反倾销案	已终止措施	2011-09-08	日本	金属制品工业

续表

案件唯一号	案件名称	案件状态	立案时间	被诉国/地区	涉案行业
A-CNv.US-20101228-001	中国对美国干玉米酒糟反倾销案	无措施实施结案	2010-12-28	美国	农产品
A-CNv.JP-20101223-775	中国对日本相纸反倾销案	措施实施中	2010-12-23	日本	造纸工业
A-CNv.US-20101223-776	中国对美国相纸反倾销案	措施执行中	2010-12-23	美国	造纸工业
A-CNv.EU-20101223-805	中国对欧盟相纸反倾销案	措施执行中	2010-12-23	欧盟	造纸工业
A-CNv.US-20100422-593	中国对美国己内酰胺反倾销案	已终止措施	2010-04-22	美国	化学原料和制品工业
A-CNv.EU-20100422-932	中国对欧盟非色散位移单模光纤反倾销案	措施执行中	2010-04-22	欧盟	电气工业
A-CNv.EU-20100422-601	中国对欧盟己内酰胺反倾销案	已终止措施	2010-04-22	欧盟	化学原料和制品工业
A-CNv.US-20100422-933	中国对美国非色散位移单模光纤反倾销案	措施执行中	2010-04-22	美国	电气工业
A-CNv.US-20091106-676	中国对美国小轿车和越野车反倾销案	已终止措施	2009-11-06	美国	汽车工业
A-CNv.EU-20091023-931	中国对欧盟X射线安全检查设备反倾销案	已终止措施	2009-10-23	欧盟	仪器仪表工业
A-CNv.US-20090927-925	中国对美国白羽肉鸡反倾销案	已终止措施	2009-09-27	美国	农产品
A-CNv.MY-20090624-417	中国对马来西亚甲醇反倾销案	已终止措施	2009-06-24	马来西亚	化学原料和制品工业
A-CNv.SA-20090624-380	中国对沙特阿拉伯甲醇反倾销案	无措施实施结案	2009-06-24	沙特阿拉伯	化学原料和制品工业
A-CNv.ID-20090624-378	中国对印度尼西亚甲醇反倾销案	已终止措施	2009-06-24	印度尼西亚	化学原料和制品工业
A-CNv.NZ-20090624-379	中国对新西兰甲醇反倾销案	已终止措施	2009-06-24	新西兰	化学原料和制品工业
A-CNv.RU-20090601-545	中国对俄罗斯取向电工钢反倾销案	已终止措施	2009-06-01	俄罗斯	钢铁工业
A-CNv.US-20090601-546	中国对美国取向电工钢反倾销案	已终止措施	2009-06-01	美国	钢铁工业
A-CNv.US-20090429-779	中国对美国锦纶6切片反倾销案	措施执行中	2009-04-29	美国	化学原料和制品工业
A-CNv.EU-20090429-776	中国对欧盟锦纶6切片反倾销案	措施执行中	2009-04-29	欧盟	化学原料和制品工业

续表

案件唯一号	案件名称	案件状态	立案时间	被诉国/地区	涉案行业
A – CNv. TW – 20090429 – 778	中国对中国台湾地区锦纶6切片反倾销案	措施执行中	2009 – 04 – 29	中国台湾地区	化学原料和制品工业
A – CNv. RU – 20090429 – 777	中国对俄罗斯锦纶6切片反倾销案	措施执行中	2009 – 04 – 29	俄罗斯	化学原料和制品工业
A – CNv. ID – 20090324 – 072	中国对印度尼西亚核苷酸类食品添加剂反倾销案	已终止措施	2009 – 03 – 24	印度尼西亚	化学原料和制品工业
A – CNv. TH – 20090324 – 073	中国对泰国核苷酸类食品添加剂反倾销案	已终止措施	2009 – 03 – 24	泰国	化学原料和制品工业
A – CNv. KR – 20090112 – 585	中国对韩国精对苯二甲酸反倾销案	已终止措施	2009 – 01 – 12	韩国	化学原料和制品工业
A – CNv. TH – 20090112 – 586	中国对泰国精对苯二甲酸反倾销案	已终止措施	2009 – 01 – 12	泰国	化学原料和制品工业
A – CNv. EU – 20081229 – 922	中国对欧盟碳钢紧固件反倾销案	措施执行中	2008 – 12 – 29	欧盟	通用设备
A – CNv. US – 20081114 – 103	中国对美国聚酰胺 – 6、6切片反倾销案	已终止措施	2008 – 11 – 14	美国	化学原料和制品工业
A – CNv. IT – 20081114 – 097	中国对意大利聚酰胺 – 6、6切片反倾销案	已终止措施	2008 – 11 – 14	意大利	化学原料和制品工业
A – CNv. TW – 20081114 – 102	中国对中国台湾地区聚酰胺 – 6、6切片反倾销案	已终止措施	2008 – 11 – 14	中国台湾地区	化学原料和制品工业
A – CNv. GB – 20081114 – 096	中国对英国聚酰胺 – 6、6切片反倾销案	已终止措施	2008 – 11 – 14	英国	化学原料和制品工业
A – CNv. FR – 20081114 – 101	中国对法国聚酰胺 – 6、6切片反倾销案	已终止措施	2008 – 11 – 14	法国	化学原料和制品工业
A – CNv. EU – 20081110 – 771	中国对欧盟己二酸反倾销案	已终止措施	2008 – 11 – 10	欧盟	化学原料和制品工业
A – CNv. KR – 20081110 – 772	中国对韩国己二酸反倾销案	已终止措施	2008 – 11 – 10	韩国	化学原料和制品工业
A – CNv. US – 20081110 – 773	中国对美国己二酸反倾销案	已终止措施	2008 – 11 – 10	美国	化学原料和制品工业
A – CNv. SA – 20080925 – 763	中国对沙特阿拉伯1，4 – 丁二醇反倾销案	已终止措施	2008 – 09 – 25	沙特阿拉伯	化学原料和制品工业
A – CNv. TW – 20080925 – 764	中国对中国台湾地区1，4 – 丁二醇反倾销案	已终止措施	2008 – 09 – 25	中国台湾地区	化学原料和制品工业
A – CNv. JP – 20080605 – 001	中国对日本气相色谱 – 质谱联用仪反倾销案	无措施结案	2008 – 06 – 05	日本	仪器仪表工业
A – CNv. KR – 20080528 – 761	中国对韩国初级形态二甲基环体硅氧烷反倾销案	已终止措施	2008 – 05 – 28	韩国	化学原料和制品工业

续表

案件唯一号	案件名称	案件状态	立案时间	被诉国/地区	涉案行业
A－CNv. TH－20080528－921	中国对泰国初级形态二甲基环体硅氧烷反倾销案	已终止措施	2008－05－28	泰国	化学原料和制品工业
A－CNv. SG－20070309－701	中国对新加坡丙酮反倾销案	措施执行中	2007－03－09	新加坡	化学原料和制品工业
A－CNv. TW－20070309－702	中国对中国台湾地区丙酮反倾销案	措施执行中	2007－03－09	中国台湾地区	化学原料和制品工业
A－CNv. JP－20070309－679	中国对日本丙酮反倾销案	措施执行中	2007－03－09	日本	化学原料和制品工业
A－CNv. KR－20070309－680	中国对韩国丙酮反倾销案	措施执行中	2007－03－09	韩国	化学原料和制品工业
A－CNv. JP－20061122－491	中国对日本甲乙酮反倾销案	措施执行中	2006－11－22	日本	化学原料和制品工业
A－CNv. SG－20061122－755	中国对新加坡甲乙酮反倾销案	已终止措施	2006－11－22	新加坡	化学原料和制品工业
A－CNv. TW－20061122－492	中国对中国台湾地区甲乙酮反倾销案	措施执行中	2006－11－22	中国台湾地区	化学原料和制品工业
A－CNv. TW－20060830－581	中国对中国台湾地区双酚A反倾销案	措施执行中	2006－08－30	中国台湾地区	化学原料和制品工业
A－CNv. SG－20060830－582	中国对新加坡双酚A反倾销案	措施执行中	2006－08－30	新加坡	化学原料和制品工业
A－CNv. JP－20060830－578	中国对日本双酚A反倾销案	措施执行中	2006－08－30	日本	化学原料和制品工业
A－CNv. KR－20060830－580	中国对韩国双酚A反倾销案	措施执行中	2006－08－30	韩国	化学原料和制品工业
A－CNv. IN－20060616－954	中国对印度磺胺甲噁唑反倾销案	已终止措施	2006－06－16	印度	医药工业
A－CNv. JP－20060418－109	中国对日本电解电容器纸反倾销案	措施执行中	2006－04－18	日本	造纸工业
A－CNv. EU－20060206－340	中国对欧盟马铃薯淀粉反倾销案	措施执行中	2006－02－06	欧盟	农产品
A－CNv. IN－20051229－899	中国对印度壬基酚反倾销案	措施执行中	2005－12－29	印度	化学原料和制品工业
A－CNv. TW－20051229－900	中国对中国台湾地区壬基酚反倾销案	措施执行中	2005－12－29	中国台湾地区	化学原料和制品工业
A－CNv. JP－20051014－001	中国对日本丁醇反倾销案	无措施结案	2005－10－14	日本	化学原料和制品工业
A－CNv. US－20051014－001	中国对美国丁醇反倾销案	无措施结案	2005－10－14	美国	化学原料和制品工业

续表

案件唯一号	案件名称	案件状态	立案时间	被诉国/地区	涉案行业
A－CNv.EU－20051014－902	中国对欧盟丁二醇反倾销案	无措施结案	2005－10－14	欧盟	化学原料和制品工业
A－CNv.ZA－20051014－001	中国对南非丁二醇反倾销案	无措施结案	2005－10－14	南非	化学原料和制品工业
A－CNv.RU－20051014－001	中国对俄罗斯丁二醇反倾销案	无措施结案	2005－10－14	俄罗斯	化学原料和制品工业
A－CNv.MY－20051014－001	中国对马来西亚丁二醇反倾销案	无措施结案	2005－10－14	马来西亚	化学原料和制品工业
A－CNv.ID－20050915－001	中国对印度尼西亚辛醇反倾销案	无措施结案	2005－09－15	印度尼西亚	化学原料和制品工业
A－CNv.JP－20050915－001	中国对日本辛醇反倾销案	无措施结案	2005－09－15	日本	化学原料和制品工业
A－CNv.SA－20050915－001	中国对沙特阿拉伯辛醇反倾销案	无措施结案	2005－09－15	沙特阿拉伯	化学原料和制品工业
A－CNv.KR－20050915－001	中国对韩国辛醇反倾销案	无措施结案	2005－09－15	韩国	化学原料和制品工业
A－CNv.EU－20050915－001	中国对欧盟辛醇反倾销案	无措施结案	2005－09－15	欧盟	化学原料和制品工业
A－CNv.US－20050613－898	中国对美国耐磨纸反倾销案	已终止措施	2005－06－13	美国	造纸工业
A－CNv.EU－20050613－901	中国对欧盟耐磨纸反倾销案	已终止措施	2005－06－13	欧盟	造纸工业
A－CNv.TW－20050606－741	中国对中国台湾地区PBT树脂反倾销案	已终止措施	2005－06－06	中国台湾地区	化学原料和制品工业
A－CNv.JP－20050606－880	中国对日本PBT树脂反倾销案	已终止措施	2005－06－06	日本	化学原料和制品工业
A－CNv.US－20050531－738	中国对美国邻苯二酚反倾销案	已终止措施	2005－05－31	美国	化学原料和制品工业
A－CNv.JP－20050531－736	中国对日本邻苯二酚反倾销案	已终止措施	2005－05－31	日本	化学原料和制品工业
A－CNv.TW－20050413－734	中国对中国台湾地区氨纶反倾销案	已终止措施	2005－04－13	中国台湾地区	化纤工业
A－CNv.KR－20050413－732	中国对韩国氨纶反倾销案	已终止措施	2005－04－13	韩国	化纤工业
A－CNv.SG－20050413－733	中国对新加坡氨纶反倾销案	已终止措施	2005－04－13	新加坡	化纤工业
A－CNv.JP－20050413－731	中国对日本氨纶反倾销案	已终止措施	2005－04－13	日本	化纤工业

续表

案件唯一号	案件名称	案件状态	立案时间	被诉国/地区	涉案行业
A－CNv.US－20050413－735	中国对美国氨纶反倾销案	已终止措施	2005－04－13	美国	化纤工业
A－CNv.RU－20041228－727	中国对俄罗斯环氧氯丙烷反倾销案	已终止措施	2004－12－28	俄罗斯	化学原料和制品工业
A－CNv.JP－20041228－729	中国对日本环氧氯丙烷反倾销案	已终止措施	2004－12－28	日本	化学原料和制品工业
A－CNv.US－20041228－728	中国对美国环氧氯丙烷反倾销案	已终止措施	2004－12－28	美国	化学原料和制品工业
A－CNv.KR－20041228－730	中国对韩国环氧氯丙烷反倾销案	已终止措施	2004－12－28	韩国	化学原料和制品工业
A－CNv.JP－20041112－074	中国对日本核苷酸类食品添加剂反倾销案	已终止措施	2004－11－12	日本	化学原料和制品工业
A－CNv.KR－20041112－075	中国对韩国核苷酸类食品添加剂反倾销案	已终止措施	2004－11－12	韩国	化学原料和制品工业
A－CNv.US－20040812－718	中国对美国呋喃酚反倾销案	已终止措施	2004－08－12	美国	化学原料和制品工业
A－CNv.EU－20040812－897	中国对欧盟呋喃酚反倾销案	已终止措施	2004－08－12	欧盟	化学原料和制品工业
A－CNv.JP－20040812－717	中国对日本呋喃酚反倾销案	已终止措施	2004－08－12	日本	化学原料和制品工业
A－CNv.NL－20040810－895	中国对荷兰三元乙丙橡胶反倾销案	无措施结案	2004－08－10	荷兰	化学原料和制品工业
A－CNv.US－20040810－896	中国对美国三元乙丙橡胶反倾销案	无措施结案	2004－08－10	美国	化学原料和制品工业
A－CNv.KR－20040810－001	中国对韩国三元乙丙橡胶反倾销案	无措施结案	2004－08－10	韩国	化学原料和制品工业
A－CNv.JP－20040716－714	中国对日本初级形态二甲基环硅体硅环烷反倾销案	已终止措施	2004－07－16	日本	化学原料和制品工业
A－CNv.GB－20040716－713	中国对英国初级形态二甲基环硅体硅环烷反倾销案	已终止措施	2004－07－16	英国	化学原料和制品工业
A－CNv.US－20040716－715	中国对美国初级形态二甲基环硅体硅环烷反倾销案	已终止措施	2004－07－16	美国	化学原料和制品工业
A－CNv.DE－20040716－712	中国对德国初级形态二甲基环硅体硅环烷反倾销案	已终止措施	2004－07－16	德国	化学原料和制品工业
A－CNv.SG－20040512－001	中国对新加坡双酚A反倾销案	无措施结案	2004－05－12	新加坡	化学原料和制品工业
A－CNv.JP－20040512－892	中国对日本双酚A反倾销案	无措施结案	2004－05－12	日本	化学原料和制品工业

续表

案件唯一号	案件名称	案件状态	立案时间	被诉国/地区	涉案行业
A－CNv. TW－20040512－894	中国对中国台湾地区双酚A反倾销案	无措施结案	2004－05－12	中国台湾地区	化学原料和制品工业
A－CNv. KR－20040512－001	中国对韩国双酚A反倾销案	无措施结案	2004－05－12	韩国	化学原料和制品工业
A－CNv. RU－20040512－893	中国对俄罗斯双酚A反倾销案	无措施结案	2004－05－12	俄罗斯	化学原料和制品工业
A－CNv. RU－20040416－711	中国对俄罗斯三氯乙烯反倾销案	已终止措施	2004－04－16	俄罗斯	化学原料和制品工业
A－CNv. JP－20040416－710	中国对日本三氯乙烯反倾销案	已终止措施	2004－04－16	日本	化学原料和制品工业
A－CNv. KR－20040331－888	中国对韩国未漂白牛皮箱纸板反倾销案	已终止措施	2004－03－31	韩国	造纸工业
A－CNv. TW－20040331－890	中国对中国台湾地区未漂白牛皮箱纸板反倾销案	已终止措施	2004－03－31	中国台湾地区	造纸工业
A－CNv. TH－20040331－889	中国对泰国未漂白牛皮箱纸板反倾销案	已终止措施	2004－03－31	泰国	造纸工业
A－CNv. US－20040331－891	中国对美国未漂白牛皮箱纸板反倾销案	已终止措施	2004－03－31	美国	造纸工业
A－CNv. KR－20031217－878	中国对韩国水合肼反倾销案	已终止措施	2003－12－17	韩国	化学原料和制品工业
A－CNv. FR－20031217－876	中国对法国水合肼反倾销案	已终止措施	2003－12－17	法国	化学原料和制品工业
A－CNv. US－20031217－879	中国对美国水合肼反倾销案	已终止措施	2003－12－17	美国	化学原料和制品工业
A－CNv. JP－20031217－877	中国对日本水合肼反倾销案	已终止措施	2003－12－17	日本	化学原料和制品工业
A－CNv. US－20031110－703	中国对美国氯丁橡胶反倾销案	措施执行中	2003－11－10	美国	化学原料和制品工业
A－CNv. JP－20031110－702	中国对日本氯丁橡胶反倾销案	措施执行中	2003－11－10	日本	化学原料和制品工业
A－CNv. EU－20031110－781	中国对欧盟氯丁橡胶反倾销案	措施执行中	2003－11－10	欧盟	化学原料和制品工业
A－CNv. TW－20031031－001	中国对台湾地区锦纶6，66长丝反倾销案	无措施结案	2003－10－31	中国台湾地区	化纤工业
A－CNv. JP－20030701－870	中国对日本非色散位移单模光纤反倾销案	措施执行中	2003－07－01	日本	电气工业
A－CNv. US－20030701－001	中国对美国非色散位移单模光纤反倾销案	已终止措施	2003－07－01	美国	电气工业

续表

案件唯一号	案件名称	案件状态	立案时间	被诉国/地区	涉案行业
A–CNv.KR–20030701–871	中国对韩国非色散位移单模光纤反倾销案	措施执行中	2003–07–01	韩国	电气工业
A–CNv.EU–20030530–863	中国对欧盟三氯甲烷反倾销案	已终止措施	2003–05–30	欧盟	化学原料和制品工业
A–CNv.US–20030530–887	中国对美国三氯甲烷反倾销案	已终止措施	2003–05–30	美国	化学原料和制品工业
A–CNv.KR–20030530–865	中国对韩国三氯甲烷反倾销案	已终止措施	2003–05–30	韩国	化学原料和制品工业
A–CNv.IN–20030530–864	中国对印度三氯甲烷反倾销案	已终止措施	2003–05–30	印度	化学原料和制品工业
A–CNv.MX–20030514–884	中国对墨西哥乙醇胺反倾销案	已终止措施	2003–05–14	墨西哥	化学原料和制品工业
A–CNv.TW–20030514–886	中国对中国台湾地区乙醇胺反倾销案	已终止措施	2003–05–14	中国台湾地区	化学原料和制品工业
A–CNv.IR–20030514–882	中国对伊朗乙醇胺反倾销案	已终止措施	2003–05–14	伊朗	化学原料和制品工业
A–CNv.JP–20030514–883	中国对日本乙醇胺反倾销案	已终止措施	2003–05–14	日本	化学原料和制品工业
A–CNv.DE–20030514–309	中国对德国乙醇胺反倾销案	无措施结案	2003–05–14	德国	化学原料和制品工业
A–CNv.US–20030514–673	中国对美国乙醇胺反倾销案	已终止措施	2003–05–14	美国	化学原料和制品工业
A–CNv.MY–20030514–885	中国对马来西亚乙醇胺反倾销案	已终止措施	2003–05–14	马来西亚	化学原料和制品工业
A–CNv.JP–20020920–859	中国对日本二苯基甲基二异氰酸酯、多亚甲基多苯基异氰酸酯反倾销案	无措施结案	2002–09–20	日本	化学原料和制品工业
A–CNv.KR–20020920–860	中国对韩国二苯基甲基二异氰酸酯、多亚甲基多苯基异氰酸酯反倾销案	无措施结案	2002–09–20	韩国	化学原料和制品工业
A–CNv.US–20020801–699	中国对美国苯酚反倾销案	已终止措施	2002–08–01	美国	化学原料和制品工业
A–CNv.JP–20020801–696	中国对日本苯酚反倾销案	已终止措施	2002–08–01	日本	化学原料和制品工业
A–CNv.TW–20020801–698	中国对中国台湾地区苯酚反倾销案	已终止措施	2002–08–01	中国台湾地区	化学原料和制品工业

续表

案件唯一号	案件名称	案件状态	立案时间	被诉国/地区	涉案行业
A－CNv.KR－20020801－697	中国对韩国苯酚反倾销案	已终止措施	2002－08－01	韩国	化学原料和制品工业
A－CNv.KR－20020522－665	中国对韩国甲苯二异氰酸酯反倾销案	已终止措施	2002－05－22	韩国	化学原料和制品工业
A－CNv.JP－20020522－664	中国对日本甲苯二异氰酸酯反倾销案	已终止措施	2002－05－22	日本	化学原料和制品工业
A－CNv.US－20020522－666	中国对美国甲苯二异氰酸酯反倾销案	已终止措施	2002－05－22	美国	化学原料和制品工业
A－CNv.JP－20020329－639	中国对日本聚氯乙烯反倾销案	已终止措施	2002－03－29	日本	化学原料和制品工业
A－CNv.KR－20020329－638	中国对韩国聚氯乙烯反倾销案	已终止措施	2002－03－29	韩国	化学原料和制品工业
A－CNv.RU－20020329－640	中国对俄罗斯聚氯乙烯反倾销案	已终止措施	2002－03－29	俄罗斯	化学原料和制品工业
A－CNv.TW－20020329－637	中国对中国台湾地区聚氯乙烯反倾销案	已终止措施	2002－03－29	中国台湾地区	化学原料和制品工业
A－CNv.US－20020329－636	中国对美国聚氯乙烯反倾销案	已终止措施	2002－03－29	美国	化学原料和制品工业
A－CNv.KZ－20020320－648	中国对哈萨克斯坦冷轧板卷反倾销案	已终止措施	2002－03－20	哈萨克斯坦	钢铁工业
A－CNv.KR－20020320－647	中国对韩国冷轧板卷反倾销案	已终止措施	2002－03－20	韩国	钢铁工业
A－CNv.RU－20020320－649	中国对俄罗斯冷轧板卷反倾销案	已终止措施	2002－03－20	俄罗斯	钢铁工业
A－CNv.UA－20020320－651	中国对乌克兰冷轧板卷反倾销案	已终止措施	2002－03－20	乌克兰	钢铁工业
A－CNv.TW－20020320－650	中国对中国台湾地区冷轧板卷反倾销案	已终止措施	2002－03－20	中国台湾地区	钢铁工业
A－CNv.KR－20020319－640	中国对韩国丁苯橡胶反倾销案	已终止措施	2002－03－19	韩国	化学原料和制品工业
A－CNv.JP－20020319－639	中国对日本丁苯橡胶反倾销案	已终止措施	2002－03－19	日本	化学原料和制品工业
A－CNv.RU－20020319－641	中国对俄罗斯丁苯橡胶反倾销案	已终止措施	2002－03－19	俄罗斯	化学原料和制品工业
A－CNv.KR－20020306－836	中国对韩国邻苯二甲酸酐反倾销案	已终止措施	2002－03－06	韩国	化学原料和制品工业
A－CNv.JP－20020306－644	中国对日本邻苯二甲酸酐反倾销案	已终止措施	2002－03－06	日本	化学原料和制品工业

续表

案件唯一号	案件名称	案件状态	立案时间	被诉国/地区	涉案行业
A - CNv. IN - 20020306 - 643	中国对印度邻苯二甲酸酐反倾销案	已实施措施	2002 - 03 - 06	印度	化学原料和制品工业
A - CNv. EU - 20020301 - 629	中国对欧盟邻苯二酯反倾销案	已实施措施	2002 - 03 - 01	欧盟	化学原料和制品工业
A - CNv. US - 20020206 - 626	中国对美国铜版纸反倾销案	无措施结案	2002 - 02 - 06	美国	造纸工业
A - CNv. FI - 20020206 - 304	中国对芬兰铜版纸反倾销案	无措施结案	2002 - 02 - 06	芬兰	造纸工业
A - CNv. JP - 20020206 - 627	中国对日本铜版纸反倾销案	已实施措施	2002 - 02 - 06	日本	造纸工业
A - CNv. KR - 20020206 - 628	中国对韩国铜版纸反倾销案	已终止措施	2002 - 02 - 06	韩国	造纸工业
A - CNv. JP - 20011207 - 621	中国对日本己内酰胺反倾销案	已实施措施	2001 - 12 - 07	日本	化学原料和制品工业
A - CNv. RU - 20011207 - 623	中国对俄罗斯己内酰胺反倾销案	已实施措施	2001 - 12 - 07	俄罗斯	化学原料和制品工业
A - CNv. DE - 20011207 - 600	中国对德国己内酰胺反倾销案	已实施措施	2001 - 12 - 07	德国	化学原料和制品工业
A - CNv. NL - 20011207 - 622	中国对荷兰己内酰胺反倾销案	已实施措施	2001 - 12 - 07	荷兰	化学原料和制品工业
A - CNv. BE - 20011207 - 599	中国对比利时己内酰胺反倾销案	已实施措施	2001 - 12 - 07	比利时	化学原料和制品工业
A - CNv. SG - 20011010 - 576	中国对新加坡丙烯酸酯反倾销案	已实施措施	2001 - 10 - 10	新加坡	化学原料和制品工业
A - CNv. ID - 20011010 - 573	中国对印度尼西亚丙烯酸酯反倾销案	已实施措施	2001 - 10 - 10	印度尼西亚	化学原料和制品工业
A - CNv. KR - 20011010 - 574	中国对韩国丙烯酸酯反倾销案	已实施措施	2001 - 10 - 10	韩国	化学原料和制品工业
A - CNv. MY - 20011010 - 575	中国对马来西亚丙烯酸酯反倾销案	已实施措施	2001 - 10 - 10	马来西亚	化学原料和制品工业
A - CNv. KR - 20010803 - 592	中国对韩国涤纶短纤维反倾销案	已实施措施	2001 - 08 - 03	韩国	化纤工业
A - CNv. KR - 20010803 - 695	中国对韩国聚酯切片反倾销案	已实施措施	2001 - 08 - 03	韩国	化学原料和制品工业
A - CNv. KR - 20010619 - 589	中国对韩国饲料级 L - 赖氨酸盐酸盐反倾销案	无措施结案	2001 - 06 - 19	韩国	化学原料和制品工业
A - CNv. ID - 20010619 - 588	中国对印度尼西亚饲料级 L - 赖氨酸盐酸盐反倾销案	无措施结案	2001 - 06 - 19	印度尼西亚	化学原料和制品工业

续表

案件唯一号	案件名称	案件状态	立案时间	被诉国/地区	涉案行业
A – CNv. US – 20010619 – 590	中国对美国饲料级 L - 赖氨酸盐酸盐反倾销案	无措施结案	2001 – 06 – 19	美国	化学原料和制品工业
A – CNv. KR – 20010209 – 587	中国对韩国聚苯乙烯反倾销案	无措施结案	2001 – 02 – 09	韩国	化学原料和制品工业
A – CNv. JP – 20010209 – 001	中国对日本聚苯乙烯反倾销案	无措施结案	2001 – 02 – 09	日本	化学原料和制品工业
A – CNv. TH – 20010209 – 586	中国对泰国聚苯乙烯反倾销案	无措施结案	2001 – 02 – 09	泰国	化学原料和制品工业
A – CNv. FR – 20001220 – 581	中国对法国二氯甲烷反倾销案	无措施结案	2000 – 12 – 20	法国	化学原料和制品工业
A – CNv. GB – 20001220 – 582	中国对英国二氯甲烷反倾销案	已终止措施	2000 – 12 – 20	英国	化学原料和制品工业
A – CNv. NL – 20001220 – 584	中国对荷兰二氯甲烷反倾销案	已终止措施	2000 – 12 – 20	荷兰	化学原料和制品工业
A – CNv. US – 20001220 – 585	中国对美国二氯甲烷反倾销案	已终止措施	2000 – 12 – 20	美国	化学原料和制品工业
A – CNv. KR – 20001220 – 583	中国对韩国二氯甲烷反倾销案	已终止措施	2000 – 12 – 20	韩国	化学原料和制品工业
A – CNv. DE – 20001220 – 580	中国对德国二氯甲烷反倾销案	已终止措施	2000 – 12 – 20	德国	化学原料和制品工业
A – CNv. DE – 19991210 – 577	中国对德国丙烯酸酯反倾销案	无措施结案	1999 – 12 – 10	德国	化学原料和制品工业
A – CNv. JP – 19991210 – 578	中国对日本丙烯酸酯反倾销案	已终止措施	1999 – 12 – 10	日本	化学原料和制品工业
A – CNv. US – 19991210 – 579	中国对美国丙烯酸酯反倾销案	已终止措施	1999 – 12 – 10	美国	化学原料和制品工业
A – CNv. JP – 19990617 – 746	中国对日本不锈钢冷轧薄板反倾销案	已终止措施	1999 – 06 – 17	日本	钢铁工业
A – CNv. KR – 19990617 – 747	中国对韩国不锈钢冷轧薄板反倾销案	已终止措施	1999 – 06 – 17	韩国	钢铁工业
A – CNv. KR – 19990416 – 001	中国对韩国聚酯薄膜反倾销案	已终止措施	1999 – 04 – 16	韩国	化学原料和制品工业
A – CNv. RU – 19990312 – 693	中国对俄罗斯冷轧硅钢片反倾销案	已终止措施	1999 – 03 – 12	俄罗斯	钢铁工业
A – CNv. KR – 19971210 – 742	中国对韩国新闻纸反倾销案	已终止措施	1997 – 12 – 10	韩国	造纸工业
A – CNv. CA – 19971210 – 741	中国对加拿大新闻纸反倾销案	已终止措施	1997 – 12 – 10	加拿大	造纸工业
A – CNv. US – 19971210 – 743	中国对美国新闻纸反倾销案	已终止措施	1997 – 12 – 10	美国	造纸工业

后 记

　　法经济学作为"经济学帝国主义"的重要表现①，不仅仅为法学贡献了经济学的边际分析、成本收益分析等研究方法，更重要的是，通过法经济学的独特视角的研究与分析，给传统的法学观念与认识带来了新的启示，从价值观层面为传统法学增加了新的活力。

　　反倾销立法与实践都面临着如何有机协调"效率"与"公平"的两难问题。我国国际货物贸易领域的对外反倾销是一把"双刃剑"，反倾销的公平价值目标与效率价值目标本身、公平价值与效率价值目标之间存在冲突，反倾销立法与实践都需要协调与"效率"和"公平"之间的关系。需要一种尺度或标准，能够兼顾反倾销的效率和公平目标，能够用来综合衡量反倾销法律以及反倾销实施中的利弊得失，能够防止其成为贸易保护主义的工具。传统的法律往往关注"自由、公平、正义"等比较抽象的价值目标，在反倾销这个关系国家之间贸易利益分配、境内企业与境外企业利益博弈、受损利益与受益利益不确定的领域，往往缺乏说服力，反倾销的法律效力大打折扣，合理性广受质疑，法律的权威性不强。

　　本书从法经济学视角研究我国国际货物贸易领域的对外反倾销法律制度与实践，尝试把"能够兼顾效率和公平"的法经济学的卡尔多—希克斯效率，作为解决我国对外反倾销"效率"和"公平"两难问题的一个标准。

　　卡尔多—希克斯效率是目前分析反倾销问题的最适合的价值目标与标准。影响对外反倾销经济效率的因素是多方面且不确定的，评价反倾销的

---

① 李树：《法律经济学：经济学帝国主义的重要表现》，载《当代财经》2003 年第 1 期，第 10 – 14 页。

利益效应，不能仅考虑短期效应、正面效应、局部效应，还应关注反倾销所带来的长期效应、负面效应、整体效应，从社会的角度综合评价反倾销对社会整体经济福利水平产生的影响。反倾销的引致效应的存在，可能一国（地区）采取的反倾销措施背离了最初的目的。法经济学的卡尔多—希克斯效率以功利主义法学派的思想为基础，是对经济学上的帕累托效率的改进。卡尔多—希克斯效率允许反倾销法律的立法与实施中，可以有受益者，同时也可以存在受损者，只要反倾销受益者的所得大于反倾销受损者的所失（补偿原则），即使反倾销的受益者没有补偿反倾销的受损者，只要社会整体福利水平能够上升，那么这种反倾销也符合效率要求。

卡尔多—希克斯效率是对我国对外反倾销的核心价值标准。我国的对外反倾销既有受益者也有受损者：对本国生产者进行保护，增加了相关进口竞争产业的利益，然而却损害了下游产业及消费者的利益。但只要我国反倾销受益者的利润所得大于反倾销受损者的价格所失，改进了社会整体福利，那么这种反倾销措施就符合"兼顾效率和公平"的法经济学的卡尔多—希克斯效率要求，而且"效率"与"公平"实现了更高层次的统一。

以卡尔多—希克斯效率标准改进我国对外反倾销的法律制度创设与实践。我国应寻求改变不公平的国际反倾销规则，防止滥用反倾销措施而损害经济效率；改进现行反倾销实体规则（倾销及判断规则、"损害"规则、"因果关系"规则）与反倾销程序规则（落实公共利益条款，采取反规避措施），保障反倾销措施的实施效果；提高反倾销救济体制的运转效率。

本书的研究是从法经济学角度研究我国国际货物贸易领域的对外反倾销问题的一个尝试，目的是希望通过本书的研究工作，能进一步全面认识现行国际反倾销规则的本质，能对我国的反倾销理论研究、反倾销制度与实践改进等方面有所裨益。而且，笔者认为，法经济学的视角，特别是作为其核心思想的卡尔多—希克斯效率标准能够用于与反倾销相类似问题的研究，希望本书的研究能够起到抛砖引玉的作用。

本书在能否建立反倾销造成损害的国内补偿机制、反倾销与企业异质性关系等方面的研究欠缺。另外，本书从总体上来看，主要是国家、产业等宏观层面上的研究，微观层面上的研究尚有不足之处。